CLASSICAL
CIVILIZATION
古典文明译丛

古典文明译丛

主编 郭小凌

副主编 晏绍祥 黄洋 张强 金寿福

罗马的显贵

〔德〕马蒂亚斯·格尔策 著　　晏绍祥 译

THE ROMAN NOBILITY

MATTHIAS GELZER

商务印书馆
创于1897　The Commercial Press

Matthias Gelzer

THE ROMAN NOBILITY

© OXFORD: BASIL BLACKWELL, 1969

根据巴兹尔·布莱克威尔出版社 1969 年版译出

《古典文明译丛》总序

在学术界，对古希腊罗马文明形态有一个统称——"古典文明"（the classical civilization）。这是一个出自西学的、具有高度赞誉色彩的概念。

古典一词是对 classical 一词的中译，这个词与文艺复兴以来西方形成的一门新学科的名称 Classics（古典学）同出自拉丁文形容词 classicus。该词原义主要指罗马高级别公民如"头等公民的"之类，引申义则意味出类拔萃、完美无缺、权威和典型。而中文"典"字有标准、规则之义，与 classical 的意思大体相吻。有趣的是，classical 并没有"古"的时间指代，最初的中译者可能鉴于古希腊罗马早已变为古代事物，近现代西方人又把古希腊罗马时代看作是为自己确立基本价值标准的时代，因此在"典"字前加一"古"字，倒也比较贴切地传达了近现代西方对于古希腊罗马文明的基本认识。顺便说一句，对于近现代的一些文化事物，如 classical music 若译作"古典音乐"就与原义不符了。

古典文明有哪些深具影响的价值观呢？愚以为可大体列出一个清单，如：政治领域的民主与共和理念及其实践经验，包括法治、选举制、任期制、比例代表制、政教分离、民选公职人员控制军队、少数服从多数的集体领导制、多数暴政等；社会领域的数量与比值的平等、公民社会安排、好公民的规定等；文化领域的哲学、史学、政治学、戏剧、美术、医学、数学、物理学、逻辑学等学科的创立与评价标准的设定等。这些价值观对欧美社会率先进入现代社会提供了借鉴的蓝本和进一步发展的依据，因此对认识今天的西方文明具有极其重要的参考意义。

我国目前的主流思想出自西方文明的组成部分马克思主义，我国改革开放并追求中国梦的主要参考样本是率先完成现代化进程的西方列国。在这种情况下，正确认识西方世界并把西方的历史经验与中国的具体实践相结合，始终是自清末以来我国知识分子孜孜不倦的努力方向。马克思主义的奠基人之一恩格斯曾指出："没有希腊文化和罗马帝国所奠定的基础，也就没有现代的欧洲。"[①]他道出了古典文明与现代西方文明之间的源流关系。换句话说，如果仅限于表面认识现代西方，那可以不必了解古希腊与古罗马；但如果要深入认识现代西方，则必须认识古希腊与古罗马。这套《古典文明译丛》如果说对今天的读者具有阅读价值，其主要价值便在于此。

收入这套丛书中的著作都是现代古典学的名作。因翻译语言的局限，它们主要属于英语世界的名作。它们虽然是现代作品，却也可以用classical 来形容，因为这个词原本是指出众、典范的人和事。比如丛书中芬利的《古代经济》一书，颠覆了 19 世纪以来关于古希腊罗马是商品经济、海洋文明的成说，还原了农本社会的属性，体现了 20 世纪中叶西方古典学的一种认识突破。再如，罗纳德·塞姆的《罗马革命》则是共和制向帝制过渡那段波澜壮阔、跌宕起伏的历史的最出色分析与描述，后人在此方面虽也着力甚多，但迄今尚无出其右者。可以说，这些书是已被时间检验过的西方学界对自身历史认识的上乘之作，均被列入了各个高校相关专业本科生、研究生的参考书目。

需指出，翻译这套外国著作的基本目的虽是为读者提供一些拓展视域、深入认识西方文明的读本，但细究起来也还有着另外一层认识意

---

① 《马克思恩格斯选集》第 3 卷，人民出版社 1972 年版，第 220 页。

义，这就是有益于我们的反躬自省。柏拉图曾以其老师苏格拉底之口撰写了众多对话篇，其中多篇谈及"认识你自己"（γνῶθι σεαυτόν）的命题。这原是镌刻在中希腊德尔斐的阿波罗神前殿殿墙上的箴言之一，第欧根尼认为最早提出这一命题的可能是哲学之父泰勒斯。不管怎样，希腊最聪明的人都把认识自己看作是极其重要的人生目标。古希腊人能把这个命题刻写在神庙内，当作至理名言，显然认为神也认同这个命题，或者说这是神灵对人的指示。这个指示显然不是适用于一时的，因为人的自我认识是永无止境的任务，每代人都在不断认识外部世界的同时不断认识自身世界，所以认识从来不会一次完成。本丛书中的每一本都是西方人认识自己的阶段性成果，也是我们正确认识自身过去和现在的镜子。

诚恳希望读者对本丛书的选编与译文提出改进意见。

郭小凌

2014 年 5 月 18 日于京师园

目　录

元首制时代的显贵

英译本序言

    赛格先生将他杰出的语言和历史天赋奉献给两部我半个多世纪前的著述，以使它们可以被说英语的公众利用，对此我特别感动。除热诚感谢赛格先生外，我也希望对贝狄安（Badian）教授致以同样深情的谢意，他与赛格先生一道，承担了订正各种笔误的责任，当时我没有注意到它们。

马蒂亚斯·格尔策

1968 年 10 月 5 日

文献缩写表

Bruns = *Fontes iuris Romani antiqui*[7] (ed. Mommsen–Gradenwitz, 1909)

De Sanctis = *Storia dei Romani* I, II, (1907)

Ferrero = *Grandezza e decadenza di Roma* (1901–1907：方括号表示引用的是该书 A. E. Zimmern and Rev. H. J. Chaytor, London, 1907—1909 年的英译本）

Lange = *Römische Alterthümer* I[3] (1876), II[3] (1879), III[2] (1876)

Madvig = *Die Verfassung und Verwaltung des römischen Staates* (1881–1882)

Mommsen *RG* = *Römische Geschichte*[9] (未修订的 1856—1857 年版本，方括号表示引用的是该书 W. P. Dickson, London, 1894 年的英译本）

Mommsen *Staatsr.* = *Römisches Staatsrecht* I[3], II[3], III[1] (1887)

Mommsen *Strafr.* = *Römisches Strafrecht* (1899)

Niese = *Geschichte der griechischen und makedonischen Staaten* (1893–1903)

Willems = *Le sénat de la république romaine* (1878–1883)

关于执政官年表，就我的目的来说，E. W. Fischer, *Römische Zeittafeln von Roms Grüdung bis auf Augustus' Tod*, Altona, 1846 就足够了。现代的批

判性版本已由 Giovanni Costa，*I Fasti Consolari Romani* 着手准备，目前已出版第一卷：*Le Fonti*，Milan 1910。[截至 1961 年，还有下述增补本：A. Degrassi，*Fasti Consulares et Triumphales*, in *Inscriptiones Italiae* XIII 1；T. Robert S. Broughton，*The Magistrates of the Roman Republic* I（1951），II（1952），Supplement（1960）.]

导　言

本书特定的书名将两部著述——《罗马共和国的显贵》(*Die Nobilität der römischen Republik*)和《元首制时代的显贵》(*Die Nobilität der Kaiserzeit**)的译文合而为一了。

只是随着马蒂亚斯·格尔策的《文集》(*Kleine Schriften*)第一卷于 1962 年出版,《罗马共和国的显贵》(以下简称《显贵》)恰好在首次出版后半个世纪才得以惠及整个学界。当这部受人欢迎的著作重印时,《显贵》作为杰作的地位早已奠立多年,《文集》的评论者将其欢呼为"过去四十年中出版的几乎所有最优秀共和国史著述的……共同基础"[1],"在罗马共和国史研究中,它是打开从 19 世纪通向 20 世纪大门的钥匙"[2]。

在五十年的时间里,《显贵》的确带来了一场革命,但革命的进程一直缓慢。很长时间里,1912 年打开的那扇门只是一道缝,历史学家们只是透过门缝害羞地瞟上一眼。在德国之外,《显贵》完全被忽视了,

---

* 德文 der Kaiserzeit 一般指皇帝统治时代,泛指罗马帝国时期。学界通常称 3 世纪危机前的罗马帝国政体为"元首制",后期称"多米纳特制",两者之间在专制和独裁程度上存在显著差别。格尔策第二篇文章《元首制时代的显贵》讨论的主要是 2 世纪中期之前的元首制,大体属于元首制时期,故这里仍据习惯译为"元首制时代"。——中译者

[1] Balsdon, *Gnomon* 37, 1965, 578.

[2] Badian, *JRS* 57, 1967, 217.

对此第一次世界大战固然要负很大责任，但最初，甚至在其诞生地，该书也几乎不受关注，对它的理解更糟。1913 年的一位评论者用"有趣而且有启发"来概括该书，但他似乎根本没有想到，他手头那本著述将改变整个罗马史研究的面貌。[①] 直到 1938 年，《显贵》，毋宁说是《显贵》的一部分，才在阿弗泽利乌斯（Afzelius）的一篇重要文章中得到了严肃的讨论。[②]

到那时，《显贵》的影响已经在另一部奠基性著作中显现，那是 1920 年闵采尔（Münzer）的《罗马贵族党派与贵族家族》（*Römische Adelsparteien und Adelsfamilien*）。作为追随者，闵采尔并不总是那么幸运，很多时候，他通过极其可疑的方法，把"朋党理论"（*Faktionsthese*）——格尔策用 11 页加以专门论述——大大地向前推进了。革命后的扫尾工作根本不彻底，仍需要完成的最急迫的任务之一，是对朋党的概念进行充分考察，由此我们或许可以知道，我们是否可以讨论朋党而且不会歪曲或过度简化它，或者说，根本不再讨论朋党是不是更明智的做法。

1939 年，《显贵》的信息终于借由塞姆的《罗马革命》被带到了英格兰。在塑造一部简短处理共和国最后数十年——这段时期被作为三头和奥古斯都统治的前奏——的著作中，格尔策的作品发挥了如此之大的作用，正体现了它的力量。与此同时，对罗马共和国自身的研究继续对《显贵》的存在安于无视，现存的《剑桥古代史》第 9 卷可谓代表。在英语著述中，首次把从《显贵》中汲取的教训广泛用于共和国研究的，是美国的莉莉·罗斯·泰勒（Lily Ross Taylor）的《恺撒时代的党派政治》（1949 年）。更晚近的贝狄安的《外国门客》（1958 年），标志着英语著述将格尔策思想整合到共和国史研究中下一个重要阶段的到来。

xii

---

① Bardt, *BPhW* 1913, 16ff.
② *Cet M* 1, 1938, 40ff.; 也请见 *C et M* 7, 1945, 150ff.。

《显贵》不断增长的影响随之带来了它被忽视的危险悖论。在孜孜以求"最新的看法"时，学生可能会问，他为什么要去读一本五十多年前的旧书，尤其是当其原理已经被融合到人们可能推荐他去阅读的几乎所有其他读物中的时候。当他可以得到已经被消化过而且已经跟上潮流的格尔策的观念时，为什么还要读格尔策（的著述）？对此或许有一个简单的答案：既然他愿意将美好的青春年华献给罗马史研究（每周至少一两个小时），则他完全有时间阅读这个领域曾写出的最重要的著作。但人生苦短，现在较过去更短……幸好我们还有实际的理由。

第一，《显贵》给说英语的学生提供了某种他至今仍无法在其他地方找到的东西：一部关于罗马共和国社会和政治结构的充分和可靠的导论。凡尝试给初学者教授共和国史的人，无不感到缺乏这样一部导论。我觉得，当讲师们的日程上开头是类似就提比略·格拉古（Tiberius Gracchus）之前的"显贵做三次讲座"时，我绝不是唯一有此感觉的。第二，在英语世界，格尔策的追随者主要面向学者写作，精于细节，因此把对格尔策的了解以及许多其他知识视作理所当然，刚入门的学生则如堕雾中。尽管他的老师做出了努力，但如果他常常落入时代误置的简化和轻率，那也不太会让人吃惊，因为元老派和民众派的斗争方式是彬彬有礼和议会式的，只是偶尔才会冒出黑帮那样下层阶级才有的粗鲁行为。另一方面，如果他从《显贵》开始，则他不仅会更轻松地发现这些专业著述的思路，因为它们利用了《显贵》的发现，而且在那种根本没有任何先例可循的领域中，当他搜寻知识的食粮时，就已经得到了指导他思想的原理的武装。

所有这些并不意味着只有大一的学生才应该阅读《显贵》，对此我觉得几乎不用赘言。它对学者和老师们的价值同样可以得到长篇的证明，但我希望，他们无须说服。本书的伟大之处或许在于它将两个角色集于一身：对研究罗马共和国而言，它既是最为深刻且简明的导言，又是进一步研究持久的灵感来源和基石。

《显贵》首次出版三年后,格尔策追踪了显贵观念在元首制下的残存,只是篇幅要简短得多。[①]与伟大的先驱不同,《元首制时代的显贵》立刻引起了争议。在紧接着那一期的《赫尔麦斯》(*Hermes*)中,奥托(Otto)抨击了格尔策的基本论点:在元首制下,只有共和国时代执政官的后代才被视为显贵。[②]奥托的大部分案例不值一提,因为那些案例很大程度上基于对诸如塔西佗(Tacitus)《历史》1.78 和 2.76 等的误释。他赋予普林尼(Pliny)那段记载——那是格尔策研究的出发点——与格尔策主张完全相反的含义的尝试,在次年就遭到了 E. 斯泰因(E. Stein)充分的反驳,对普林尼的那段记载,斯泰因提供了最令人满意的解释,他假设在 *afficiat* 这个词之前有文字缺漏。[③]尽管斯泰因很大程度上同情格尔策的看法,但他拒绝接受后者的论证,贬低了塔西佗《编年史》12.1 和 13.46 两段记载的意义。因此他的结论是,在波派乌斯·萨宾努斯(Poppaeus Sabinus,公元 9 年执政官)和鲁贝利乌斯·布兰杜斯(Rubelius Blandus,现被确认为公元 18 年执政官)之间的某个时候,那个神奇的圈子封闭了,并且相当自然地假设动因来自公元 14 年将选举转移到元老院的做法。

这个理论乍一看很有吸引力,但仅有两条证据,且对它们的解释都有争议,还与普林尼的暗示相冲突,后者把"显贵"定义为"自由人的后代"(*posteri libertatis*)。在缺少毫无疑问的例证去质疑显贵就是三头时期或后来的执政官的后代,则尽管这个看法会造成某些小的疑难,但我们最好似乎还是接受格尔策的看法。

《显贵》和《元首制时代的显贵》都是根据《文集》第一卷翻译的。单括号"( )"表示《文集》做的添加,单方括号"[ ]"表示《文集》所

---

① *Hermes* 50, 1915, 395ff.
② *Hermes* 51, 1916, 73ff.
③ *Hermes* 52, 1917, 564ff.

做的增补，双方括号"[[ ]]"*表示英译者的添加。少量无关痛痒的印刷错误，在得到作者同意后，就悄悄地改正了。

我深深地感激 E. 贝狄安教授的建议和鼓励。他阅读了两书全部的译稿，使我避免了许多错误，而且提出了无数改进建议。

罗宾·赛格
利物浦大学古典学院

---

* 中译本用大括号"{ }"表示。——中译者

罗马共和国的显贵

在《罗马公法纲要》(*Abriss des römischen Staatsrechtes*) 的序言中，蒙森 (Theodore Mommsen) 谈到了"那类历史研究著作的枯燥，它们认为，对于那些从未发生的事情，可以不予解释"。虽然如此，我还是设想，把这部原则上讨论同时代证据所证实情况的作品摆在公众面前，因为对社会史学家来说，这似乎是唯一的路径。如果他不这么做，也就是说，如果他以描述类似情况的方式试图复活毫无传统的时代，那他的研究将无法达到目的，因为他要做的，肯定是要在一个国家的社会结构中确定该国的独特性和共性。就罗马共和国而言，传统是单薄的，因此给社会史留下空间的时期几乎不足两个世纪，其他时期都只有片言只语。所以，我试图更详尽地考察这个时期统治阶级的构成及其统治的基础。

一　任职资格与显贵

《执政官年表》记录的第一位平民执政官出现于公元前366年。根据传统，这次选举依据李锡尼–塞克斯图平民会议决议的规定进行。①蒙森对此事件的评论是,通过这个法案,"公民的平等权利得以实现",而且"在该世纪最后一次维伊战争与皮洛士战争之间的时期,罗马人在国外取得的重大胜利,使我们意识到'容克贵族'(Junkers)已经向自耕农做出了让步"。②在共和国此后所有其余的日子里,从技术上说,所有罗马公民都可能担任最高官职。③直到奥古斯都时代,任官资格才限于元老阶层。④

可是,法律形式本身——为平民仅仅确保一个职位和不敢引入完全自由的选举——就表明,"容克贵族"并未被消灭。⑤据我们所知,直到公元前172年,当贵族和平民统治家族之间的区别已经告终时,两名执政官才首次都从平民中产生。公元前215年,这种情况或许仍被阻止。⑥甚至蒙森都承认,"容克贵族的垮台绝未使罗马共和国失去贵族特征"⑦。

4　　　事实上,公元前366年的新发展代表权力转向财阀而非真正的民主政体。任官资格此前一直限于贵族,如今扩大到整个骑士阶层,即当18个百人队中出现空缺名额时,范围扩大到所有那些人士:他们的财产使他们有资格从监察官那里接受一匹国有马匹(public horse)。传统中只有一次把那些不同于其他公民、有任官资格的人称为"有资格进

---

① Liv. 6.35.5 将之归于公元前377年:"取消军官,并规定执政官之一无论如何应当从平民中选举产生。"(*ne tribunorum militum comitia fierent consulumque utique alter ex plebe crearetur.*)

② Mommsen, *RG* I, 304{=I, 392f.}

③ Cic. *Sest.* 137 用下述话语暗指先祖政制:"当他们无法忍受国王的统治时,他们创立了官员仅任职一年的制度,并且做下述限定:建立元老院作为国家永久的顾问团,他们还规定,元老院成员应当从全体人民中选举产生,所有勤勉且优秀的公民都有资格被纳入那个高贵的等级。"(*qui cum regum potestatem non tulissent, ita magistratus annuos creauerunt ut consilium senatus rei publicae praeponerent sempiternum, deligerentur autem in id consilium ab uniuerso populo aditusque in illum summum ordinem omnium ciuium industriae ac uirtuti pateret.*)

④ Mommsen, *Staatsr.* I, 498.

⑤ Liv. 7.42.2 基于不太可靠的史料,记录了公元前342年通过的一个平民会议决议的要求:"两个执政官都从平民中产生应当合法化。"(*uti liceret consules ambos plebeios creari.*)参见 De Sanctis, II, 218。

⑥ Liv. 23.31.13.

⑦ Mommsen, *RG* I, 783 {= III, 3}.

入元老院的人"，这个短语所指就是元老和骑士等级的成员。[①] 对罗马人来说，不是所有公民都可以参与政府的原则根本就是不言自明的，以至于并无这方面的法律，罗马人也从未详细解释。然而就我所知，现代人对此从未加以明确，因此做这样的尝试无须长篇大论的证明。

1. 骑士等级

证明在整个共和国时期罗马军队中从无从士兵中提拔军官制度的，马兹维（Madvig）是第一人。[②] 普通公民可以升到百人队队长，然而军团长官是骑士。[③] 唯一与此矛盾的记载过于模糊，无法作为证据。[④] 库布勒（Kübler）增补了三个例外案例。[⑤] 可是，三个案例中，只有 L. 弗菲狄乌斯（L. Fudidius）的是确定的：[⑥] 它是苏拉接纳普通士兵为元老

5

---

① Cic. *Sest.* 97: "他们包括非常广大的、有资格进入元老院的人。"（*maximorum ordinum homines quibus patet curia*）在佩奈乌斯河的骑兵交战中取得胜利后，Liv. 42.61.5（遵从波利比乌斯？）借佩尔修斯之口宣称："你们已经击败了敌人的精锐，即罗马的骑兵，他们曾自吹自己不可战胜。在罗马人中，骑兵是年轻人的领袖，是训练元老的学校；他们的执政官是从元老中选举的，他们的将军，是从元老中挑选的。"（*equitatum Romanum, quo inuictos se esse gloriabantur, fudistis; equites enim illis principes iuuentutis, equites seminarium senatus; inde lectos in partum numerum consules, inde imperatores creant.*）

② 见 Madvig, *KLeine philologische Schriften*, 529, and Ⅱ, 502, 510.

③ 蒙森（*Staatsr.* III, 540）假设这个历史时期是这种状况。所谓历史时期，我指的是对该时期的认识可以追溯到有同时代文献传统的时期。本书原则上只涉及这个时期 [参见 Caes. *BC* 1.77.2]。

④ Liv. 7.41.3 = Zon. 7.25.9 关于萨罗尼乌斯的记载："他几乎定期地轮流担任一年的军团长官，接着是第一百人队队长，他们现在称他为'第一标枪百人队队长'。"（*qui alternis prope annis et tribunus militum et primus centurio erat, quem nunc primi pili appellant.*）

⑤ 见"罗马骑士"（Equites Romani）条目（*RE* 6.272ff.）。Val. Max. 4.7.5 说："L. 佩特罗尼乌斯出生于寒微之家，上升到骑士等级，并且由于 P. 凯利乌斯（的提携），经历了杰出的军事生涯。"（*L. Petronius admodum humili loco natus ad equestrem ordinem et splendidae militiae stipendia P. Caeli beneficio peruenerat.*）这里根本没有谈到从百人队队长晋升为军团长官的问题。我们毋宁应当认为那是凯利乌斯大手笔提携的结果。Caes. *BC* 3.104.2 称庞培的谋杀者 L. 塞普提米乌斯为军团长官，但他是恺撒在其第 110 章中描述的埃及国王军中的军官。*Vir. Ill.* 72.3 有关著名的埃米利乌斯·斯考鲁斯的故事："在西班牙，他作为下级军官初次崭露头角"（*primo in Hispania corniculum meruit*），即使是可靠的，也不可能被算作例外，因为尽管斯考鲁斯贫穷，但他是个贵族。这里的 corniculum merere 肯定是指他作为下级军官服务这件事。参见 Suet. *Gramm.* 9.1 有关一个语法学家的记载，此人最初是一个官员的执行吏，后来是一个下级军官（cornicularius），最后升到骑士等级（eques）。父亲去世后，埃米利乌斯·斯考鲁斯继承了 6 个奴隶和 35 000 塞斯退斯的现金（Val. Max. 4.4.11 = fr. 1P）。

⑥ *RE* 7.201, no. 4.

在军队中的相应措施。① 我们关于罗马骑士等级的知识非常不完善，这里只能提到几点重要的。②

骑士的核心是 1 800 名保有国有马匹的人，他们因政治目的被组成 18 个骑兵百人队。尽管国家提供经济补偿，免于保有国有马匹仍被视为一种特权。③ 罗马有关这个主题的传统只知道一个事实：自塞尔维乌斯·图利乌斯以来，骑士就是最富有的人。④ 李维认为，早在公元前 401 年，就已经有了骑士登记。⑤ 监察官从拥有骑士资格的人中挑选骑兵。⑥ 执政官根据战役的需要，按照每个军团 300 人的比例，⑦ 从如此组成的 1 800 人中挑选，根据第二次布匿战争期间的证据，有时一个军团只有 200 名骑士。⑧ 因此，如果正常征调，4 个军团一年需要 800—1 200 名骑士。可是，从可供抽调的 1 800 人中，我们必须减去官员和元老。直到格拉古兄弟（Gracchi）时代，元老和官员们都可以保留国有马匹。⑨ 公元前 2 世纪，加图建议国有马匹的保有者应增加到 2 200 人。⑩ 这个数字显然可以满足需要。

李维叙述道，早在公元前 401 年对维伊人的战争中，骑士等级的公民——那些没有被分配国有马匹的人——就自愿在骑兵中服役。⑪ 他评论道："这是第一次骑士用自己私有的马服务。"这些骑士与平民形成

6

---

① Sall. *Cat.* 37.6. 法学家埃提乌斯·卡皮托的祖父是一个苏拉派的百人队队长，后者的父亲是一位副执政官（Tac. *Ann.* 3.75.1）。

② 细节见 Kübler, RE 6.272; Mommsen, *Staatsr.* III. 476ff.; De Sanctis, II, 205ff.。

③ Liv. 39.19.4.

④ Cic. *Rep.* 2.39. D. Hal. 4.18. Liv. 34.31.17 借公元前 195 年的纳比斯（Nabis）之口宣称："你们根据财产登记挑选骑兵和步兵，你们期望少数人的财富应该更多，平民应当处在他们的控制之下。"（*uos a censu equitem, a censu peditem legitis et paucos excellere opibus, plebem subiectam esse illis uultis.*）

⑤ 5.7.5.

⑥ Pol. 6.20.9："监察官根据财富从他们中挑选。"（πλουτίνδην αὐτῶν γεγενημένης ὑπὸ τοῦ τιμητοῦ τῆς ἐκλογῆς）。

⑦ Pol. 6.20.9. 关于一个军团 5 000 人的记载，见 3.107.11。

⑧ Pol. 3.107.10.

⑨ Liv. 29.37.8; Cic. *Rep.* 4.2; Mommsen, *Staatsr.* III, 505ff.

⑩ *ORF*³ fr. 85.

⑪ Liv. 5.7.5 and 13.

了对照，后者是步兵。这里的骑士表示骑士等级中所有保有国有马匹的人，他们中的任何人都不会在步兵中服役，从他们之中产生 1 800 名国有马匹骑士，如果这些人不够，则该等级中其他持有者会被征召作为预备队。因此，据波利比乌斯（Polybius）记载，公元前 225 年，罗马动员了 3 100 名骑士。[①] 可是，除他们外，可以马上调动的还有 23 000 名罗马和坎帕尼亚（Campania）骑兵，[②] 因此骑兵总数可以达到 26 100 人。蒙森推算其中 22 100 人是罗马人。[③] 李维提到公元前 209 年的监察官时说："他们选出了大量应当服骑兵兵役的人。"[④] 李维有关第二次布匿战争期间大规模征调 18 或 21 个军团的说法，[⑤] 如贝洛赫（Julius Beloch）证明的，[⑥] 属于编年史家的造假。据波利比乌斯记载，公元前 214 年，即罗马人最为努力的时候，罗马也仅用 8 个军团和大约 150 条战船抗击敌人。[⑦] 公元前 216 年，罗马集合了 8 个军团战斗，同时陆军也在高卢[⑧] 和西班牙[⑨] 作战，但这是极其例外的情况。公元前 182—前 180 年连续分别征调 1 400 人、1 400 人和 1 050 人的记录也令人生疑。[⑩] 如果编年史家的这些夸张被否定，则我们可以估计，在正常情况下，征调（这类征调民兵的行动在瑞士被称为 Auszug）2 200 名骑士可能就足够了。每个人必须服役 10 个战季，只有在完成服役期后，通向官职的道路才会打开。[⑪] 可是，这可以如蒙森所说，理解为在 10 年中有义务

7

---

①   2.24.3, 9, 13.
②   2.24.14.
③   *Röm. Forschungen* II, 400.
④   27.11.15.
⑤   24.11.1, 26.1.10, 27.22.11.
⑥   *Klio* 3, 1903, 475.
⑦   8.1.
⑧   3.106. 6.
⑨   3.95.5, 97.4, 106.7.
⑩   Liv.40.1.5 and 7, 40.18.5f., 40.36.6 and 8.
⑪   Pol.6.19.2 and 4.

服骑兵兵役，但实际上并不总是在服役了。①

国有马匹骑士（*equites equo publico*）和私马骑士（*equites equo privato*）在军事上是否有任何区别，文献史料中无迹可寻。可是在政治上，后者属于第一等级投票人。在级别上，骑士高于步兵的百人队队长。一个骑士一天的薪水是一个第纳里，一个百人队队长是三分之二第纳里，一个普通士兵是三分之一第纳里。②取胜的将军奖赏他们的军队时，也照此比例执行。③在营地中，骑士每天早晨集合，他们与百人队队长一起向军团长官报告情况。④骑兵营地的哨兵由老兵（*triarii*）担任。⑤夜间的骑哨四人一组，执勤者必须带上同伴作为证人。⑥他们的特权地位在波利比乌斯有关给养分配的叙述中体现了出来。⑦罗马步兵每个月的给养是 $\frac{2}{3}$ 阿提卡斗小麦；骑士是 2 斗小麦和 7 斗大麦；盟国步兵是 $\frac{2}{3}$ 斗小麦；盟国骑兵是 $1\frac{1}{3}$ 斗小麦和 5 斗大麦。由于骑士得到三倍的给养，我们可以推测，他有两个随从。盟国骑兵只有一个随从。如给养和草料的关系所示，他们只带了两匹马，而罗马的骑士带着三匹马。在波利比乌斯时代之前，罗马骑士也只带两匹马。⑧正是老加图强调，他行军时亲自背着武器，而且只有一个随从。⑨作为将军，他每个月消耗 3 阿提卡斗小麦，每天为他的牲口提供 1.5 斗大麦。他告诉我们，作为执

8

---

① *Staatsr*. I, 506. Plut. *C. Grac.* 2.4 的记载指向同一方向：盖乌斯称，他在担任财务官之前曾服役 12 年，而其他人仅仅在紧急时期会被 10 次征调（ἐν ἀνάγκαις）。此外，步兵服役期限是 16 个战季，紧急时期 20 次。直到 46 岁时，一个人仍有义务服役（Pol. 6.19.2）。这个限制也使下述说法成为可能：许多人并未完整服满规定的战季，也不曾被征调过。
② Pol. 6.39.12.
③ Liv. 33.23.7, 33.37.12, 34.52.11, 36.40.13, 37.59.6, 39.5.17, 39.7.2, 40.43.7, 40.59.2, 45.40.5, 45.43.7. 只有在 45.34.5 中，骑士仅仅得到了一倍（的奖赏）。
④ Pol. 6.34.5.
⑤ Pol. 6.33.10.
⑥ Pol. 6.35.8, 36.1.
⑦ Pol. 6.39.13ff.
⑧ Festus p.247.16L s. v. Paribus; Lammert, *RE* 8.1695.
⑨ Plut. *Cato mai.* 1.9, 6.3.

政官，他随身带了三个奴隶前往西班牙，后来又多带了两个。^①公元前121年，执政官奥皮米乌斯（Opimius）调集元老和骑士对付 C. 格拉古（C. Gracchus），他们每人带了两个武装奴隶。^②公元前140年，执政官 Q. 凯皮奥（Q. Caepio）下令600名骑士"只和他们的奴隶一起"，到由维里亚图斯（Viriathus）占领的山上去伐木，目的是惩罚他们。由于盟国同道和其他志愿者的帮助，他们完成了那意在让他们丧命的任务。可以理解的是，他们把带来的木料堆在统帅的营地（praetorium）周围。幸亏迅速撤退，凯皮奥才未被烧死。^③当然，从法律上看，骑士从事的这类工作不过是让他们作为工程兵而已。公元前252年，他们中的400人拒绝接受这样的任务，但在下一次人口登记中，他们因拒绝服从执政官的命令被发配到无权者等级（aerarii）了。^④公元前159年的公民登记中，同样的惩罚落到了一个家世显赫的骑士头上。监察官向他提出的问题是：他的身体为何较之自己那没被照顾好的马匹好那么多？他答称："我那一无是处的奴隶斯塔提乌斯照顾这匹马，但我照看我自己。"这个回答被认为不合时宜。^⑤

附属于一个军团的10个骑兵分队，每个分队分别由3名十夫长（decuriones）和特选官（optiones）指挥。^⑥这些军官直接向军团长官负责。在每年的24位军团长官中，14人至少有5个战季的经历，有10个战季经历的就到了可以竞选官职的年龄，也就是说，他们已经至少服

---

① *ORF3* fr. 51.

② Plut. *C. Grac.* 14.4.

③ Dio fr. 78："只和马夫在一起。"（μετὰ μόνων ἱπποκόμων）。在与安条克三世签订的和约（Pol. 21.43.10）中，专门有一关于奴隶的条款。在恺撒的军队中，普通士兵也被允许保有奴隶。公元前47年，根据一道特殊的命令，奴隶被与家当和帐篷等——它们可能属于私有财产——一起留在了西西里，以便尽快把尽可能多的军队海运到阿非利加（*BAfr.* 47.3）。

④ Val. Max. 2.9.7.

⑤ Gell. 4.20.11.

⑥ Pol. 6.25.1.

役 10 年了。^① 所以，公元前 193 年^② 和前 191 年^③，有执政官级别的人担任军团长官。公元前 171 年征集了 4 个军团，它们由 4 位元老级别的军团长官统率。^④ 为进行公元前 168 年的战争，元老院下令，人民和执政官应当只选举那些已经担任过官职的人出任军团长官。^⑤

一般来说，在军团长官职位和国家官职之间存在着密切的联系。如后者一样，军团长官是无薪职，^⑥ 自公元前 3 世纪以来，^⑦ 每年正常征集的 24 个军团的长官中，"前 4 个军团"的长官已经是由人民选举的官员，^⑧ 位在财务官之下。^⑨ 公元前 75 年恺撒自东方返回后，因人民的选举成为军团长官，但直到公元前 69 年，他才在远西班牙出任安提斯提乌斯·维图斯（Antistius Vetus）麾下的财务官。^⑩ 不管是人民选举的军团长官，还是在征集更多士兵时将军们任命的军团长官，根据以上所论，必然都是骑士。我们完全没有理由否认，所有人都有资格要求被登记为骑士。这个等级的财产标准是 40 万塞斯退斯，对它的首次记录出现在公元前 49 年的一件逸事中。^⑪ 西塞罗谈到一个财产几乎不到一个

① Pol. 6.19.1.
② Liv. 35.5.1.
③ Liv. 36.17.1. 李维称他们为执政官级的副将，但那时这个称号指军团长官。如 Cic. *Cato mai.* 32, Plut. *Cato mai.* 12.1, *Flam.* 20.1 证明的那样。Liv. 44.1.2 称执政官级的波皮利乌斯为军团长官。
④ Liv. 42.35.4.
⑤ Liv. 44.21.2.
⑥ 蒙森（*Staatsr.* II, 577 n. 6）认为骑士有薪水，但我并无任何证据。参见 Madvig, II，530。在 Cic. *2 Verr.* 1.36 中，没有明确提到军团长官，因此他们可能被包括在军队集体（*stipendium*）中。不过另一方面，Cic. *Fam.* 5.20.7 称，军团长官的名字，如同行政官（*praefecti*）和他们的友人（*contubernales*）一样，需要纳入总督提交述职报告推荐的受惠人（*beneficia*）名单中。报告提交期限是 30 天以内。军团长官自然会参与战利品和凯旋式捐赠的分配。提格拉奈斯（Tigranes）承诺给每位罗马士兵 0.5 明纳，百人队队长 10 明纳，军团长官 1 塔兰特（Plut. *Pomp.* 33.6）。在凯旋式后，恺撒给每位普通士兵 5 000 第纳里，百人队队长双倍，军团长官和骑兵长官四倍于士兵（App. *BC* 2.102.422, Dio 43.21.3; Suet. *Iul.* 38.1 说普通士兵是 24 000 塞斯退斯）。[参见 Hirt. *BG* 8.4.1。]
⑦ Mommsen, *Staatsr.* II, 575.
⑧ Ibid. 578 n. 1.
⑨ L. *Acil.* (Bruns⁷ p. 55) line 2, Cic. *Cluent.* 148.
⑩ Suet. *Iul.* 5; Lange, III, 184; Klebs, *RE* 1.2558, no. 46.
⑪ Suet. *Iul.* 33.1.

骑士标准的人，说他除了自己的性命外，其他一无所有。[①] 这个评论表明，到那时，这个等级不再被视为富豪。

　　使骑士在法律上获得了政治上公认的重要性的，正是公元前123年 C. 格拉古有关司法的法律。[②] 阿庇安明确提到了这个等级中的财主，[③] 西塞罗也做出了同样的解释。[④] 因此，在他看来，一个在战争过程中得到骑士地位的百人队队长是可以成为一个审判员的。[⑤] 蒙森最初赞成这个看法，[⑥] 但后来他将法庭中的审判员限于18个骑兵百人队成员，"或许包括那些已经放弃了国有马匹的人"。[⑦] 可是，他的理由并无说服力。他从未为自己的看法——"《奥莱利亚法》（lex Aurelia）之后，那些（在法庭中）服务的骑士无疑是国有马匹骑士"——提供任何证据。关于《森普罗尼亚法》（lex Sempronia）——该法显然将司法审判权从元老院一揽子转归骑士，我们拥有一份法律的残篇，事关该法在处理行省官员勒索的法庭中的应用。蒙森将该法与西塞罗提到的《关于搜刮钱财罪的阿奇利法》（lex Acilia repetundarum）视为同一部，[⑧] 并将该法定在公元前122年。[⑨] 在有关为当年和随后年份里确定审判员名单的规定中，有关这个等级的定义——要从450人的名单中挑选——遗憾地失传了。[⑩] 可是，有关排除于名单之外的规定幸存下来了。它所影响

11

① Cic. Fam. 9.13.4.
② Lange, III, 39; Madvig, I, 166; E. Kornemann, Klio, Beiheft 1, 1903, 48.
③ BC 1.22.91：""他这样收买了平民之后，利用另一个类似的政治策略讨好骑士，骑士的地位处于元老和平民之间。"（τοὺς καλουμένους ἱππέας οἳ τὴν ἀξίωσίν εἰσι τῆς βουλῆς καὶ τῶν δημοτῶν ἐν μέσῳ）参见 1.103.482, 2.13.47, 2.50.205, 2.67.276。
④ 1 Verr. 38, 2 Verr. 3.94, 223："骑士的司法权"（cum equester ordo iudicaret）。如 comm. pet. 33 所说，equester ordo 一词意味着广义的骑士等级。
⑤ Phil. 1.20.
⑥ Jur. Schr. I, 51.
⑦ Staatsr. III, 530 n. 2; Strafr., 209.
⑧ 1 Verr. 51, 2 Verr. 1.26.
⑨ Mommsen, Jur. Schr. I, 17, 21; Klebs, RE I.256（'Acilius' no. 37）.
⑩ L. Acil. (Bruns⁷ p.55) lines 12, 16. 在《拉丁铭文集成》第 1 卷（CIL. I, 1863 年）中，蒙森提供了（第 12 行）：quei in hac ciuit [ate sestertium quadringentorum milium n(ummum) plurisue census siet...（总共有 137 个字母缺失），在布伦斯后来的版本以及《公法》（Staatsrecht）中，修改成 quei in hac ciuit [ate equum publicum habebit habuerit...。

的类型包括平民保民官、财务官、三人行刑官（*tresuiri capitales*）、前4个军团的军团长官、现任和前任的三人分地官（*tresuiri agris dandis adsignandis*）、现任和前任元老、任何曾以角斗士身份出场的人、任何被国家法庭判决并被排除在元老之外的人、任何30岁以下和60岁以上的人、任何不居住在罗马或居住在离城一英里之外的人，上述官员的父亲、兄弟和儿子，元老或前元老的父亲、兄弟和儿子，以及任何即将前往海外的人。

如果把这些例外考虑进来，则在我看来，1 800名国有马匹持有者的骑士就不可能够了。单是官员和元老以及他们的亲属可能就达到数百人，[①]而他们中多数在骑兵中服役的人年龄肯定在30岁以下，因为军役一般从17岁开始。[②]乡村的地主也被排除，那些正在海外服役的，或正在国外因公旅行的，也都被排除了。事实上，最后那种情况肯定经常出现，因为西塞罗认为，审判团中的骑士主要是包税人（*publicani*）。[③]

公元前140年之后，罗马骑士作为一个统一的、有战略意图的骑兵单位，最后一次可能出现在公元前102年的阿泰西斯（Athesis）战役中。那次战役中，有他们之中著名的M. 埃米利乌斯·斯考鲁斯（M. Aemilius Scaurus）的儿子参加。[④]公元前70年，一个人可以用他当时曾与罗马骑士莱奇乌斯（Raecius）一道服役作为他拥有罗马公民权的证据。[⑤]由于公元前107年马略的军事改革，骑兵单位无疑逐

12

---

① 这个群体排除了大多数蒙森希望包括进来的以前的国有马匹持有者。

② Plut. *Cato mai.* 1.8, *C. Grac.* 5.1. Q·. 西塞罗在 *comm. pet.* 33 称，骑士容易争取，"我认为，如果细心的话，骑士百人队争取起来要容易得多"（*multo enim facilius illa adulescentulorum ad amicitiam aetas adiungitur*）。Cic. *Mur.* 73 说法类似，那里称穆莱纳的继子在骑士百人队中似乎有影响。

③ 2 *Verr* 3.168.

④ Val. Max. 5.8.4. 库布勒（*RE* 6.281）根据 Val. Max. 2.7.9 推测为公元前133年，不足以作为证据。

⑤ Cic. 2 *Verr* 5.161. 当然，莱奇乌斯可能是一个同僚。也见 *Planc.* 32，在那里，据称普兰奇乌斯的父亲是"一个非常优秀的人物，那些骑士又是克拉苏将军麾下军团中最为优秀的群体"（*ut ipse in legionibus P. Crassi imperatoris inter ornatissimos homines, equites Romanos, summo splendore fuerit.*）克拉苏在公元前93年因卢西塔尼亚的胜利赢得凯旋式（*Act. triumph.* {*Insc. Ital.* XIII. 1, 84f., 562}）。

渐消失了。在阿非利加，马略使用的骑兵由苏拉带来的拉丁人和其他盟友组成，不曾提到任何罗马人。① 从此时起，骑士阶层的军事职能限于作为参谋军官或者是参谋军官与将军的随员。可是，从法律的角度看，如对其他公民一样，有关骑士兵役的一般规定继续有效。② 诸如西塞罗为之辩护的普兰奇乌斯（Plancius）那样的人的经历，如今变得典型了。他先是 A. 托夸图斯（A. Torquatus）在阿非利加的同僚，之后与亲属 Cn. 萨图尼努斯（Cn. Saturninus）一起参加了 Q. 凯奇利乌斯·麦泰鲁斯（Q. Caecilius Metellus）在克里特的战斗（公元前 68—前 64 年）。随后他成为驻马其顿军队的军团长官，接着在同一行省任财务官，之后是平民保民官。对他的审判，源自他在竞选市政官时采用的方法。③

如果我们一方面考虑到骑士等级在军中的地位，另一方面考虑他们作为参谋军官与官员的关系，则由此产生的结论是：只有骑士有担任官职的资格，所以在共和国时期，竞选官职的权利事实上已经存在财阀性质的限制。早在波利比乌斯时代，官职的候选人资格就必须是完成至少 10 年军役的人。参谋位置对百人队队长是封闭的，更不用提高级指 13

---

① Sall. *BJ* 95.1.

② Caes. *BC* 1.7.7, *BAlex*. 56.4. 为勒索钱财，恺撒派的西班牙续任副执政官级总督 Q. 卡西乌斯（Q. Cassius）组织了一次征召罗马骑士服役的行动。

③ Cic. *Planc*. 27f. 这个以及 Mommsen, *Staatsr*. I, 510 n. 1 提供的其他例证。普兰奇乌斯与麦泰鲁斯的关系被表述为 *miles huius Q. Metelli*。*Miles* 一词因此经常被用来描述骑士出身的人。Cic. *Rep*. 6.11(*somnium Scipionis*) 谈到作为军团长官的斯奇皮奥时用的是 *paene miles*。*Balb*. 47 谈到马略时，*Flacc*. 77 谈到阿普雷伊乌斯·戴奇亚努斯（*RE* 2.260 no. 22），*Cato mai*. 10, 18 谈到加图，*Brut*. 281 谈到克拉苏，*Brut*. 304 谈到霍尔腾西乌斯，都是如此。Vell. 2.104.3 称："正是在此时，在之前已经担任过保民官之后，我成了提比略·恺撒军队中的一名士兵。"（*hoc tempus me, functum ante tribunatu, castrorum Ti. Caesaris militem fecit*.）有关骑士服兵役的其他记载见 Plut. *Cato min*. 8.1, 9.4。加图最初是作为志愿者在其堂兄凯皮奥的帐下服役，在公元前 72 年的奴隶战争中担任军团长官，作为军团长官，他后来有 15 名奴隶、2 名解放自由人和 4 名朋友跟随。Cic. *Rab. Post*. 19 说，拉比利乌斯是一个骑士，"他既非保民官，也非行政官，既不是加比尼乌斯的朋友，也不是加比尼乌斯带到国外的随员"（*qui nec tribunus nec praefectus nec ex Italia comes nec familiaris Gabini fuit*）。在 *Fam*. 5.20.7，他提到他自己作为军团长官的同僚。恺撒的副将 Q. 提图利乌斯有一个骑士作为随员（Caes. *BG* 5.27.1）。

挥职位了。① 这个说法不仅对拥有执行权的官职即执政官和副执政官有
效，甚至对财务官都有效，因为财务官首要的是他们为之服务的那些高
级官员的代表和军事助理。所以，公元前 143 年，马其顿的财务官 L. 特
莱麦利乌斯（L. Tremellius）击败了假冒的佩尔修斯（Persius）之子，
但被欢呼为统帅的，却是已经离任的副执政官。② 在克拉苏（Crassus）
死后，卡西乌斯（Cassius）——后来恺撒的刺杀者——保卫叙利亚，击
退了帕提亚人。③ 在背信弃义地攻击日耳曼人时，恺撒是和他的副将
以及财务官讨论有关计划的。④ M. 克拉苏（M. Crassus）获得了特殊
的统帅权，公元前 52/ 前 51 年，是 M. 安托尼乌斯（M. Antonius）掌
管着冬营。⑤ 西塞罗把科伊利乌斯（Coelius）作为代表留在奇利奇亚
（Cilicia）。他强调，如果元老等级的副将们不曾担任过财务官以上的官
职，则让财务官指挥他们是合适的。⑥

　　担任特设官职也需要具备骑士等级资格。根据公元前 63 年鲁
卢斯（Rullus）土地法的规定，需要给由 17 个特里布斯选举产生的
"十人委员会"（decemuiri）分配"自骑士阶层选举的 200 名测量员
（finitores）"。⑦

　　在为普兰奇乌斯辩护的演说中，西塞罗提到那些击败了合格候选
人的不合格候选人，其中之一是 M. 塞伊乌斯（M. Seius）："由于被定
罪，他甚至不能保持作为骑士的清白之身。"⑧ 在同一篇演说中，他把候
选人分为三类：他们或来自执政官家庭，或来自副执政官家庭，或来

14

---

① 如 Val. Max. 8.15.7 明确声明和马兹维（Kl. Schr., 525）长篇大论的那样，马略所说的
　那些达到了执政官高位的"人民中的人"当然是骑士。
② Varro RR 2.4.2, Liv. Per. 53, Eutrop. 4.15. 在希腊语铭文中，财务官的职位被翻译成"代
　理财务官的代理将领"（ἀντιταμίας ἀντιστράτηγος）（ILS 8775, 也请见 8778）。
③ RE 3.1728.
④ BG 4.13.4.
⑤ BG 5.24.3, 8.2.1.
⑥ Cic. Fam. 2.15.4, 2.18.3.
⑦ Cic. Leg. Agr. 2.32.
⑧ Planc. 12.

自骑士等级。^①"人民授予官职的自由"在于下述事实：人民的选择只能从这个圈子的全体中挑选，不用管他们是否杰出。荣誉阶梯（*cursus honorum*）对高级和低级官职是一样的，只是荣誉有大小之别。作为市政官，骑士普兰奇乌斯已经获得了他应得的地位，在此之前，无数其他出身骑士等级的人已经达到了这样的地位。^②

我们只了解这个规则少量的例外，最为重要的是四位文书：弗拉维乌斯（Flavius），公元前304年市政官；^③克劳狄乌斯·格利奇亚（Claudius Glicia），公元前249年，为侮辱元老院，此人被克劳狄乌斯·普尔凯尔（Claudius Pulcher）宣布为独裁官，随后被迫立刻辞职；^④奇凯莱伊乌斯（Cicereius），老阿非利加努斯（the elder Africanus）的文书，公元前173年副执政官；^⑤苏拉时代的一个文书，恺撒时代他担任了城市财务官。^⑥但文书（*scribae*）是共和国次要官员中的最高官职，他们与骑士阶层联系密切，有些人就是骑士，其他人似乎是包税人公司的管事。^⑦由于这样的职业，文书理所当然地获得了骑士资格，如果他们放弃自己的有薪职务，他们也可以出任官职。^⑧同理，过去的百人队队长可能成为审判员。^⑨

在苏拉反动和恺撒的绝对君主制时代，最低等级的人获得了官职，并进入了元老院。^⑩当西塞罗谈到他们时，他只是模糊和一般地贬斥他

---

① *Planc.* 15.

② Ibid. 60.

③ Gell. 7.9, Liv. 9.46.1, Val. Max. 2.5.2; Mommsen, *Staatsr.* I, 354 n. 2.

④ Liv. *Per.* 19, *Fast. Cap.* {*Insc. Ital.* XIII. 1, 42f., 116, 436f.}.

⑤ Val. Max. 3.5.1, 4.5.3.

⑥ Cic. *Off.* 2.29.

⑦ Mommsen, *Staatsr.* I, 353; III, 517 n. 4. 在 Cic. 2 *Verr.* 3.168 中，两个文书与一个"极其杰出和令人尊敬的骑士阶层的成员"（*homo equestris ordinis honestissimus atque ornatissimus*）担任包税人公司管事（*magistri societatis publicanorum*），随后西塞罗就提到，维莱斯会被定罪，"如果这个法庭由包税人，换句话说，是罗马的骑士组成，则他绝无可能逃过判决"（*si publicani, hoc est si equites Romani iudicarent*）。

⑧ 皮索（Piso）有关弗拉维乌斯的逸事提供了例证（Gell. 7.9）。

⑨ Cic. *Phil.* 1.20.

⑩ Sall. *Cat.* 37.6, *BJ* 4.4; Suet. *Iul.* 72; Dio 43.47.3; Cic. *Fam.* 6.18.1, *Phil.* 11.12, 13.26. 在 *BAfr.* 28.2 中提到名字的两位军团长官是西班牙人元老的儿子。

们。但我们仍应注意，他们拥有骑士资格。

15　　　一般来说，在这样的问题上，面对当时的宣传册子，我们不可能过于精确。安托尼乌斯轻蔑地宣称，屋大维（Octavius）的曾祖父曾是一个解放自由人和制绳匠，祖父是一个银钱兑换商。① 他称骑士出身的公元前 45 年执政官 C. 特莱波尼乌斯（C. Trebonius）的父亲为糙汉。② 西塞罗在反击安托尼乌斯时，以他自己的方式把他妻子法狄娅（Fadia）和弗尔维娅（Fulvia）的家庭谱系拆分了。③ 西塞罗本人则被（对手）贬斥为漂洗工之子，尽管他本来自阿尔皮努姆一个知名的家庭。④ 这样的攻击是修辞方法上的交火。⑤ 编年史家都受过修辞学训练，把它们也都写入了历史，在谈及公元前 216 年执政官泰伦提乌斯·瓦罗（Terentius Varro）时，说他曾为其作为屠夫的父亲运送肉品。⑥

　　　在我们的证据可以确定的地方，通常都可以马上把所有这些一脚踢开。穆纳提乌斯·普兰库斯（Munatius Plancus）宣称文提狄乌斯·巴苏斯（Ventidius Bassus）——后因其对帕提亚人的胜利知名——是个骡夫。⑦ 他是同盟战争中被俘的皮凯努姆人，⑧ 事实上作为俘虏在庞培·斯特拉波（Pompeius Strabo）的凯旋式上被展览过，后以应约为行省总督的随员们提供马车和驮兽谋生。正因为文提狄乌斯的这种能力，恺撒认识了他并把他带到高卢，后来提升他为元老。⑨ 因此他的政治生

---

① Suet. *Aug.* 2.3, Ps. -Cic. *Ep. Oct.* 9.
② Cic. *Phil.* 13.23.
③ *Phil.* 2.3, 3.16, 13.24.
④ Dio 46.4.2, Plut. *Cic.* 1.2, Cic. *Leg.* 3.36.
⑤ Cic. *Cael.* 3: 老凯利乌斯受到"不恰当的生活方式"（*parum splendidus*）指控时，他为之辩护。在 *Vat.* 11 中，西塞罗打算忽视家族起源上的寂寂无名（*obscuritas*）和下贱（*sordes*）问题。同书第 17 章中，他把对手描写成"胆大妄为且暴力的"（*emersus e coeno*）。在显贵出身过于明显，如在安托尼乌斯问题上，他使用移花接木之术，Pis. fr. 11, 62 都是如此。参见 R. Preiswerk, *De inventione orationum Ciceronianarum*, Diss. Basel 1905, 90。
⑥ Liv. 22.25.18.
⑦ 见 Cic.*Fam.* 10.18.3.
⑧ 皮凯努姆地区奥克西姆（Auximum）自治市贵族中有两位文提狄乌斯家族的成员，见 Plut. *Pomp.* 6.5。
⑨ Gell. 15.4.

涯处于独裁时期，即使没有独裁，作为一个包税人，他也不会成为例外，因为据西塞罗，"包税人是罗马的骑士之花"①。骑士马略（Marius）受到麦泰鲁斯（Metellus）其他副将的鄙视，因为他从前是个包税人。②P. 鲁皮利乌斯（P. Rupilius）——公元前 132 年执政官——据称最初也受雇于包税人公司。③这些职业正是那种可以带来元老生涯所必需的金钱的行当。

保民官 C. 赫伦尼乌斯（C. Herennius）的案例——他父亲是一个特里布斯中为候选人分发竞选资金的负责人——情况类似。④据推测，维莱斯（Verres）的父亲也是同一职业，他后来成为元老，其子还为他立像纪念。⑤L. 埃利乌斯·斯提罗（L. Aelius Stilo）是个拍卖商的儿子，他本人因其父的称呼得姓普莱科尼努斯（Praeconinus），被西塞罗明确归为骑士，这点并不让人惊奇，因为拍卖是一桩有利可图的生意。⑥著名演说家 L. 克拉苏（L. Crassus）经常与诙谐风趣的格拉尼乌斯（Granius）一道吃饭，⑦后者的俏皮话很受最上层人士的青睐。⑧奈维乌斯（Naevius）的饭局和他本人诙谐的谈吐一样知名。⑨

很多罗马官员被认为出身"低贱""卑微"和"下贱"，如公元前 216 年的执政官 C. 泰伦提乌斯（C. Terentius）；⑩公元前 141 年的执政官 Q. 庞培（Q. Pompeius）；⑪公元前 105 年的执政官 Cn. 马利乌斯（Cn.

16

---

① *Planc*. 23.

② Diod. 34/5.38.1.

③ Val. Max. 6.9.8. 在 2 *Verr*. 2.171 中的 *operas dare* 是一个意思。Ps. -Ascon. 264 St. on 2 *Verr*. 2.32 称他为 *ex publicano dictus consul*。

④ Cic. *Att*. 1.18.4.

⑤ Cic. 1 *Verr*. 23, 25; 2 *Verr*. 2.95, 145, 161.

⑥ Cic. *Brut*. 205："各方面都不平常的人，一个极其完美的罗马骑士"（*uir egregius et eques Romanus*）；Suet. *Gramm*. 3.1; Plin. *NH* 33.29.

⑦ Cic. *Brut*. 160.

⑧ Cic. *Planc*. 33.

⑨ Cic. *Quinct*. 11, 93.

⑩ Liv. 22.25.18："他的先人不仅寒微，甚至下贱。"（*loco non humili solum sed etiam sordido ortus*）。

⑪ Cic. 2 *Verr*. 5.181："一个出身寂寂无闻且卑微的人"（*humili atque obscure loco natus*）；据 Plut. *Mor*. 200C 的一件逸事，他父亲据称是个笛手。

Mallius）；① 公元前 100 年的副执政官 C. 塞尔维利乌斯·格劳奇亚（C. Servillius Glaucia）；② 公元前 73 年的副执政官 Q. 阿里乌斯（Q. Arrius）；③ 公元前 139 年的平民保民官 A. 加比尼乌斯（A. Gabinius）；④ 公元前 74 年的平民保民官 L. 昆克提乌斯（L. Quinctius）⑤ 以及公元前 71 年的平民保民官 M. 洛利乌斯·帕利卡努斯（M. Lollius Palicanus）。⑥

17　　　骑士地位的人并不排斥这类表述。恺撒的顾问巴尔布斯（Balbus）和奥皮乌斯（Oppius）都是骑士，自称"寒微之辈"（*homines humiles*），与那些"伟人"（*amplissimi uiri*）恰成对照。⑦ 在一次对人民的演讲中，西塞罗谈到他自己的祖先："他们缺乏你们身上已有的荣光。"⑧ 这表示的是"出身寒微"的意思。与此相反，Ser. 苏尔皮奇乌斯·鲁弗斯（Ser. Sulpicius Rufus）被称为"出身寒微"的人，是因为他只能仰赖渺远的公元前 4 世纪拥有执政官权的军政官（祖先）。⑨ 就"下贱"一词而言，我们有直接的证据。⑩ 类似文提狄乌斯那样挣得收入的人被视为"下贱之辈"⑪。在《论义务》中，西塞罗列举了与体面工作相对的贱业。它们包括边境税官、放贷者、不靠技艺而靠劳动力取酬者、小店主和各类手工业者，"因为对一个自由人来说，作坊不是一个合适的地方"。"小生意也必须被视为贱业，但大生意让许多货物可以利用，而且诚实地给许多人带来益处，不应完全受到轻贱。事实上，如果厌倦了赚钱，生意人

---

① Cic. *Planc.* 12："他不仅出身低贱，而且缺乏原则，一个毫无用处的人，生活堕落，什么都可以讨价还价。"（*non solum ignobilem uerum sine uirtute, sine ingenio, uita etiam contempta ac sordida.*）

② Cic. *Brut.* 224："起自最寒微的家庭。"（*ex summis et fortunae et uitae sordibus*）。

③ Cic. *Brut.* 243："出身极其寒微。"（*infimo loco natus*）。

④ Cic. *Leg.* 3.35："寂寂无闻、出身卑微。"（*homo ignotus et sordidus*）；Oxy. 193: *uerna [e nepos]*

⑤ Cic. *Cluent.* 112："寒微之人。"（*humilitas hominis*）。

⑥ Sall. *Hist.* 4.43M："来自皮凯努姆的寒微之辈。"（*humili loco Picens*）。

⑦ Cic. *Att.* 9.7A.1.

⑧ Cic. *Leg. Agr.* 2.1.

⑨ Cic. *Mur.* 16.

⑩ Cic. *QF* 1.2.6："一个有骑士资格的贱货。"（*homo sordidus sed tamen equestri censu*）。

⑪ Gell. 15.4.3.

可以退出港口，走向农业和耕作，如他过去经常从海上驶入港口一样，贸易应公正地受到赞扬。"① 所以我们也听闻，对一个保民官的儿子来说，从商并不体面，人们期待于他的，是他应追求政治生涯。② 泰伦提乌斯·瓦罗出生"卑贱"，因为他的财富来自他父亲的屠宰铺子。③ 马略所以"下贱且缺乏教养"，是因为他晚宴的安排缺少情调，不懂戏剧，付给厨子的工资还没有地产管家多。④

世袭的骑士地位自然较新近获得的更被高看，所以老加图骄傲地回忆到，他的曾祖父失去了五匹战马，都由国家公费替换。⑤ 普兰奇乌斯的骑士资格只能回溯三代。⑥ 据他的传记作家说，阿提库斯（Atticus）"维持了他自祖先那里继承来的骑士的尊严"⑦。

罗马公民群体选举官职的资格纯粹基于财阀原则。它的根源在于罗马公职的性质：它们是无薪职，因此需要经济上的独立。⑧ 但是，任官资格是骑士等级的特权这个事实，在有关"执行权"的概念中获得了解释。执行权将民事和军事指挥权赋予一人，因此军官阶层也是国家官员的来源。

2. 元老等级

在那些有资格担任官职的群体中，元老家庭是一个值得关注的集团。早在公元前 218 年，我们就发现他们已成为 Q. 克劳狄乌斯平民会

18

---

① Cic. *Off.* 1.150f.
② Cic. *Flacc.* 70.
③ Liv. 22.26.1："继承了他父亲用这种方式得来的钱财，就得到鼓舞，希望追求一种更加体面的生涯。"（*pecunia a patre relicta animos ad spem liberalioris fortunae fecit*）。
④ Sall. *BJ* 85.39. 也见 Cic. *Fam.* 2.12.2："对那些志在罗马赢得光荣的人来说，留在外省绝对使他下贱无闻。"（*omnis peregrinatio obscura et sordidast iis, quorum industria Romae potest inlustris esse.*）那里使用的"下贱"只是强化了他无闻的特征。
⑤ Plut. *Cato mai.* 1.1.
⑥ Cic. *Planc.* 32.
⑦ Nep. *Att.* 1.1.
⑧ 罗马人强力推行的总是财阀政体。公元前 194 年强加给色萨利人的（Liv. 34.51.6）；公元前 95 年强加给西西里城市哈莱萨的（Cic. 2 *Verr.* 2.122），都是如此。由于不同城镇的财产资格不同，在所谓的《尤利亚市政法》第 84 和 89 行中缺少这类条文，不是没有意义的。

议决议特殊的规定对象："任何元老或元老之子不得拥有一条载重超过300 罐（约 1 730 加仑）的船只。"① 李维评论道："这一点依据从乡下把粮食运到城里判断就足够了。对元老来说，所有得自贸易的利润都是不合适的。"② 受到这条法律影响的所有人都表示反对，只有弗拉米尼乌斯（Flaminius）—— 公元前 217 年第二次出任执政官——发言赞成。这个事实透露了大量有关当时元老社会地位的信息。无论如何，这条法律并

19 不民主，因为它要求统治阶级应是大土地所有者，但它的意图，是打破迄当时为止元老无限的经济优势。由于这个措施，弗拉米尼乌斯——我们也许能看到，他是该计划的始作俑者——使得有产阶级，即后来的骑士，本身获得政治上的重要性成为可能。蒙森推想，③ 这部法律不仅阻止元老家庭拥有可出海的船只，而且阻止他们竞争国家合同。④ 在我看来，这个说法可能是成立的。据波利比乌斯的看法，这类合同是人民的生意，而元老有权监督，处置收入，如果出现争议，他们做出裁决。⑤

弗拉米尼乌斯公元前 232 年作为保民官通过的法律表现出同样的倾向。根据它的规定，从塞诺奈人（Senones）那里夺取的土地，即从阿里米努姆（Ariminum）到皮凯努姆的土地，要直接分配给公民个人，并成为他们的财产。⑥ 整个元老院，包括弗拉米尼乌斯的父亲，⑦ 都反对这部法律，在它获得平民批准的情况下，他们仍竭尽所能地反对法律的执行。⑧ 这种利用公有地（ager publicus）的方式让弗拉米尼乌斯的反对派很不开心，他们显然希望新获得的土地可以通过"占有"得到开

---

① Münzer, *RE* 3.2670, no. 29.
② Liv. 21.63.4. 在西塞罗时代，这条法律尚未被取消，但一般都被忽略了（2 *Verr.* 5.45）。参见 Mommsen, *Staatsr.* III, 898。
③ *RG* I, 853 {= III, 94}.
④ 这些都属于贸易，见 Plaut. *Trin.* 331："他陷到国家合同里了，还是海上冒险？是做生意赔了，还是买卖奴隶亏了？"（*publicisne adfinis fuit an maritumis negotiis? mercaturan' an uenalis habuit, ubi rem perdidit?*）
⑤ 6.17.3："通过人民"（διὰ τοῦ πλήθους），6.17.5-7。
⑥ Cato *Orig.* fr. 43P; Mommsen, *RG* I, 560 {= II, 229}.
⑦ Cic. *Inv.* 2.52.
⑧ Lange, II, 149.

发，^①觉得他们因这部法律被剥夺了长期的习惯已经让他们以为理所当然的权利。^②

另一方面，弗拉米尼乌斯选择的给个人分配土地的方法表明，对普通公民来说，要通过其他方法获得公有地的所有权已经不易。^③除"高卢人的土地"外，加图后来知道有萨莫奈人（Samnitis）的土地，阿普利亚（Apulus）和布鲁提（Bruttius）的土地，它们也落入私人手中。汉尼拔战争后给老兵分配的土地，很可能是那些因叛卖而被没收的土地。^④

公元前 167 年，加图谈到过一部法律：^⑤一般来说，占有公有地最多不得超过 500 尤格，在同一份文献中，他还提到了个人在公有地上放牧牲口的最高数量。阿庇安^⑥和普鲁塔克^⑦同样报道过这类法律的存在，但没有提到年代。据阿庇安，这个数量是 100 头大牲畜和 500 头小牲畜，此外，他提到在农业中雇用自由劳动者以反对只使用奴隶的规定。据编年史传统，这应该是公元前 367 年《李锡尼法》的规定。^⑧人们将许多法律误置在这一年，因为《执政官年表》中，公元前 366 年首次出

---

① Mommsen, *Staatsr.* III, 87; App. *BC* 1.7.27. 根据这种制度，个人可以在向国库支付一定款项后，占有他愿意取得的尽可能多的土地。

② Pol. 2.21.8 认为这部法律是"腐化罗马人民的第一步"，这个短语在 6.51.6 得到了说明："在迦太基，大众已经在议事中成为了主要力量，而在罗马，元老院仍保存着最高权威。"（τὴν πλείστην δύναμιν ἐν τοῖς διαβουλίοις παρὰ μὲν Καρχηδονίοις ὁ δῆμος ἤδη μετειλήφει, παρὰ δὲ Ῥωμαίοις ἀκμὴν εἶχεν ἡ σύγκλητος.）当波利比乌斯对弗拉米尼乌斯的法案做出这种回顾性的估价时，他的眼前已经浮现出 Ti. 格拉古的影子。他不赞成干涉私有财产正应据此理解（参见 Meyer, *Kl. Schr.* I, 392; K. J. Neumann in *Einleitung in d. Altertumswissenschaft* III, 414）。纽曼（*Ullsteins Weltgesch.* I, 417; *Einl. Altertumsw.* III, 402）最近开始谈论"立法机关反对行政权力的斗争"。即使这些现代的概念可以应用于罗马国家，我得承认对我毫无意义。关于弗拉米尼乌斯的政策，我们能说的不过是它意在赢得大批的个人追随者，借此他可以向他那个阶级的其他成员挑战。

③ 关于这一点，见 Kubitschek, *RE* 1.791; Mommsen, *Staatsr.* II, 635ff.。

④ Cato *ORF*³ fr. 230. "该土地与高卢人、萨莫奈人、阿普利亚人与布鲁提人的私人土地相邻。"（*accessit ager quem priuatim habent Gallicus Samnitis Apulus Bruttius*）；Liv. 31.4.2，31.49.5，32.1.6.。

⑤ *Orig.* fr. 95eP *ap.* Gell. 6.3.37.

⑥ *BG* 1.8.33.

⑦ *Ti. Grac.* 8.1.

⑧ Liv. 6.35.5. 在 Plut. *Camill.* 39.5 中，李锡尼是作为一个佚名的独裁官的骑兵长官时通过这部法律的。在 Liv. 6.39.3 中，这位独裁官是 P. 曼利乌斯，李锡尼仍是骑兵长官，但没有任何法案被归到他身上。

现了平民执政官。这条材料的历史意义非常有限，因为早期的编年史家将平民保民官、平民执政官与《十二表法》联系在一起。①两者都同样只是关于政制编年史的假设，更有价值的是归于公元前298年的一份报道。据那份资料，当年有"许多人"受到市政官的审判，因为他们拥有太多（公有）土地。②阿庇安和普鲁塔克的描述表明，这些法律应都属于汉尼拔战争期间。③

在这些报道中，尤其明显的是只有富人享有占地制度的好处，与自由农民比较，他们享有奴隶制经济的优势，战争期间农民因军役破产，他们的财产越来越多地被买走。公元前133年的法律中，Ti. 格拉古允许每个父亲占地500尤格，每个儿子占地250尤格。④据此我们可以看到加图以来大土地所有制发展的程度。无论如何，格拉古法规定的最高限额，不会是上限。

自公元前4世纪到前3世纪的大征服以来，元老集团的经济实力就这样发展起来。参与统治需要一定财富作为起点，而占有公有地的条件，没有谁会比元老更加有利：元老们监督着公有财产，法官则由元老们充任。⑤有关土地是元老家庭唯一财产的规定，在某些情况下只是加快了统治阶级扩大地产的速度。在这个时期，平民已经与贫穷成为同义词。⑥

---

① Pol. 6.11.1; Diod. 12.25; Siegwart, *Klio* 6, 1906, 363.

② Liv. 10.13.14. 对牲畜的所有者有类似的干预手段，见 Liv. 10.23.13 有关公元前296年，10.47.4 有关公元前196年，35.10.12 有关公元前193年的记载；参见 Mommsen, *Staatsr.* II, 494。

③ Niese, *Hermes* 23, 1888, 410; Meyer, *Kl. Schr.* I, 403; De Sanctis, II, 216. 纽曼（*Ullsteins Weltgesch.* I, 454; *Einl. Altertumsw.* III, 426）明确将其归于公元前196年，但这不过是无根据的假设。对他有关 Liv. 33.42.10 的解释，尤其请见前一注释所引用的段落。

④ App. *BC* 1.9.37, 1.11.46; Liv. *Per.* 58.

⑤ Pol. 6.13.3, 6.17.7.

⑥ 卡西乌斯·赫米纳（Cassius Hemina，2世纪）fr.17p 提到"任何因他们的平民地位而被从公有地上逐出的人"（*quicumque propter pleuitatem agro publico eiecti sunt*）。这句话显然指向等级冲突时期。但如其他编年史家一样，赫米纳应当是利用了来自他那个时代的类比。Cato *ORF*³ fr. 82 提到"因为贫穷和平民身份"（*propter tenuitatem et plebitatem*），Plaut. *Poen.* 515 说"即使我们在你看来是平民、贫穷之人"（*nos uidemur tibi plebei et pauperes*）。

公元前 242 年，"由于富人的自愿牺牲以及统治群体的高贵"，罗马
建立了一支庞大的舰队，他们或单独，或两人、三人合作承担了一条战
船的费用。[1] 公元前 214 年，那些拥有 100 万塞斯退斯家产者，必须为
舰队各自提供 7 名奴隶。对元老阶层而言，不言自明的是他们要提供 8
人，并且要支付奴隶一年的薪水。元老阶层的财产资格在共和国末期
才首次得到确切证明，因为奥古斯都将元老财产资格从 80 万塞斯退斯
提高到了 100 万塞斯退斯。[2] 但同样可以肯定的，是所有关于早期元老
贫穷的动人故事都是虚构的。从下面的例证中，我们可以清晰地看到这
一点。

波利比乌斯曾钦佩地叙述过 L. 埃米利乌斯·保鲁斯（L. Aemilius
Paullus）在金钱问题上的美德。尽管生活清苦，但保鲁斯对达到 6 000
塔兰特的马其顿战利品，从不曾瞟过一眼。他去世后，儿子们希望偿
还保鲁斯遗孀即第二任妻子 25 塔兰特的嫁妆，然而手头拮据。他们能
做的，只能是出售动产和奴隶，最后还包括一块地产。[3] 因此父亲去世
时，现金不到 15 万第纳里（60 万塞斯退斯）。在支付了嫁妆后，剩下的
有 60 塔兰特（36 万第纳里，144 万塞斯退斯）。[4] 斯奇皮奥（Sicipio）
将全部家产转给他的兄弟 Q. 法比乌斯·马克西穆斯（Q. Fabius
Maximus），这样后者的财产就和他自己一样多了。[5] 波利比乌斯还谈到，

① Pol. 1.59.6 说："由于领袖们的爱国和公益精神，国家政府获得了足够的资金从事这一
工程。"（διὰ τὴν τῶν προεστώτων ἀνδρῶν εἰς τὰ κοινὰ φιλοτιμίαν καὶ γενναιότητα）；200 条
五列桨战船的数字显然太大，参见 Pol. 1.64.1 以及 Beloch, Einl. Altertumsw. III, 152 的
评论。

② Suet. Aug. 41.1 的记载是 120 万。Dio 54. [17.3], 26.3 and 30.2 简单地说是 25 万第纳
里，据 Plut. Ant. 4.7，这个数字等于 100 万塞斯退斯。苏伊托尼乌斯可能犯了错误。参见
Kubitschek, RE 3. 1923. 元老财产资格这个样子仅属于骑士被视为穷人的时期。参见前
文第 19 页注释 ⑧。老寡妇科尼菲奇娅所以不愿与尤文提乌斯·塔尔纳结婚，是因为后
者的财产仅有 80 万塞斯退斯（Cic. Att. 13.28.4）。

③ Pol. 18.35.4ff.

④ Pol. 31.28.3; Plut. Aemil. 39.10 称接近 37 万第纳里。

⑤ 我们必须记住，他们各自从他们的继父那里分别继承了法比乌斯和科尔奈利乌斯家族
的财产。

在罗马人中间，斯奇皮奥根本算不上富人，[①]并且据此强调这些报道的
可靠性。一般来说，由于现存家族内部的矛盾，罗马人在这类问题上是
很难提供准确材料的。[②]

编年史家和修辞学家对此的理解，是埃米利乌斯非常穷困，以至于
在归还遗孀的嫁妆时遭遇困难，或者说，只有通过出售他仅有的地产，
才偿付了遗孀的嫁妆。[③]

也是在共和国末年，人们能够证明，元老将财富普遍投在地产上仍
是一种可敬的投资。[④]但是，我们发现，如在农学家加图的案例中表明
的，他们也参与贸易活动。[⑤]公元前 67 年，保民官加比尼乌斯提议通过
的一份平民会议决议禁止行省人在罗马借贷，目的是保护他们免受高
利贷盘剥。[⑥]但由于元老们钟情于此类业务，他们轻松通过元老院特别
命令规避了这道法律。勒索性利率在这些借贷中所发挥的巨大作用，表
明当时罗马流动资金是多么紧俏。一道古老的法律规定，任何人保有的
闲散资金都不得超过 15 000 第纳里。[⑦]共和国后期的典型特点，是政治

---

① Pol. 18.35.10. 据 Plut. *Mor.* 199F，他留下了"绝不算多"（ἐν οὐσίᾳ μεγάλῃ）的 33 磅银
子和 2 磅金子。

② Pol. 18.35.8.

③ Dio fr. 67.1: "如此之贫穷。"（ἐν τοσαύτῃ πενίᾳ）；Val. Max. 4.4.9: 非常贫穷（*adeo inops*）。
在这个问题上，我毫无保留地赞同马兹维（I. 139）的看法。参见 Mommsen, *Staatsr.* III,
1187 n. 4, *RG* I, 305 n. {= I, 394 n. 1} 有关死者荣誉错误观点的注释。Cic. *De or.* 2.268,
Dio fr. 36.33 报道了法布利奇乌斯的一件逸事，那里记录的传说显然忘记了这位伟大人
物必须是一个穷光蛋的事实。Willems, *le sénate de la république* I, 192 列举的所有证据
都与问题无关。2 *Verr.* 1.104 所涉及的，如 §111 的 "*pecuniosa mulier*" 表明的那样，
是通过公民登记时的不陈述来逃避《沃科尼亚法》。萨维尼已经对此做出说明，见
Vermischte Schr. I, 420 ff. 西塞罗（*Parad.* 50）将这个术语作为公元前 149 年的执政官
M. 马尼利乌斯是一个 "真正穷困的" 官员的例证，因为他在卡利奈拥有一座小房子，在
拉比奇有一块地产。这就是西塞罗想象的库利乌斯和法布利奇乌斯。阿皮乌斯·克劳狄
乌斯后来在公元前 54 年做了执政官，号称贫穷，也就是说，他妹妹嫁给鲁库鲁斯时没有
嫁妆，他也没继承什么东西（Varro *RR* 3.16.2）。

④ Cic. *Off.* I. 151, *Phil.* 5.20.

⑤ Plut. *Cato mai.* 21.6; Mommsen, *RG* I, 856 n. {= III, 97 n. 1}.

⑥ Cic. *Att.* 5.21.12, 6.2.7; 参见 Lange, II, 661; Ascon. 57.

⑦ 我们是从恺撒再度颁布这部法律得知的（Dio 41.38.1, 参见 Tac. *Ann.* 6.16.1 : "违反了
独裁官恺撒颁布的法律，该法规定了在意大利放贷和持有财产的条件。" [*lex dictatoris
Caesaris qua de modo credendi possidendique intra Italiam cauetur*]）。

活动需要巨额现金，但仅有少数人拥有（现金），大多数人的资本都被固定在了土地中。当我们看到罗马政客们欠下的天量债务时，我们需要牢记这一点。[①] 西塞罗多次抱怨下述人群：他们的财富足以偿付债务，但就是不愿出卖地产。[②] 在萨鲁斯特（Sallust）笔下，喀提林（Catilina）也宣称，他自己的财产大体可以应付债务。[③] 公元前43年5月5日，D. 布鲁图斯（D. Brutus）给西塞罗写信，称公元前44年4月15日，他手头可供支配的财产有4 000万（塞斯退斯），但他现在无力支付七个军团的费用，因为他的财产都被抵押了，而且把他所有的朋友都拖入了债务的泥潭。[④]

对统治圈中的罗马人而言，与成功的政治生涯相伴的，是在不久的将来会得到一个行省（总督职位）的愿景。人们可能因此积欠债务。[⑤] 离开奇利奇亚时，西塞罗在以弗所的包税人那里存放了220万塞斯退斯，且是合法所得。[⑥] 据此人们可以估计，一个不那么有原则的总督或一位胜利的将军可以积攒多少财产。[⑦] 无论如何，P. 科尔奈利乌斯·伦图鲁斯·斯品泰尔（P. Cornelius Lentulus Spinther）获得了声誉：公元前51年，他在担任奇利奇亚总督三年后，却被迫卖掉所有地产，只留下了一块土地。[⑧] 此前在市政官和副执政官任上，他特别奢华地举行了竞技会。[⑨] 当公元前79年的执政官 Ap. 克劳狄乌斯（Ap. Claudius）

24

---

① 关于那时货币的流通，参见 Mommsen, RG III, 520 ff. {= V, 380 ff.}; Ferrero, II, 65, 218 {= Ii, 49, 139f.}。西塞罗为购买一座房产花掉了350万塞斯退斯。他轻松地以6%的利率借到了这笔钱，因为在其执政官任上，他曾为放债人出面干预（*Fam.* 5.6.2）。宣传的东西自然经常靠不住。例如，西塞罗就否认了原告有关凯利乌斯已经负债的指控（*Cael.* 17）。

② *Cat.* 2.18, *Sull.* 56, *Caes. BC* 3.20.3.

③ Sall. *Cat.* 35.3.

④ Cic. *Fam.* 11.10.5.

⑤ Mommsen, *Staatsr.* I, 296.

⑥ *Fam.* 5.20.9 说："将我所有的合法所得存放在……"(*pecunia quae ad me saluis legibus peruenisset...*)

⑦ 参见诸如 Cic. *Imp. Pomp.* 38, *Verr.* passim。马略积攒了巨量财富（Plut. *Mar.* 34, 45）。

⑧ Münzer, *RE* 4.1396; Cic. *Att.* 6.1.23 都这么认为。

⑨ Cic. *Off.* 2.57, Plin. *NH* 19.23.

在马其顿总督任上去世时，他留下的六个孩子都属"穷苦"。① 那显然是因为他还没有把自己的财产整合好，因为他让自己的继任者库里奥（Curio）去征收贡款。② 恺撒君主制时期创作的一份备忘录建议，应以完全禁止贷款的形式来结束这种不健康的状况，每个人都应只花费他自己的资金，"因为现在年轻人中的风气，是浪费他们自己和他人的财产，对自己随心所欲，对他人有求必应"③。

因此，在罗马，拥有大片土地一直是政治活动的物质基础，某些家族政治活动的世袭特征也由此被推到高峰。类似弗拉米尼乌斯主张的法律——它不仅把元老还有他们的儿子的收入限定在地产上——乍一看似乎无可置疑地要限制他们的自由，但从长远看，注定会使统治阶级越来越紧密地结成一个群体，强化他们自我复制的倾向。第一道特殊的法律之后，有其他法律继之。于是，如同在公元前 123 年——当时只有元老充任审判员④——由 C. 格拉古提出的反对不公正判决的法律一样，《关于搜刮钱财罪的阿奇利法》适用于所有官员和元老以及他们的儿子。⑤ 元老法庭恢复后，⑥ 在苏拉有关谋杀案程序的法律中，有类似的条款。公元前 91 年，李维乌斯·德鲁苏斯（Livius Drusus）试图将上述规定扩及法庭中的骑士审判员，但归于失败。⑦ 因此，我们甚至可以谈论元老等级的"负担"，苏拉在法律——它把被宣布为公敌的元老的儿子们也列入公敌名单——中规定，元老阶层应当失去他们的特权，但应保留他们的负担。⑧

---

① Varro *RR* 3.16.2; Oros. 5.23.19; Münzer, *RE* 3.2849.

② Sall. *Hist.* 2.80M.

③ Sall. *Ep.* 1.5.4 ff. 参见 Pöhlmann, *Aus Altertum u. Gegenwart*, N.F. 266ff。

④ Cic. *Cluent.* 151.

⑤ L. *Acil.* line 2.

⑥ Cic. *Cluent.* 148.

⑦ Cic. *Cluent.* 153. *Rab. Post.* 16 解释了自那时以来元老阶层拥有巨大声望的原因，但根据这些法律对他们进行控告的危险也悬在了元老们的头上。骑士等级满足于他们从父亲那里继承来的地位，作为补偿，他们可以享受平静的生活。参见 Preiswerk, 56 ff.

⑧ Vell. 2.28.4; Lange, II, 702.

未来的叙利亚国王、救主德麦特里乌斯一世（Demetrius I Soter）①——他宣称元老之子都是他的兄弟②——的评论，使我们对公元前 2 世纪元老家庭的社会地位有了概念。公元前 49 年科菲尼翁（Corfinium）投降后，恺撒让所有元老、元老们的儿子、军团长官和罗马骑士都到他面前集合。③ 在列举狄拉奇翁（Dyrrhachium）战役的阵亡者名单时，他提到了元老之子以及某些"非常知名的"罗马骑士的名字，接着列举了阵亡军团长官和百人队队长的数字。④ 在另一个场合，他将元老之子和那些骑士出身的人员一并归入"光辉的年轻人"一类。⑤ 尽管把 honestus 译为"有资格担任官职"并不总是恰当，但它经常有类似的含义。⑥

我们可以从元老中区分出一个担任过牙座官职的群体。⑦ 在阿提尼乌斯（Atinius）平民会议决议⑧之前，如果没有被监察官从元老名单中除名的话，只有曾任牙座官员者可以是终身元老。⑨ 在《阿提尼乌斯法》之后，前保民官根据同样的规定进入了元老院，苏拉将这一权利扩

26

---

① Willrich, *RE* 4.2795ff., no. 40. 公元前 175—前 162 年，他作为人质在罗马生活。

② Pol. 31.2.5.

③ Caes. *BC* 1.23.1.

④ Caes. *BC* 3.71.3.

⑤ Caes. *BC* 1.51.3: "一些高贵的年轻人，分别是元老或骑士之子。"（*honesti adulescentes, senatorum filii et ordinis equestris*）。

⑥ Cic. *Ap. Quintil.* 11.1.85.（系演说的残篇）: "禁止一个有着可敬父母与祖先的后嗣参与公共生活，还有比这更加残忍的吗？"（*quid enim crudelius quam homines honestis parentibus ac maioribus natos a re publica submoueri?*）*Flacc.* 18 谈到控告人 D. 莱利乌斯时说他是"一个有地位的年轻人，出身高贵，善于雄辩"（*adulescens bonus honesto loco natus*）。在 *Fam.* 16.9.4，西塞罗指点提罗与"船长尊敬的、有地位的人"（*cum honesto aliquo homine, cuius auctoritate nauicularius moueatur*）一起旅行。Suet. *Aug.* 46.1 将"光辉的人"（*honesti*）与大众（*multitudo*）对举。但在西塞罗作品的另一处，对这个词的解释不应如此狭隘，它被用到昆克提乌斯身上（*Quinct.* 94），而他与同伴——一个拍卖商——不同，从不曾得到骑士头衔。在 2 *Verr.* 2.149, 155，罗马人和西西里当地农夫都被这样称呼了。

⑦ Mommsen, *Staatsr.* I, 402, III, 861; Willems, I, 132.

⑧ 公元前 122 年到前 103 年之间通过的一道法律（Mommsen, *Staatsr.* III, 862 n. 2; Willems, I, 230），因为在《关于搜刮钱财罪的阿奇利法》（公元前 122 年）中，保民官尚不意味着元老。

⑨ 平民市政官也是在公元前 122 年成为元老的，但公元前 216 年还不是（Mommsen, *Staatsr.* III, 861 n. 2, 860 n. 3）。

展到所有财务官。[①] 但牙座元老的显赫地位仍然保留，人们总是先询问

27　他们的意见。[②] 他们与其他元老之间最重要的区别，就是一个已故牙座
官员的儿子在葬礼游行中有权展示逝者的蜡像面具，随后还会将其立
在神龛中。[③]

　　人们普遍接受的看法是：显贵——官职贵族成员的资格——是由
牙座官员的后代们从他们的先祖那里继承来的。[④]

3. 显贵

　　显贵一词是"知道"（*noscere*）的派生词[⑤]（加图据此从 *cognoscere*
创造了"资料更易理解"［*cognobilior cognitio*］的短语[⑥]），因而它的本
质的含义是"知名人士"。显贵的概念从"知名人士"到"以官职为基
础的贵族"的发展，在西塞罗对他儿子所做的评论中有说明："自青年
时代起，你就有成名成家的某些权利，权利可以是从父亲那里传下来的
（我相信，亲爱的西塞罗，就如同你的情况一样），也可以说其他某些幸
运的机缘，总之，所有人都注视着你。他们总是留意他做了什么，如何
生活，他犹如生活在聚光灯下，没有任何言行可以逃过注意。"[⑦] 萨鲁斯
特说过类似的话："祖先的光荣犹如明灯悬在后辈的头上，让他们的美
德或恶行无所遁形。"[⑧] 在官职选举中，一个人因其祖先而享有知名度的

28　好处表现得尤其清晰。"因为他们的知名"，人民偏爱那些"父辈和祖辈

---

① Mommsen, *Staatsr*. III, 863 n. 1.

② Cic. 2 *Verr*. 5.36. 当 L. 麦米乌斯（L. Memmius）——著名的演说家和知名政治家、
诗歌的赞助人 C. 麦米乌斯的父亲——公元前 122 年到埃及时，埃及官员 [W. Otto, *RE*
8.831, s. v. 'Hermias' no. 10 认为官衔是"起草书信的人"（ἐπιστολογράφος）或"登记
员"（ὑπομνηματογράφος）] 称呼他为"元老院中一个真正名副其实、值得尊重的罗马人"
（Ῥωμαῖος τῶν ἀπὸ συγκλήτου ἐν μίζονι ἀξιώματι κα[ὶ] τιμῇ κείμενος）（Wilcken, *Chrestomathie*
3.3）。关于 L. 麦米乌斯，见 Cic. Brut. 136, 247, 304; *Eph. Epig*. 4.215, line 13 (Adramyttium)，
{将两者等同有疑问}，也见 Willems, I, 695; Cichorius, *Untersuchungen zu Lucilius*, 3。

③ Mommsen, *Staatsr*. I, 442ff.

④ Lange, II, 2; Madvig, I, 186; Willems, I, 368; Mommsen, *Staatsr*. III, 462; Beloch, *Einl.
Altertumsw*. III, 163; Neumann, ibid. 402.

⑤ Mommsen, *Staatsr*. III, 462.

⑥ Gell. 20.5.13.

⑦ Cic. *Off*. 2.44.

⑧ Sall. *BJ* 85.23.

曾做过执政官的人",① 而非其他候选人。显贵的祖先和他们那"烟熏火燎的先祖面具"会举荐他们。② 而新人,即政治上的自为者,将成功归因于他自己的能力与优点。③

古代并未对显贵做出界定。现代人赋予这个称号的圈子太大,从西塞罗归于显贵圈子的人中,我得到了下述名单:

L. 埃利乌斯 · 图贝罗(L. Aelius Tubero)。④

Q. 埃利乌斯 · 图贝罗(Q. Aelius Tubero),埃米利乌斯 · 保鲁斯之孙。⑤

M. 埃米利乌斯 · 莱皮杜斯(M. Aemilius Lepidus),公元前 46 年和前 42 年执政官,三头之一。⑥

M. 埃米利乌斯 · 斯考鲁斯(M. Aemilius Scaurus),公元前 115 年执政官,首席元老。⑦

C. 安托尼乌斯(C. Antonius),公元前 44 年副执政官。⑧

L. 安托尼乌斯(L. Antonius),公元前 41 年执政官。⑨ 两人均系三头之一的安托尼乌斯的兄弟。

---

① Liv. 4.44.2.
② Cic. *Sest.* 21, *Pis.* 1, *Planc.* 18, 67.
③ Cic. 2 *Verr.* 3.7: "勤勉的新人"(*hominum nouorum industria*),4.81: "活跃的出身贫寒的新人"(*hominibus nouis industriis*),5.180: "不是他的出身,而是相信他的优点为他赢得了罗马人民的赞许"(*uirtute non genere populo Romano commendari*),181: "新人的优点和能量"(*nouorum hominum uirtus et industria*);*Cat.* 1.28: "只是通过自己的努力为人所知,而无任何祖先的支持"(*hominem per te cognitum, nulla commendatione maiorum*);*Phil.* 6.17: "家世无闻的人"(*a se ortum*);*Brut.* 96: "因自己的努力得到承认"(*homo per se cognitus*),175: "获得了几乎是最高的承认"(*homo per se magnus*)。西塞罗致信希尔提乌斯(Non. p. 437.29 = fr. 3 OCT): "既然显贵不过是个被承认的价值,那么谁会在乎那个只是家世久远却缺乏光荣的人呢?"(*cum enim nobilitas nihil aliud sit quam cognita uirtus, quis in eo, quem inueterascentem uideat ad gloriam, generis antiquitatem desideret?*)
④ *RE* 150; *Lig.* 27.
⑤ *RE* 155; *Mur.* 75.
⑥ *RE* 73; *Phil.* 13.8, 15.
⑦ *RE* 140; *Mur.* 16.
⑧ *RE* 20; *Fam.* 2.18.2.
⑨ *RE* 23; *Fam.* 2.18.2.

M. 安托尼乌斯（M·Antonius），公元前 44 年和前 34 年执政官，三头之一。①

M. 安托尼乌斯·安提鲁斯（M. Antonius Antyllus），三头之一安托尼乌斯之子。②

C. 阿提利乌斯·塞拉努斯（C. Atilius Serranus），公元前 106 年执政官。③

L. 奥莱利乌斯·科塔（L. Aurelius Cotta），公元前 65 年执政官。④

Q. 凯奇利乌斯·麦泰鲁斯·努米狄库斯（Q. Caecilius Metellus Numidicus），公元前 109 年执政官。⑤

29 Q. 凯奇利乌斯·麦泰鲁斯·皮乌斯（Q. Caecilius Metellus Pius），公元前 80 年执政官。⑥

Q. 凯奇利乌斯·麦泰鲁斯·奈波斯（Q. Caecilius Metellus Nepos），公元前 57 年执政官。⑦

L. 卡尔普尔尼乌斯·皮索·凯索尼努斯（L. Calpurnius Piso Caesoninus）。⑧

L. 卡尔普尔尼乌斯·皮索·凯索尼努斯（L. Calpurnius Piso Caesoninus），前一位的儿子，公元前 58 年执政官，恺撒的岳父。⑨

C. 卡西乌斯·隆吉努斯（C. Cassius Longinus），公元前 44 年副执政官，恺撒的刺杀者。⑩

L. 卡西乌斯·隆吉努斯·拉维拉（L. Cassius Longinus Ravilla），

---

① *RE* 30; *Mil.* 40, *Phil.* 1.29, *Fam.* 2.18.2.
② *RE* 32; *Phil.* 2.90.
③ *RE* 64; *Planc.* 12.
④ *RE* 102; 2 *Verr.* 2.174.
⑤ *RE* 97; *red. Quir.* 9.
⑥ *RE* 98; *Planc.* 69.
⑦ *RE* 96; *red. Sen.* 5, *Corn. ap.* Ascon. 62.
⑧ *RE* 89; *Pis.* fr. 11.
⑨ *RE* 90; *Sest.* 21, *Pis.* 2.
⑩ *RE* 59; *Phil.* 2.113, *Fam.* 12.10.3.

公元前 127 年执政官。①

　　M. 克劳狄乌斯 · 马尔凯鲁斯（M. Claudius Marcellus），公元前 51 年执政官。②

　　Ti. 克劳狄乌斯 · 尼禄（Ti. Claudius Nero），可能是公元前 41 年副执政官，皇帝提比略之父。③

　　Ap. 克劳狄乌斯 · 普尔凯尔（Ap. Claudius Pulcher），公元前 79 年执政官。④

　　Ap. 克劳狄乌斯 · 普尔凯尔（Ap. Claudius Pulcher），前一位的儿子，公元前 54 年执政官。⑤

　　Ap. 克劳狄乌斯 · 普尔凯尔（Ap. Claudius Pulcher），公元前 54 年执政官之子。⑥

　　C. 克劳狄乌斯 · 普尔凯尔（C. Claudius Pulcher），公元前 92 年执政官，公元前 79 年执政官的兄弟。⑦

　　P. 克罗狄乌斯（P. Clodius），公元前 56 年市政官，西塞罗臭名昭著的对手，公元前 79 年执政官之子，⑧其姐姐为克罗狄娅（Clodia）。⑨

　　C. 科伊利乌斯 · 卡尔杜斯（C. Coelius Caldus），公元前 50 年财务官。⑩

　　Cn. 科尔奈利乌斯 · 多拉贝拉（Cn. Cornelius Dolabella），公元前 81 年副执政官。⑪

　　P. 科尔奈利乌斯 · 多拉贝拉（P. Cornelius Dolabella），公元前 44

---

① *RE* 72; *Leg.* 3.35.
② *RE* 229; *Marc.* 4.
③ *RE* 254; *Fam.* 13.64.2.
④ *RE* 296; *Planc.* 51.
⑤ *RE* 297; *Fam.* 3.7.5, 3.8.8, 3.10.9.
⑥ *RE* 298; *Fam.* 11.22.1.
⑦ *RE* 302; 2 *Verr.* 4.6, *Brut.* 166.
⑧ *RE* 48; *Mil.* 18, *Har.* resp. 4.
⑨ *RE* 66; *Cael.* 31.
⑩ *RE* 14; *Att.* 6.6.3, *Fam.* 2.15.4.
⑪ *RE* 135; *Quinct.* 31.

年执政官，西塞罗的女婿。①

P. 科尔奈利乌斯 · 伦图鲁斯 · 斯品泰尔（P. Cornelius Lentulus Spinther），公元前 57 年执政官。②

P. 科尔奈利乌斯 · 斯奇皮奥（P. Cornelius Scipio），即 Q. 凯奇利乌斯 · 麦泰鲁斯 · 皮乌斯 · 斯奇皮奥（Q. Caecilius Metellus Pius Scipio），公元前 52 年执政官。③

30 ｜弗斯图斯 · 科尔奈利乌斯 · 苏拉（Faustus Cornelius Sulla），公元前 54 年执政官，独裁官之子｜④

L. 科尔奈利乌斯 · 苏拉（L. Cornelius Sulla），独裁官，公元前 88 年和前 80 年执政官。⑤

P. 科尔奈利乌斯 · 苏拉（P. Cornelius Sulla）。⑥

Cn. 多米提乌斯 · 埃诺巴尔布斯（Cn. Domitius Ahenobarbus），公元前 96 年执政官。⑦

L. 多米提乌斯 · 埃诺巴尔布斯（L. Domitius Ahenobarbus），公元前 54 年执政官。⑧

C. 法比乌斯 · 皮克托（C. Fabius Pictor）。⑨

Q. 霍尔腾西乌斯（Q. Hortensius），公元前 69 年执政官，演说家。⑩

C. 霍斯提利乌斯 · 曼奇努斯（C. Hostilius Mancinus），公元前 137 年执政官。⑪

C. 尤利乌斯 · 恺撒，独裁官，公元前 59、前 48、前 46、前 45、前

---

① *RE* 141; *Phil.* 1.29.
② *RE* 238; *Fam.* 1.7.8.
③ *RE* 'Caecilius' 99; *Corn. ap.* Ascon. 74.
④ {*RE* 377; *Vat.* 32}
⑤ *Har. resp.* 54.
⑥ *RE* 386; *Sull.* 37.
⑦ *RE* 21; *Leg. agr.* 2.19.
⑧ *RE* 27; *Phil.* 2.71.
⑨ *RE* 122; *Tusc.* 1.4.
⑩ *Quinct.* 9, 72; 2 *Verr.* 3.7; *Att.* 13.12.3.
⑪ *De or.* 1.181.

44 年执政官。①

｛L. 尤利乌斯 · 恺撒（L . Julius Caesar），公元前 90 年执政官｝②

M. 尤尼乌斯 · 布鲁图斯（M. Junius Brutus），控告人。③

M. 尤尼乌斯 · 布鲁图斯（M. Junius Brutus），公元前 44 年副执政官，恺撒刺杀者。④

M. 尤文提乌斯 · 拉泰伦西斯（M. Juventius Laterensis），公元前 51 年副执政官。⑤

｛L. 利奇尼乌斯 · 克拉苏（L. Licinius Crassus），公元前 95 年执政官｝⑥

｛P. 利奇尼乌斯 · 克拉苏（P. Licinius Crassus），公元前 97 年执政官｝⑦

P. 利奇尼乌斯 · 克拉苏（P. Licinius Crassus），可能是公元前 55 年财务官，公元前 70 年和前 55 年执政官之子。⑧

L. 利奇尼乌斯 · 鲁库鲁斯（L. Licinius Lucullus），知名的公元前 74 年执政官。⑨

｛M. 李维乌斯 · 德鲁苏斯（M. Livius Drusus），公元前 91 年平民保民官｝⑩

Q. 鲁塔提乌斯 · 卡图鲁斯（Q. Lutatius Catulus），公元前 78 年执政官。⑪

L. 马尔奇乌斯 · 菲利普斯（L. Marcius Philippus），公元前 91 年执

---

① *Vat.* 15.
② ｛*RE* 142; *Tusc.* 5.55.｝
③ *De or.* 2.225.
④ *Phil.* 2.113, *Brut.* 52, *Tusc.* 4.2.
⑤ *Planc.* 18, 50.
⑥ ｛*RE* 55; *parad.* 41｝.
⑦ ｛*RE* 61; *Tusc.* 5.55｝.
⑧ *Fam.* 13.16.1.
⑨ *Att.* 13.12.3, *Acad. prior.* 2.1.
⑩ ｛*RE* 18; *Rab. Post.* 16.｝
⑪ *Att.* 13.12.3.

政官。①

31 M. 屋大维 · Cn. f.（M. Octavius Cn. F.），公元前 76 年执政官之子。②

C. 帕皮里乌斯 · 卡尔波（C. Papirius Carbo），公元前 120 年执政官。③

P. 波皮利乌斯 · 莱纳斯（P. Popilius Laenas），公元前 132 年执政官。④

{M. 普皮乌斯 · 皮索（M. Pupius Piso），公元前 61 年执政官} ⑤

C. 斯克里波尼乌斯 · 库里奥（C. Scribonius Curio），公元前 50 年平民保民官。⑥

森普罗尼乌斯 · 图狄塔努斯（Sempronius Tuditanus），弗尔维娅的祖父。⑦

P. 塞尔维利乌斯 · 瓦提亚 · 伊扫里库斯（P. Servilius Vatia Isauricus），公元前 48 年执政官。⑧

C. 苏尔皮奇乌斯 · 加鲁斯（C. Sulpicius Galus），公元前 166 年执政官。⑨

Ser. 苏尔皮奇乌斯 · 鲁弗斯（Ser. Sulpicius Rufus），公元前 51 年执政官。⑩

L. 瓦莱里乌斯 · 弗拉库斯（L. Valerius Flaccus），公元前 63 年副执政官。⑪

这份名单的共同特点，是他们都属于执政官家庭，也就是说，是此前在国家中已经担任过执政官的家庭。这里提到的人中似乎有几个例外。埃利乌斯 · 图贝罗、埃米里乌斯 · 斯考鲁斯、尤文提乌斯 · 拉泰

---

① *Quinct.* 9, *Mur.* 36, *Brut.* 166.
② *Fam.* 8.2.2.
③ *De or.* 3.74.
④ *Red. sen.* 37, *red. Quir.* 6.
⑤ {*RE* 10; *Planc.* 12.}
⑥ *Fam.* 2.7.4.
⑦ *Phil.* 3.16.
⑧ *Ep. Brut.* 2.2.3.
⑨ *Brut.* 78.
⑩ *Mur.* 16.
⑪ *Flacc.* 81.

伦西斯和帕皮里乌斯·卡尔波可能属于那些仅有族名但姓氏并未出现在执政官年表中的家族的成员，但就尤文提乌斯而论，西塞罗明确证明那是出过执政官的家族，[1]而且是一个图斯库鲁姆的家族。这就意味着公元前163年执政官 M.尤文提乌斯·塔尔纳（M. Juventius Thalna）来自图斯库鲁姆，拉泰伦西斯的显贵身份得自这里。西塞罗还提到 M.尤尼乌斯·彭努斯（M. Junius Pennus）属于布鲁图斯家族。对埃米利乌斯·斯考鲁斯和图贝罗——他们家族的成员经常出现在执政官职位上——肯定也是如此。帕皮里乌斯·卡尔波的情况似乎是难点，因为他是个平民，而其他家族成员是贵族。不过恰好在这个问题上，西塞罗给我们提供了证据[2]：这个家族被视为一个特殊的群体。[3]

关于实践中对显贵地位的承认，西塞罗向 Ser. 苏尔皮奇乌斯·鲁弗斯指出："虽然你极其高贵，但那只有史学家知道，人民和选民并不清楚，因为你父亲是位骑士，你祖父没有任何值得记录的光荣，所以对你的高贵，不可能从人们的街谈巷议中得到，而必须从历史的陈迹中发掘。"[4]这里西塞罗暗指该家族公元前388、前384和前383年出任的拥有执政官权的军团长官，因为这些官职自然被视为类同执政官，如同霍尔腾西乌斯家族公元前287年有过独裁官一样。此处我们拥有了一个通过记录来证明显贵地位的例证。可是一般来说，声誉讲求的是当下，而那些真正属于显贵圈子的成员恰恰是不需要执政官祖先的。在一个谱系研究欠发展的时代，[5]大多数情况下要满足这种需要并不难。在《布鲁图斯》中，西塞罗就谈到了这种情况，提到一种"转变为平民"的方法，"借此，地位较低的人们强行挤入同名的另一个家族"。[6]例如，

---

[1] *Planc.* 18f.
[2] *Fam.* 9.21.2.
[3] 因此，*Leg.* 3.35 是把帕皮里乌斯作为"高尚的人们"的家族谈到的。
[4] *Mur.* 16.
[5] *Att.* 6.1.18："多么丢人的无知啊！"（*o ἀνιστορησίαν turpem!*）
[6] *Brut.* 62.

卡尔波家族坚称,他们家族的支脉最初是贵族。但这并不会改变下述重要结论:显贵资格需要执政官祖先。

事实上,西塞罗有次明确声明了这一点。[①]安托尼乌斯指控屋大维并非显贵集团成员,显然是说他并非独裁官的儿子。在回应中西塞罗补充说,如果屋大维血缘上的父亲足够长寿,则他也是会成为执政官的,西塞罗这里等于承认,屋大维只是通过继父才成为显贵的。

西塞罗一直是遵守这个规则的。他说,[②]公元前100年,除执政官和副执政官外,"所有高贵的年轻人"都拿起武器推翻阿普雷乌斯·萨图尼努斯,他们包括分别出任公元前96年和前94年执政官的Cn.多米提乌斯和L.多米提乌斯,公元前95年执政官L.克拉苏,他的同僚Q.穆奇乌斯,公元前92年执政官C.克劳狄乌斯,公元前91年平民保民官33 德鲁苏斯,屋大维家族、麦泰鲁斯家族、尤利乌斯家族、卡西乌斯家族、加图家族和庞培家族的所有成员,公元前91年执政官L.菲利普斯,公元前83年执政官L.斯奇皮奥,公元前78年执政官M.莱皮杜斯,公元前77年执政官D.布鲁图斯,公元前79年执政官P.塞尔维利乌斯,公元前78年执政官Q.卡图鲁斯和公元前76年执政官C.库里奥。[③]库里奥是这个名单中唯一的例外,但这个难点容易解决。最后三个名字全属于当时在场的那些执政官家族,西塞罗几乎一个都没有遗漏。此外,根据当时人判断,库里奥家族如此显赫,以至于西塞罗在有一个场合曾经

---

① *Phil.* 3.15:"他攻击盖乌斯·恺撒的儿子出身平常,虽然他真正的父亲如果长命的话,也是会当上执政官的。"(*ignobilitatem obicit C. Caesaris filio, cuius etiam natura pater, si uita suppeditasset, consul factus esset.*)

② *Rab. perd.* 21.

③ 弗里茨·冯德·密尔(F. Vonder Mühll, *De L. appuleio Saturnino*, Diss. Basel 1906, 14ff.)承认,这个名单不依赖于任何传统,西塞罗就是单纯地使用了执政官年表上的名单。唯一的例外是著名的保民官德鲁苏斯。他不是如冯德·密尔(Ibid. p.17)所说作为加图家族的成员出现的,因为L.波尔奇乌斯·加图是公元前89年执政官。在这种情况下,下述人员的缺席就不是偶然的了。他们是公元前98年执政官T.狄狄乌斯,公元前94年执政官C.科伊利乌斯·卡尔杜斯,公元前93年执政官M.赫伦尼乌斯,公元前92年执政官M.佩尔佩尔纳(M. Perperna)(因此西塞罗没有提到他父亲是公元前130年的执政官,参见本书第69页注③)以及公元前90年执政官P.鲁提利乌斯·鲁普斯(P. Rutilius Lupus)。他们不属于"显贵家族的年轻人"。

惊奇地说,为什么公元前121年的副执政官库里奥从不曾当上执政官。①

在为阿麦里亚的罗斯奇乌斯(Roscius of Ameria)辩护时,西塞罗把他们称为麦泰鲁斯家族、塞尔维利乌斯家族和斯奇皮奥家族最高贵的人(nobilissimi)。②

就反驳显贵资格由任何牙座官职建立的看法而言,西塞罗为丰泰伊乌斯(Fonteius)和穆莱纳做的辩护具有启示性。西塞罗③称丰泰伊乌斯是"一个极其值得赞颂和勇敢的人,一位优秀的公民",并举出该家族的古老以及定期出任的副执政官职位作为开释被告的理由。④苏尔皮奇乌斯·鲁弗斯曾宣称,穆莱纳出身不好,只是个新人,西塞罗回应道:"如果有任何平民家族足够杰出,理当获得荣誉,那么他的曾祖父和祖父都曾任副执政官;因在副执政官任上的成就,他父亲以极其辉煌和荣耀的方式举行过凯旋式,因此他儿子更容易达到执政官职位,他只要宣称,执政官已经是欠他父亲的职位就够了。"⑤

在两篇演说中,西塞罗都尽力让他的客户显得高贵,如果他们的地

34

---

① *Brut*. 124.
② *Rosc. Am*. 15.
③ *Font*. 41:"首先是他的家族的古老,如我们所知,他们来自光辉的自治市图斯库鲁姆。在该城历史上,他们留下了浓墨重彩的一笔。之后,该家族不曾中断地连续出任副执政官,就其成就而言普遍杰出,但首要的是毫无污点。第三位是他父亲,记忆中仍属最近……最后是我的当事人自己,在生活的各个方面都正直且光彩,作为士兵,他天生极其谨慎却最为勇敢,如这个时代的少数人一样,在实际的战斗中才能卓著。"(*primum generis antiquitas, quam Tusculo, ex clarissimo municipio, profectam in monumentis rerum gestarum incissam ac notatam uidemus, tum autem continuae praeturae, quae et ceteris ornamentis et existimatione innocentiae maxime floruerunt, deinde recens memoria parentis... postremo ipse cum in omnibus uitae partibus honestus atque integer, tum in re militari cum summi consili et maximi animi, tum uero sus quoque bellorum gerendorum in primis eorum hominum qui nunc sunt exercitatus.*)
④ 参见 Varro *RR* 2.4.2。他借 Cn. 特莱麦利乌斯·斯克罗法(Cn. Tremelius Scrofa)之口说道:"我是我这一族依次担任副执政官的七人之一。"(*septimus sum deinceps praetorius in gente nostra*)。
⑤ *Mur*. 15. 后来在第17章中,他反击了有关执政官古老而光辉的家庭出身低贱(*ignobilitas*)的指控,在第86章中同样强调了该家族的古老。值得注意的是,在这个案例中,利奇尼乌斯·穆莱纳显然与高贵的克拉苏家族和鲁库鲁斯家族无法建立起联系。不过,Varro *RR* 1.2.9 称公元前145年的平民保民官 C. 利奇尼乌斯·克拉苏(Cic. *Lael*. 96)为 C. 利奇尼乌斯·斯托罗的"苗裔"(*eiusdem gentis*),后者被他描述为公元前364年执政官的后代。历史学家 C. 利奇尼乌斯·马凯尔(C. Licinius Macer)同样被视为该家族的成员。

位已经以任何方式得到承认的话，那他肯定会提到他们的显贵地位。①

　　显然因为执政官创建显贵地位，所以西塞罗认为执政官而非监察官之类才是荣誉中的最高等级。② L. 布鲁图斯是公元前 509 年执政官，成为尤尼乌斯家族显贵地位著名的创建者。③ 公元前 340 年的执政官作为"戴奇乌斯（Decius）家族的第一个执政官"被记录下来；④ 公元前 165 年执政官 Cn. 屋大维也获得了同样的地位。⑤ 法庭中的一个对手质问西塞罗，在通向官职的道路上，到底是一个有骑士资格的人，还是那个出身于执政官家庭的西塞罗的儿子，更加轻松。⑥

　　一般来说，西塞罗用"新人"（homines noui）来称呼那些家族中第一位担任公职并且或功借此进入元老院的人，如公元前 74 年平民保民官 L. 昆图斯（L. Quintus）⑦、公元前 57 年平民保民官 T. 法狄乌斯（T. Fadius）⑧ 和公元前 54 年市政官 Cn. 普兰奇乌斯。⑨

35　　通过公元前 70 年《奥莱利亚法》成为骑士的人，也被他称为

---

① 关于"高贵的副执政官"（nobilitas praetoria），马兹维（I. 186）征引了 Tac. Ann. 3.30 和 Cic. Planc. 15 作为证据。但那实际是他本人的发明，不过这是仅有的错误。

② Planc. 60："就人民授予的官职而言，执政官最为高贵。"（honorum populi finis est consulatus）Phil. 1.14 谈及执政官时说，他们处于"最尊贵的职位"（altissimo gradu dignitatis）；类似说法见 Phil. 10.4；Fam. 3.7.5："难道你们以为，我会把阿皮乌斯家和伦图鲁斯家看得比美德更加重要？甚至在我获得这个世界最为敬重的杰出地位之前，我都从不会崇拜那些贵族的名字，我崇拜的，是那些把荣誉遗传给你们的人！但在我以这种方式赢得并且担任了那个最高权力的职务后，我感到我不再需要额外的职位或荣誉了。"（ullam Appietatem aut Lentulitatem ualere apud me plus quam ornamenta uirtutis existimas? cum ea consecutus nondum eram, quae sunt hominum opinionibus amplissima, tamen ista uestra. nomina numquam sum admiratus; uiros eos, qui ea uobis reliquissent, magnos arbitrabar.）

③ 关于 M. 尤尼乌斯·布鲁图斯，参见 Tusc. 4.2："您那高贵家族的创建者"（praeclarus auctor nobilitatis tuae）；Brut. 52："您那高贵家族的第一人"（nobilitatis uestrae princeps）。

④ Div. 1.51："P. 戴奇乌斯，昆图斯之子，该家族第一位成为执政官的人"（P. Decius ille Q. f. qui primus e Deciis consul fuit）；或 fin. 2.61："该家族第一个担任执政官的人"（princeps in ea familia consulatus）。

⑤ Off. 1.138："该家族第一位被选为执政官的人"（qui primus ex illa familia consul factus est）；Phil. 9.4："第一个为该家族带来执政官职位的人"（qui primus in eam familiam attulit consulatum）。

⑥ Planc. 59.

⑦ Cluent. 111.

⑧ RE 6.1959, no. 9; Fam. 5.18.1.

⑨ Planc. 67.

"新人"。①

　　普遍的情况是，这类新人担任的是副执政官以下的低级官职。"他们的数量难以胜计。"② 可以肯定，他们必然会常常被那些古老的贵族家庭鄙视。③ 仅有的一个骑士出身的执政官是少见的例外。④ 西塞罗足以自豪的，是在一代人的时间里，他是第一个赢得执政官职位的新人，而那个职位，是显贵们作为堡垒来保卫的。⑤

　　这些话向我们表明，显贵们独占了执政官职位。西塞罗这里暗指公元前 94 年执政官 C. 科伊利乌斯・卡尔杜斯，在 Q. 西塞罗的作品中，此人被宣称为离西塞罗获得执政官职位最近的先驱。⑥ 虽然如此，从此时到公元前 63 年产生的执政官并不都是显贵，我们看到，公元前 93 年有 M. 赫伦尼乌斯（M.Herennius），公元前 90 年有 P. 鲁提利乌斯・鲁普斯（P. Rutilius Lupus），公元前 89 年有 Cn. 庞培・斯特拉波（Cn. Pompeius Strabo），公元前 83 年有 C. 诺巴努斯・巴尔布斯（C. Norbanus Balbus），公元前 81 年有 M. 图利乌斯・戴库拉（M. Tullius Decula），公元前 76 年有 C. 斯克利波尼乌斯・库里奥（C. Scribonius Curio），公元前 72 年有 L. 盖利乌斯・波普利科拉（L. Gellius Poplicola），公元前 66 年有 L. 沃尔卡奇乌斯・图鲁斯（L. Volcacius Tullus），公元前 65 年有 P. 奥特罗尼乌斯・佩图斯（P. Autronius

---

① 　2 *Verr.* 2.175.

② 　*Planc.* 60.

③ 　2 *Verr.* 4.81, 5.181, 3.7, 2.174; *Fam.* 1.7.8; *Phil.* 9.4.

④ 　*Leg. agr.* 1.27："出身于骑士等级的执政官"（*equestri ortus loco consul*）；在 *Rep.* 1.10 中他感叹："如果我不是从小就遵循能使我这个出身于骑士阶层的人得以达到最高荣誉的那条生活道路，我又怎么能成为执政官呢？"（*consul autem esse, qui potui, nisi eum uitae cursum tenuissem a pueritia, per quem equestri loco natus peruenirem ad honorem amplissimum?*）

⑤ 　*Leg. agr.* 2.3："在很长的间隔期之后，时间之长几乎超出了我们的记忆所及，我成了第一位当选为执政官的'新人'，那个职位是显贵们小心守护，尽他们所能加以保卫的，你攻陷了它，并且表明了你的愿望：将来这个职位应是优越者居之，从而使我可以成为领袖。"（*me perlongo interuallo prope memoriae temporumque nostrorum primum hominem nouum consulem fecistis et eum locum quem nobilitas praesidiis firmatum atque omni ratione obuallatum tenebat me duce rescidistis uirtutique in posterum patere uoluistis.*）

⑥ 　*Comm. pet.* 11.

Paetus）当选。这表明，独占的范围仍相当广泛。元老的后代中，没有一个曾遭遇决定性的挑战。因此，当时根本不存在蒙森所宣称的不受"数量限制的统治者家庭"①。

传统提供的少量信息，与我从西塞罗的资料中得出的结论是吻合的。

Q. 西塞罗在其作品中提出的前两点（"我是个新人，我在竞争执政官职位"），证实了我之前提出的看法：执政官对达到显贵地位的重要性，且他们与新人形成了对照。② 他把喀提林描述为显贵，③ 因此喀提林必然是菲戴奈（Fidenae）的塞尔吉乌斯（Sergius）家族的成员，据记录，该家族在公元前5—前4世纪有过执政官和有执政官权的军团长官。他的曾祖父是公元前197年的城市副执政官 M. 塞尔吉乌斯，④ 得到了希鲁斯（Silus）这个姓氏。⑤ 塞尔吉乌斯家族是贵族的事实，与该家族的显贵地位无关。⑥ 与蒙森的看法相反，⑦ 我甚至相信，第一个担任官职的贵族也会被称为"新人"，蒙森从西塞罗作品中的一个片段所做的推论证明了这一点：贵族苏尔皮奇乌斯·鲁弗斯不是"新人"（缺乏研究的同时代人认为他仅是骑士出身），仅仅因为他的祖先中有人担任过有执政官权的军团长官。⑧ 埃米利乌斯·斯考鲁斯的情况类似：我

36

---

① *RG* II, 215 {= III, 486}.

② *Comm. pet.*

③ *Comm. pet.* 9. 在讨论过竞争者之一安托尼乌斯后，他接着谈到另一个人："至于另一个，天哪，他凭什么说自己高贵？首先，他同样出身显贵"（*alter uero quo splendore est? primum nobilitated eadem*），也就是说，他属于 s.7 提到的恩庇型显贵："所有人都可以说，他从自己的身份得到的，绝不比你因道德高尚获得的更多。"（*ut nemo sit qui audeat dicere plus illis nobilitatem quam tibi uirtutem prodesse oportere*）.

④ Plin. *NH* 7.104/5.

⑤ Liv. 32.27.7.

⑥ Cic. *Mur.* 17, Sall. *Cat.* 31.7, Ascon. 82.

⑦ *Staatsr.* III, 463.

⑧ *Mur.* 16.

们只听说，该家族有一段时间没有人担任官职。① 这里，显贵的地位也是仰赖于一个真正或者假设的祖先担任过执政官职务。在这个问题上，李维有关公元前 366 年事件的评论不具有决定性，因为在他有关平民争取执政官职位所做的编年体叙述中，打上了太多后世朋党之争的色彩。② 此外，李维甚至没有提到，L. 塞克斯提乌斯（L. Sextius）是第一个"新人"（homo novus）。

萨鲁斯特也把喀提林归入显贵，③ 他借马略之口说，马略自己的显 37贵地位源自个人的美德（而不是因为有一个执政官祖先）。④ 他有关显贵垄断（执政官职位）的评论尤其重要，垄断机制只针对寻求执政官职位的新人。他在马略作为候选人时所说的话再清楚不过地表明了这一点："当时平民授予其他官职，但显贵把执政官职位传来递去。任何新人，无论他可能多么杰出，都被认为没有资格享有这个荣誉，好像他会使这个职位受了玷污一般。"⑤ 他以同样的语气谈到了西塞罗当选执政官的问题："过去，如果一个新人——不管他多么杰出——获得了执政官职位，则大多数显贵常常带有强烈的恨意，好像这个职位因此受到了玷污一般。"⑥

前文多次提到的法学家 Ser. 苏尔皮奇乌斯·鲁弗斯把 Sp. 卡尔

---

① Ascon. 23："事实上，虽然斯考鲁斯是贵族，但在他之前的三代人里，该家族的命运落入了低谷，因为无论是他的父亲、祖父，甚至曾祖父，都不曾担任官职。我猜想是因为他们财产微薄，且生活方式不够检点。所以斯考鲁斯像任何新人一样的努力。"（*Scaurus ita fuit patricius ut tribus supra eum aetatibus iacuerit domus eius fortuna. nam neque pater neque auus neque etiam proauus—ut puto propter tenues opes et nullam uitae industriam - honores adepti sunt. itaque Scauro aeque ac nouo homini laborandum fuit.*）当 Plut. *Mor.* 318C 称他为"新人"（καινὸς ἄνθρωπος）时，那无疑是他个人的意见，如下面一句所证明的："地位卑微，家庭更寒微。"（ἐκ ταπεινοῦ βίου καὶ ταπεινοτέρου γένους）。

② 7.1.1："该年度因是新人担任执政官之年而引人注目。"（*annus hic erit insignis noui hominis consulatu*）。

③ *Cat.* 5.1.

④ *BJ* 85.17. 类似的话出现在 *BJ*.25："我是个新贵。"（*mihi noua nobilitas est*）这里不是在狭义上使用这个术语，如后来 Vell. 2.34.3 称呼西塞罗为"完全依靠自己的新人"（*uir nouitatis nobilissimae*）。Mommsen, *Staatr.* III, 463 n. 1.

⑤ *BJ* 63.6.

⑥ *Cat.* 23.6.

维利乌斯·马克西穆斯·鲁加（Sp. Carvilius Maximus Ruga）——公元前 234 年和前 228 年执政官——称为"显贵"（*uir nobilis*）。① 据《执政官年表》，他是斯普里乌斯（Spurius）之子，此人是盖乌斯的叔父，也就是说，斯普里乌斯是公元前 293 年和前 272 年执政官之子。②当卡图鲁斯发现皮索——公元前 58 年执政官恺撒的岳父——的那些追随者自马其顿两手空空地返回时，曾嘲笑了那些希望与显贵做朋友的人。③

恺撒用显贵来表述罗马人的情况只有一次。那是在阿里奥维斯图斯（Ariovistus）的演说中，④ 而且可能是有意使用的，因为在写到外国人时，他是随意使用那个词的。⑤ 瓦罗把 L. 科尔奈利乌斯·麦鲁拉（L. Cornelius Merula）称为"执政官家族的苗裔"。⑥ 科尔奈利乌斯·奈波斯不用 *nobilis*（显贵）⑦ 而用 *generosus*（贵族）这个词，⑧萨鲁斯特⑨ 和李维⑩ 也是如此。归于萨鲁斯特名下的公元前 50 年的备

38

---

① Gell. 4.3.2.

② 闵采尔的怀疑（*RE* 3.1630）似乎缺少根据。

③ 28.13; Münzer, *RE* 3.1388.

④ *BG* 1.44.12. 恺撒的死"会受到许多罗马显贵和罗马人民领袖们"的欢迎。

⑤ *BG* 1.2, 7, 18, 31, 5.3, 6.13 谈到高卢人时如此；*BC* 1.34 谈到马赛人使节时也是如此。西塞罗也非常随意地把显贵一词用在非罗马人即自治市和行省的人身上。在他精心打磨的措辞中，并不缺乏对该词有效范围的指示，如 *Rosc. Am.* 15 称："就出身、血缘和财富论，他会轻松成为该自治市的显贵"（*nobilitate...non modo sui municipii uerum etiam eius uicinitatis facile primus*）；*Cluent.* 11, 23 说法类似："一个勇敢的、有雄心且出身高贵的人"（*uir fortis et experiens et domi nobilis*），109："一个罗马骑士，在他自己的自治市地位高贵"（*eques Romanus in municipio suo nobilis*），196："出身和地位都很高贵的"（*nobilitas illa inter suos*）。就行省人的情况论——尽管在那里不可能与罗马人出现混淆，他也略去了类似的限定，见 2 *Verr.* 1.76, 85, 2.11, 23, 不过并不一贯，见 2.35, 68, 91, 128, 3.93, 4.38, 51, 5.40（这里没有自治市），111, 112, *Arch.* 4, *Flacc.* 52 谈到特拉莱斯公民时说："那些极其有名的，在他们中极其显赫的人"（*apud nos noti, inter suos nobiles*），*Balb.* 41, *Att.* 5.20.4 称一个百人队队长"出身高贵"（*nobilis sui generis*）。萨鲁斯特也把参与喀提林阴谋的自治市成员称为"出身高贵之家的"（*domi nobiles, Cat.* 17.4），格拉古已经将泰亚努姆 - 希狄奇努姆的一个财务官称为"该城一个极其高贵的公民"（*suae ciuitatis nobilissimus*, Gell. 10.3.3）。

⑥ Varro *RR* 3.2.2. 参见 *RE* 4.1408。

⑦ *Cato* 2.3 同样如此。

⑧ *Att.* 1.3, 12.1.

⑨ *BJ* 85.15.

⑩ 4.55.3.

忘录^①将元老院中的显贵和元老区分开来。^②《阿非利加战记》的作者有一次谈到了"新人和次要元老"^③。阿斯科尼乌斯（Asconius）如此叙述公元前 63 年西塞罗在选举中的竞争者："P. 苏尔皮奇乌斯·加尔巴（P. Sulpicius Galba）和 L. 塞尔吉乌斯·喀提林两位是贵族；四位是平民，其中 C. 安托尼乌斯和 L. 卡西乌斯·隆吉努斯两位是显贵，前一位是演说家 M. 安托尼乌斯之子；另外两位——Q. 科尼菲奇乌斯（Q. Cornificius）和 C. 利奇尼乌斯·萨凯尔杜斯（C. Licinius Sacerdos）——至少不是他们家族中第一位寻求担任公职的。当年的候选人中，西塞罗是唯一出身骑士的。"^④

除上述作家外，李维也提供了丰富的史料。如我已经指出的，对李维的运用必须谨慎。不能用他作为证据反驳西塞罗，他提到公元前 509 年——根据他的描述那是一个只有贵族能够担任官职的时代——阿奎利乌斯（Aquilius）和维泰利乌斯（Vitellius）是"年轻的显贵"（*nobiles adulescentes*），而两人却都是平民家庭出身。^⑤他用同样的术语描绘 C. 穆奇乌斯·斯凯沃拉，尽管穆奇乌斯家族是平民，公元前 175 年才首次有人出任执政官。^⑥对这个时期而言，没有任何这样的传统存在的痕迹。同样的错误只是表明，李维的资料来源——苏拉以及随后时代的编年史家——无意之中说了谎话。此外，蒙森已经注意到，编年史家把贵族和平民当作同义词使用，^⑦因为编年史家把他们自己时代

39

---

①　其年代据该备忘录第 2 章第 3 节和第 3 章第 3 节确定。

②　Sall. *Ep.* 2.11.6. Pöhlmann, *Aus Altertum u. Gegenwart*, N.F. 184 ff. 讨论了这部作品。

③　*BAfr.* 57: "低级元老中的新人。"（*homo nouus paruusque senator*）。

④　Ascon. 82.

⑤　2.4.2.

⑥　2.12.2.

⑦　*Staatsr.* III, 463 n. 4.

的观念应用到了对过去的理解中。①

一旦把这些令人误解的材料抛在一边，我们就会发现，这个术语完全是西塞罗式的。Sp. 麦利乌斯（Sp. Maelius）出身骑士，②因此他缺乏显贵身份、官职和成就。③公元前 420 年，被选举为财务官的并非平民保民官的亲属们，相反，人民青睐那些父亲和祖父曾担任过执政官的人。④利奇尼乌斯·斯托罗把显贵身份与赢得执政官职位联系起来。⑤克劳狄氏族显贵身份的创立者是该家族的第一位执政官（公元前 495年）——移民阿提乌斯·克劳苏斯（Attius Clausus）。⑥新人一般指他们家族中第一个担任官职即平民保民官⑦和财务官⑧的人，但尤其指那

---

① 对 *optumates*（4.9.4 and 11）的使用就是如此。这个概念在有关公元前 50 年的备忘录中（Sall. *Ep.* 2.5.1ff.）曾有简短阐述："我从先祖们那里得知的意见是：我们的公民群体被分成两个部分：贵族和平民。过去最高权威掌握在贵族之手，而到那时为止，数量最大的是平民，因此共同体内部相当经常地发生撤离，贵族的权力不断被削弱，人民的权力上升了。"（*in duas partes ego ciuitatem diuisam arbitror, sicut a maioribus accepi, in patres et plebem. antea in patribus summa auctoritas erat, uis multo maxuma in plebe. itaque saepius in ciuitate secessio fuit semperque nobilitatis opes deminutae sunt et ius populi amplificatum.*）我们必须记住，对后世的作家来说，父老们（*patres*）既可能表示贵族，也可能表示元老院。有关等级斗争类似的观念也见于 Sall. *Hist.* 1.11 M（A. Rosenberg, *Unters. z. r. Zenturienverfassung*, 50 错误地否认这里只指等级之间的斗争）。简单地说，这个错误是：人们用后格拉古时代政治斗争的语汇来描述平民为争取平等权利进行的斗争（Sall. *Cat.* 33.4, *BJ* 31.17, App. *BC* 1.1.2, Tac. *Hist.* 2.38）。我们还应当注意到，早在普劳图斯时代（*Capt.* 1002），*patricii pueri* 就已经表示"杰出家庭的儿子们"了。在 Gell. 18.2.11 中，人们是这样问的："后来人们这样发问：为什么贵族习惯在大母神节上，而平民在谷神节上相互调笑？"（*quam ob causam patricii Megalensibus mutitare soliti sint, plebes Cerealibus?*）在 4 月 4 日的 *Fast. Praenest*（*ILS* 8744a）中，维里乌斯·弗拉库斯的解释如下："贵族宴会的仪式经常会发生变化，因为根据西比拉神谕所载，大母神将其场所由弗里吉亚搬到了罗马。"（*nobilum mutationes cenarum solitae sunt frequenter fieri, quod Mater Magna ex libris Sibullinis arcessita locum mutauit ex Phrygia Roman.*）西塞罗（*Cato mai.* 45）笔下的加图参加了这场仪式性质的宴会。在盖利乌斯那段中，*patricii* 因此仅仅是弱化版本的显贵。Ascon. 23 也以这种方式使用 *patricius* 这个术语："特殊的出身甚至可以把一个懒汉推上最高职位。"（*quae generis claritas etiam inertes homines ad summos honores prouexit*）。

② 4.13.1.

③ 4.15.5.

④ 4.44.2.

⑤ 6.37.11.

⑥ 10.8.6. 参见 Münzer, *RE* 3.2663 and 2863, no. 321。

⑦ 4.48.7.

⑧ 4.54.6.

些担任执政官和监察官的人。①

希腊作家拒绝使用这个概念。波利比乌斯笔下的 *ἐπιφανής* 有 40
"高贵的""属于统治集团的"一般含义。② 西塞罗在一封书信中把
nobilitas 翻译成希腊语的 *εὐγένεια*（意为"出身高贵的"）。③ 但在狄奥
多鲁斯（Diodorus）、狄奥尼修斯、普鲁塔克和狄奥·卡西乌斯（Dio
Cassius）那里，根本没有类似的表达。

4. 最优秀者

元老中还存在一个统一的牙座元老阶层，在西塞罗尊称为"最优
秀的"那批人的名单里，他们的存在得到了进一步的证明。④

M. 埃米利乌斯·莱皮杜斯（M. Aemilius Lepidus），公元前 46、前
42 年执政官，三头之一。⑤

L. 埃米利乌斯·保鲁斯（L. Aemilius Paullus），公元前 182、前

---

① 22.34.7, 37.57.12 and 15, 39.41.2.
② 3.40.9 提到一个"殖民事务三人委员会"（*tres viri coloniae duducendae*），成员是一位
执政官和两位副执政官，他们是"三位出身高贵的人"（*τρεῖς ἄνδρες τῶν ἐπιφνῶν*）。在
18.42.5 提到的一个元老委员会也同样被称为"十个高贵的人"（*δέκα τῶν ἐπιφανῶν*）。
6.14.6 谈到人民对争议问题的裁决（由保民官发起的行动），涉及一笔款项使用的合理性，
主要是"被告曾担任过最高官职"（*τοὺς τὰς ἐπιφαωεῖς ἐσχηκότας ἀρχάς*）。10.4.1 提到"市
政官（的选举），那是罗马年轻人能担任的最高官职，一般是选举两个贵族"（*ἀγορανομία,
ἣν σχεδὸν ἐπιφανεστάτην ἀρχὴν εἶναι συμβαίνει τῶν νέων παρὰ Ῥωμαίοις*）。在 6.53.1，他描绘
了一位"他们当中高贵的人"（*παρ᾽ αὐτοῖς τῶν ἐπιφανῶν ἀνδρῶν*）的葬礼。在最后这个案
例中，*ἐπιφανής* 可能带有"牙座官职"的含义，因此 Diod. 20.36.6 提到了"更高贵的市政
官"（*τῆς ἐπιφανεστέρας ἀγορανομίας*）。Pol. 6.58.3 的"十位市政官"（*δέκα οἱ ἐπιφανέστατοι*）
被西塞罗（Cic. Off. 3.11.3）翻译成"十位最杰出的贵族"（*decem nobilissimi*）。
③ *Fam.* 3.7.5. 在 31.26.6，波利比乌斯用这个词描绘斯奇皮奥·埃米利亚努斯之母帕皮利
亚（Diod. 31.27.3）。Diod. 31.25.2 在谈到埃米利乌斯·保鲁斯的葬礼时，使用了"出身
高贵、先祖声望卓著"（*οἱ ταῖς εὐγενείαις καὶ προγόνων δόξῃ διαφέροντες*）这个短语，其形
式可能来自波利比乌斯。32.27.3 描绘恺撒的葬礼；34.5.33.1（原文是 34/5.33.1，可能因
为狄奥多鲁斯的后面若干卷是残篇，第 34 和 35 卷残篇是合在一起的。——中译者）和
38.1 描述纳西卡的葬礼；37.10 描述李维乌斯·德鲁苏斯的葬礼时，（后面这几处应该都
不是描述葬礼，是描述这几个人，这几个人名前的 of，应该是和 on the occasion of 中的
of 相对应。——中译者）都用了这个短语。关于"出身高贵的"（*Εὐγενεῖς*），见 12.25 和
20.36.3 以下。
④ 我因受弗里茨·冯德·密尔评论的启发做了这项研究，参见 O. Hirschfeld, *SB Akad.
Wiss.* Berlin 1901, 580[=*Kl. Schr.* (1913), 647]。
⑤ *Phil.* 3.23.

168 年执政官，皮德纳战役的胜利者。①

L. 埃米利乌斯·保鲁斯（L. Aemilius Paullus），公元前 50 年执政官。②

M. 埃米利乌斯·斯考鲁斯（M. Aemilius Scaurus），公元前 115 年执政官。③

L. 凯奇利乌斯·麦泰鲁斯·卡尔弗斯（L. Caecilius Metellus Calvus），公元前 142 年执政官。④

41　　Q. 凯奇利乌斯·麦泰鲁斯·马其顿尼库斯（Q. Caecilius Metellus Macedonicus），公元前 143 年执政官。⑤

Q. 凯奇利乌斯·奈波斯（Q. Caecilius Nepos），公元前 57 年执政官。⑥

Q. 凯奇利乌斯·麦泰鲁斯·努米狄库斯（Q. Caecilius Metellus Numidicus），公元前 109 年执政官。⑦

Q. 凯奇利乌斯·麦泰鲁斯·皮乌斯（Q. Caecilius Metellus Pius），公元前 80 年执政官。⑧

Q. 凯奇利乌斯·麦泰鲁斯·皮乌斯·斯奇皮奥（Q. Caecilius Metellus Pius Scipio），公元前 52 年执政官。⑨

C. 卡西乌斯（C. Cassius），公元前 73 年执政官。⑩

C. 克劳狄乌斯·马尔凯鲁斯（C. Claudius Marcellus），公元前 80 年副执政官。⑪

---

① 2 *Verr*. 4.22.
② *RE* 81; *Phil*. 13.13.
③ *RE* 140; *Off*. 1.138.
④ *RE* 83; *Font*. 23.
⑤ 2 *Verr*. 3.211, *Font*. 23.
⑥ *Dom*. 70.
⑦ *Red. sen*. 37, *Red. Quir*. 6, *de or*. 3.68.
⑧ *Cluent*. 24.
⑨ *Phil*. 13.29.
⑩ *RE* 58; 2 *Verr*. 3.97.
⑪ *RE* 214; 2 *Verr*. 2.110.

C. 克劳狄乌斯 · 马尔凯鲁斯（C. Claudius Marcellus），公元前 50 年执政官。①

Cn. 科尔奈利乌斯 · 伦图鲁斯 · 克罗狄亚努斯（Cn. Cornelius Luntulus Clodianus），公元前 72 年执政官，公元前 70 年监察官。②

Cn. 科尔奈利乌斯 · 伦图鲁斯 · 马尔凯利鲁斯（Cn. Cornelius Luntulus Marcellus），公元前 56 年执政官。③

P. 科尔奈利乌斯 · 伦图鲁斯（P. Cornelius Luntulus），公元前 162 年执政官。④

P. 科尔奈利乌斯 · 伦图鲁斯 · 斯品泰尔（P. Cornelius Luntulus Spinther），公元前 57 年执政官。⑤

P. 科尔奈利乌斯 · 斯奇皮奥 · 阿非利加努斯 · 埃米利亚努斯（P. Cornelius Scipio Africanus Aemilianus），公元前 147、前 134 年执政官。⑥

P. 科尔奈利乌斯 · 斯奇皮奥 · 纳西卡 · 塞拉皮奥（P. Cornelius Scipio Nasica Serapio），公元前 138 年执政官。⑦

L. 科尔奈利乌斯 · 西塞纳（L. Cornelius Sisena），公元前 78 年副执政官，历史学家。⑧

L. 科尔奈利乌斯 · 苏拉（L. Cornelius Sulla），公元前 88、前 80 年执政官，独裁官。⑨

Cn. 多米提乌斯 · 埃诺巴尔布斯（Cn. Domitius Ahenobarbus），公元前 96 年执政官。⑩

---

① *RE* 216; *Phil.* 3.17.
② 2 *Verr.* 5. 15, *Cluent.* 120.
③ *RE* 228; 2 *Verr.* 2.103: "最高贵的年轻人。"（*clarissimus adulescens*）。
④ *RE* 202; *Cat.* 3.10.
⑤ *Pis.* 34, *Mil.* 39.
⑥ 2 *Verr.* 2.88, *Cato mai.* 77.
⑦ *RE* 354; *Flacc.* 75.
⑧ *RE* 374; 2 *Verr.* 2.110.
⑨ *Rosc. Am.* 6.
⑩ *RE* 21; *Leg. agr.* 2.18, 2 *Verr.* 2.118, *Corn. ap.* Ascon. 79.

L. 多米提乌斯·埃诺巴尔布斯（L. Domitius Ahenobarbus），公元前 54 年执政官。①

Cn. 多米提乌斯·卡尔维努斯（Cn. Domitius Calvinus），公元前 53 年执政官。②

Q. 法比乌斯·马克西穆斯·埃布尔努斯（Q. Fabius Maximus Eburnus），公元前 116 年执政官。③

42　　C. 范尼乌斯（C. Fannius）。④

L. 盖利乌斯·波普利科拉（L. Gellius Poplicola），公元前 72 年执政官，公元前 70 年监察官。⑤

Q. 霍尔腾西乌斯（Q. Hortensius），公元前 69 年执政官，演说家。⑥

C. 尤利乌斯·恺撒·斯特拉波·沃皮斯库斯（C. Julius Strabo Vopiscus），公元前 90 年市政官。⑦

C. 尤利乌斯·恺撒，公元前 59、前 48、前 46、前 45、前 44 年执政官，独裁官。⑧

L. 尤利乌斯·恺撒（L. Julius Caesar），公元前 90 年执政官，公元前 89 年监察官。⑨

L. 尤利乌斯·恺撒（L. Julius Caesar），公元前 64 年执政官。⑩

C. 尤利乌斯·恺撒·屋大维（C. Julius Caesar Octavius），后来的奥古斯都。⑪

---

① *RE* 27; *Phil*. 2.71, 2 *Verr*. 1.139:"最显赫的年轻人。"（*adulescens clarissimus*）。
② *RE* 43; *Flacc*. 31.
③ *RE* 111; *Balb*. 28.
④ *RE* 9; *Phil*. 13.13.
⑤ *RE* 17; *Pis*. 6, *Cluent*. 120, *red. Quir*. 17.
⑥ *Sull*. 3, *Sest*. 3, *Mur*. 10, *imp. Pomp*. 51, 66.
⑦ *Scaur*. 2 = Ascon. 24.
⑧ *Balb*. 64.
⑨ *Scaur*. 2 = Ascon. 24.
⑩ *Phil*. 6.14.
⑪ *Phil*. 4.3:"最显赫的年轻人。"（*clarissimus adulescens*）。

C. 莱利乌斯（C. Laelius），公元前 140 年执政官。①

L. 利奇尼乌斯·克拉苏（L. Licinius Crassus），公元前 95 年执政官，演说家。②

M. 利奇尼乌斯·克拉苏（M. Licinius Crassus），公元前 70、前 55 年执政官。③

利奇尼乌斯·鲁库鲁斯（Licinius Lucullus）。④

M. 李维乌斯·德鲁苏斯（M. Livius Drusus），公元前 91 年平民保民官。⑤

Q. 鲁塔提乌斯·卡图鲁斯（Q. Lutatius Catulus），公元前 78 年执政官。⑥

L. 马尔奇乌斯·菲利普斯（L. Marcius Philippus），公元前 56 年执政官。⑦

Q. 马尔奇乌斯·菲利普斯（Q. Marcius Philippus）。⑧

C. 马略，公元前 107、前 104—前 100、前 86 年执政官。⑨

Q. 米努奇乌斯·泰尔穆斯（Q. Minucius Thermus），公元前 62 年平民保民官。⑩

Cn. 庞培（大庞培），公元前 70、前 55、前 52 年执政官。⑪

C. 波皮利乌斯·莱纳斯（C. Popillius Laenas），公元前 132 年执政官。⑫

---

① *Cato mai.* 77.
② *De or.* 1.255, 2 *Verr.* 3.3.
③ *Mur.* 10, *Cael.* 18.
④ *Phil.* 10.8："最显赫的年轻人。"（*clarissimus adulescens*）。
⑤ *Cluent.* 153, *dom.* 20.
⑥ *Cat.* 3.24; *imp. Pomp.* 51, 66.
⑦ *Phil.* 3.17.
⑧ *Balb.* 28.
⑨ *Cat.* 3.15, 2 *Verr.* 2110.
⑩ *Phil.* 13.13.
⑪ 1 *Verr.* 44; 2 *Verr.* 2.102, 110, 113, 5.153; *Sest.* 15; *Pis.* 34; *Phil.* 13.8："最显赫的年轻人"（*clarissimus adulescens*），*Fam.* 1.8.4.
⑫ *Balb.* 28, *Red. Quir.* 7.

43 C. 波尔奇乌斯 · 加图（M. Porcius Cato），公元前 114 年执政官。①

M. 波尔奇乌斯 · 加图（M. Porcius Cato），公元前 195 年执政官。②

M. 波尔奇乌斯 · 加图（乌提卡的）（M. Porcius Cato [Uticensis]），公元前 54 年副执政官。③

P. 鲁提利乌斯 · 鲁弗斯（P. Rutilius Rufus），公元前 105 年执政官。④

Ti. 森普罗尼乌斯 · 格拉古（Ti. Sempronius Gracchus），公元前 177、前 163 年执政官。⑤

Cn · 塞尔维利乌斯 · 凯皮奥（Cn. Servilius Caepio），公元前 141 年执政官。⑥

Q. 塞尔维利乌斯 · 凯皮奥（Q. Servilius Caepio），公元前 140 年执政官。⑦

Q. 塞尔维利乌斯 · 凯皮奥（Q. Servilius Caepio），公元前 106 年执政官。⑧

P. 塞尔维利乌斯 · 瓦提亚 · 伊扫里库斯（P. Servilius Vatia Isauricus），公元前 79 年执政官。⑨

Ser. 苏尔皮奇乌斯 · 鲁弗斯（Ser. Sulpicius Rufus），公元前 51 年执政官。⑩

Ser. 苏尔皮奇乌斯 · 鲁弗斯（Ser. Sulpicius Rufus），前一位鲁弗斯之子。⑪

---

① *2 Verr.* 3.184, 4.22; *Balb.* 28.
② *2 Verr.* 4.22.
③ *Flacc.* 98.
④ *Balb.* 28.
⑤ *Cat.* 1.4.
⑥ *Font.* 23.
⑦ *Font.* 23.
⑧ *Balb.* 28.
⑨ *2 Verr.* 1.56, *Leg. agr.* 2.50, *Red. sen.* 25, *Prov. cos.* 1, *Phil.* 11.19.
⑩ *Phil.* 1.3, *Deiot.* 32.
⑪ *Flacc.* 98.

西塞罗数次把其中三个统治者称为"最优秀的"，^①在其他地方也提到"斯考鲁斯家族、麦泰鲁斯家族、克劳狄家族、卡图鲁斯家族、斯凯沃拉家族和克拉苏家族的所有成员"，^②或使用"那些在罗马人民的战争中担任过指挥官的人"这类笼统的术语。^③

这里列举的所有人，要么根据上文的定义属于显贵，要么是执政官（L. 盖利乌斯、C. 马略、公元前 195 年执政官 M. 波尔奇乌斯、P. 鲁提利乌斯·鲁弗斯）。L. 科尔奈利乌斯·西塞纳由于是科尔奈利乌斯家族的成员，可以被视为显贵。西塞纳家族可能像苏拉家族一样，是从另一个家族分蘖出来的。^④

我发现，在西塞罗的记录中只有三人是这一规则的例外：T. 安尼乌斯·米罗（T. Annius Milo），^⑤L. 利奇尼乌斯·穆莱纳^⑥即公元前 83 年续任副执政官以及 L. 鲁塞伊乌斯（L. Rucceius）。^⑦他们都可以得到解释。在面对西塞罗的死敌克罗狄乌斯时，米罗是西塞罗的救命恩人，因此在其他记载中，西塞罗对他有过类似的夸张性赞颂；^⑧就穆莱纳而言，这么做意在他的名声与他的儿子可能被定罪之间造成对比；就鲁塞伊乌斯而言，赞颂性的头衔意在引诱他写一部著作，西塞罗希望，该书将记录他自己执政官任内的活动。^⑨

5. 公民领袖

西塞罗名为"最优秀者"的圈子，大部分与"公民领袖"或简化说法"领袖"重合，在德语中，我们可以不加限定地将其译成"王侯"

---

① *Sest.* 40, *Dom.* 42, *Prov. cos.* 39, *Vat.* 35.
② *Phil.* 8.15.
③ *Leg. agr.* 2.59.
④ Münzer, *RE* 4.1515 提供了苏拉的谱系。
⑤ *Har. resp.* 6.
⑥ *Mur.* 88.
⑦ *Fam.* 5.12.7.
⑧ 如 *Fam.* 2.6.4.
⑨ 与之一并出现的是短语："作为一个极有声望和受到钦佩的公众人物，一个经验丰富的、在最伟大时刻受到赞许的公众人物。"（*spectatissimus et in rei p. maximis grauissimisque causis cognitus atque in primis probatus.*）

（Fürsten），因为这就是它字面的意思，而且也包含同样的社会意义上的细微区别。①

这里我还是提供一个那些被提到了名字的人的名单：

L. 埃米利乌斯·保鲁斯，皮德纳战役的胜利者。②

M. 埃米利乌斯·斯考鲁斯。③

C. 奥莱利乌斯·科塔，公元前 75 年执政官。④

L. 卡尔普尔尼乌斯·皮索，公元前 58 年执政官。⑤

P. 科尔奈利乌斯·伦图鲁斯·斯品泰尔，公元前 57 年执政官。⑥

L. 多米提乌斯·埃诺巴尔布斯，公元前 54 年执政官。⑦

Q. 霍尔腾西乌斯，公元前 69 年执政官，演说家。⑧

L. 利奇尼乌斯·克拉苏，公元前 95 年执政官。⑨

L. 利奇尼乌斯·鲁库鲁斯，公元前 74 年执政官。⑩

Q. 鲁塔提乌斯·卡图鲁斯，公元前 78 年执政官。⑪

M. 马尼利乌斯，公元前 149 年执政官。⑫

---

① "领袖"即"显贵"，见 *Rep.* 2.56, *Leg.* 3.31; *Sull.* 3 说："最杰出的人和公民领袖们"（*clarissimi uiri ac principes ciuitatis*）; *dom.* 42 说："某些特别杰出的人——公民领袖们"（*quosdam clarissimos uiros, principes ciuitatis*）。秦纳杀掉了那些"公民领袖"（*tot ciuitatis principes*，见 *nat. deor.* 3.80），与 *Cat.* 3.24 的"最杰出的人和国家的明灯"（*clarissimi uiri, lumina ciuitatis*）相当。人们期待于恺撒的角色也是一样（*Att.* 7.7.7）。在 *Att.* 9.9.2 和 *Fam.* 7.3.2 中，他称庞培派是"我们的领袖"（*nostri principes*）; 在 *Att.* 10.8.4 中，他谈到了庞培以及其他的"领袖"。参见 *Pis.* 7, *Att.* 2.1.7。关于显贵的这层含义，见 *Att.* 1.1.2, 1.2.2。

② *Brut.* 80 的称呼是"公民领袖"（*princeps ciuis*）。[现可见 Wickert, *RE* 22.2014ff 搜集的更充分的材料]。

③ *Sest.* 39 的称呼是："元老院和公民们的领袖"（*princeps et senatus et ciuitatis*），*Deiot.* 31, [De or. 2.197].

④ *Nat. deor.* 2.168 的称呼是"公民领袖"（*princeps ciuis*）。

⑤ *Phil.* 8.17,28.

⑥ *Fam.* 1.7.8.

⑦ 2 *Verr.* 1.139 的称呼是"青年们的领袖"（*princeps iuuentutis*）; *Mil.* 22 将其称为领袖之一。

⑧ *Acad. prior.* 2.5, *Sull.* 3.

⑨ *De or.* 1.225.

⑩ *Att.* 2.1.7, *Acad. prior.* 2.5, *Off.* 1.140.

⑪ 2 *Verr.* 3.210, *Pis.* 6 (*princeps huius ordinis*), *Acad. prior.* 2.5.

⑫ *Fin.* 1.12.

L. 马尔奇乌斯·菲利普斯，公元前 56 年执政官。①

P. 穆奇乌斯·斯凯沃拉，公元前 133 年执政官。②

Cn. 庞培（大庞培），公元前 70、前 55、前 52 年执政官。③

M. 波尔奇乌斯·加图，公元前 195 年执政官。④

M. 波尔奇乌斯·加图，老加图的曾孙，公元前 54 年副执政官，在乌提卡自杀。⑤

P. 塞尔维利乌斯·瓦提亚·伊扫里库斯，公元前 79 年执政官。⑥

Ser. 苏尔皮奇乌斯·鲁弗斯，公元前 51 年执政官。⑦

M. 图利乌斯·西塞罗，公元前 63 年执政官。⑧

小加图实际上不属于这个系列。其他人一般都是执政官。这点并不意外。从西塞罗那里我们得知，狭义上的公民领袖是属于执政官级别的

———————

① *Phil.* 8.17, 28.

② *Fin.* 1.12.

③ *Att.* 10.8.4; *Sest.* 84 称为"公民领袖"；*Prov. cos.* 41 称为"公民的领袖"；*Planc.* 93 称为"共和国的领袖"（*in re publica princeps*）；*Red. Quir.* 16 称（庞培）"过去、现在和将来都是无与伦比的领袖"（*uir omnium qui sunt fuerunt princeps*）；*Red. sen.* 5 称（庞培）是"所有民族、所有时代的记录中都无出其右的领袖"（*omnium gentium, omnium saeculorum, omnis memoriae facile princeps*）；*Dom.* 66 称为"公民中绝对最强有力的领袖"（*omnium iudicio longe princeps ciuitatis*）；*Fam.* 1.9.11 称为"共和国的领袖"（*in re publica princeps uir*），3.11.3 称为"所有民族和时代最伟大的人"（*omnium saeculorum et gentium princeps*）。

④ *Nat. deor.* 3.11.

⑤ *Phil.* 13.30 称为"副执政官的领袖，万国中最有美德的人"（*princeps* of the *praetorii idemque omnium gentium uirtute princeps*）。

⑥ 2 *Verr.* 3.210.

⑦ *Phil.* 8.17.

⑧ *Sull.* 3, *Fam.* 12.24.2 称："我主动担负起作为元老院和罗马人民领袖的责任。"（*me principem senatui populoque Romano professus sum*）。

46　荣誉头衔，①而且那绝非空名，因为在元老院的管理体系中，"领袖"群
　　体事实上组成了治理议事会，并且向执政官提出建议。为此他们在执政
　　官的家中开会，②因此西塞罗在谈到布鲁图斯的祖父凯皮奥——公元前
　　100 年的财务官——时可以说："如果他还活着，他现在就是领袖中的
　　一员。"③

　　　　如上引对庞培的描述所显示的，西塞罗笔下的"领袖"也可
　　以用到第一类人即国家中那些最强势的、事实上占据统治地位的

---

① [*Pis.* 30 称："你们 {L. 卡尔普尔尼乌斯 · 皮索和 A. 加比尼乌斯} 当时（公元前 58 年）
　　是执政官，现在（公元前 55 年）是执政官级别，但考虑到你拒绝承认法律……你们还
　　能被算作领袖吗？"（*quisquam uos* {L. Calpurnius Piso and A. Gabinius} *consules tunc*
　　(58) *fuisse aut nunc* (55) *esse consulares putet, qui eius civitatis in qua nunc in principum*
　　numero uoltis esse, non leges...nortis?)]；*Phil.* 14.17 称："我真的愿意那些公民领袖活着！
　　在我的执政官任期后，虽然我本人要让位给他们，但他们会看到我并非不情愿地担任了
　　领袖的角色。但就目前而论，在一个如此缺少有决心和勇敢的执政官的时候，当我发现
　　部分人背叛、部分人完全漠不关心、部分人对他们曾经从事的事业几乎没什么决心坚持，
　　提出的意见并不总是对国家有利的时候，你们想想我该是多么伤心！"（*utinam quidem*
　　illi principes uiuerent, qui me post meum consulatum, cum eis ipse cederem, principem non
　　inuiti uidebant! hoc uero tempore in tanta inopia constantium et fortium consularium, quo
　　me dolore adfici creditis.）他有关斯品泰尔的评论类似（*Fam.* 1.7.8)："就你的情况论，
　　他们愿意看到你的形象属于公民领袖的行列，但更高的地位，就绝对不可以了。"（*in te*
　　enim, homine omnium nobilissimo, similia inuidorum uitia perspexi, quem tamen illi esse in
　　principibus facile sunt passi, euolare altius certe noluerunt.）*Phil.* 8.29 所说的"担任过最
　　高职务的人"（*summis honoribus usi*）与 s. 32 的"执政官级别的"（*nos consulares*）有同
　　样的含义，应当都是指"公共事务的领袖"（*personam principis tueri*）。*Mil.* 22 也是一样
　　的意思。在 *Fam.* 10.6.3 中，他希望看到 L. 穆纳提乌斯 · 普兰乌斯成为一个"领袖"，但
　　因为他只是公元前 42 年的候补执政官，因而鼓励他成为"有作为的执政官级别的人"
　　（*animo consularis*）（s. 2)。

② 安托尼乌斯因遵守这一习俗受到西塞罗的称赞（*Phil.* 1.2)。关于西塞罗个人的执政
　　官任期，参见 *Cat.* 3.7, *Prov. cos.* 45。在《作为候选人》（*in toga candid*）的演说中，他
　　宣称："喀提林哪，你居然希望或者打算竞选执政官，可不是好事。你向谁去要求呢？向
　　公民领袖们吗？要知道，当 L. 沃尔卡奇乌斯举行会议时，他甚至都没有考虑让你站着
　　旁听。"（*te uero, Catilina, consulatum sperare aut cogitare non prodigium atque portentum*
　　est: a quibus enim petis? a principibus ciuitatis? qui tibi, cum L. Volcacio cos. in consilio
　　fuissent, ne petendi quidem potestatem esse uoluerunt.）参见 Ascon. 89 称："执政官 L. 沃
　　尔卡奇乌斯 · 图鲁斯召集他的顾问团就国务举行会议，研究他是否应当认可喀提林
　　的候选人资格，如果后者寻求执政官职位的话。因为后者正因勒索案遭遇调查。"（*L.*
　　Volcacius Tullus consul consilium publicum habuit an rationem Catilinae haberet, si peteret
　　consulatum: nam quaerebatur repetundarum.）公元前 65 年，作为副执政官的西塞罗尚未
　　进入执政官顾问的行列（*Sull.* 11)。参见 *Phil.* 2.14。

③ *Fin.* 3.8. 在 2 *Verr.* 5.41，这个词的精准含义再度以这样的方式出现（相对于全体民众
　　的元老院的"领袖"[*principes*]）：*Cat.* 1.7, 2.12; *Sull.* 7; *Red. sen.* 26; *Red. Quir.* 17; *Sest.*
　　97; *Har. resp.* 40, 45, 53, 54, 55, 60; *Phil.* 2.52, 8.22; *Fam.* 3.11.3。

人身上。不过，在官方的"公民领袖"（*princeps ciuitatis*）与"首席公民"（*princeps ciuium*）或"公共事务的领袖"（*in re publica princeps*）之间，并未做精确的区别。因此，公元前 60 年三头同盟的成员都被称为领袖。① 恺撒② 和克拉苏③ 自己使用过这个术语，恺撒个人的独裁统治被西塞罗称为"领袖政治"（*principatus*）。④ 此前的公元前 63 年，他谈到那些伟大的革命者时就说过，他们希望成为国家的领袖。⑤ 但他在这个意义上使用这个术语时，并不总是负面的。⑥

"领袖"一词有三个含义：第一，一般意义上的"高贵的贵族"；第二，专业意义上，是作为全体公民领袖的执政官；第三，政   47

---

① *Att.* 4.5.1：" 我们国家的领袖们"（*isti principes*）；*Fam.* 1.9.21："公民中那些最伟大的人"（*summorum ciuium principatus*）。也见 *prov. con.* 38。

② *Att.* 8.9.4："老巴尔布斯写信给我说，恺撒所期望者，不过是在庞培为领袖时，他不用在恐惧中生活。"（*Balbus quidem maior ad me scribit nihil malle Caesarem quam principe Pompeio sine metu uiuere*）

③ *Off.* 1.25："例如，马尔库斯·克拉苏不久前曾宣称，对一个期望成为公民领袖的人来说，除非他的收入足以维持一支军队，否则根本就不足以称为富人。"（*nuper M. Crassus negabat ullam satis magnam pecuniam esse ei, qui in re publica princeps uellet esse, cuius fructibus exercitum alere non posset.*）

④ *Off.* 1.26。

⑤ *Cat.* 3.25。

⑥ 作为例证，他曾称埃米利乌斯·保鲁斯为"公民的领袖"（*princeps ciuis, Brut.* 80），也曾谈到他是"值得尊敬的公民领袖"（*off.* 1.86）。公元前 46 年，他写道（*Fam.* 6.6.5）：如果庞培听从他的建议，则"我就不会面对现在的统治者（恺撒），如果他注意到我的建议，他自己事实上可以享有领袖地位。"（*esset hic* [Caesar] *quidem clarus in toga et princeps, sed tantas opes, quantas nunc habet, non haberet.*）*Phil.* 1.34（针对 M. 安托尼乌斯，提及安托尼乌斯的祖父）："对他而言，生命、大量的财富，是与他人自由、领袖地位同等重要的。"（*illa erat uita, illa secunda fortuna, libertate esse parem ceteris, principem dignitate.*）在一封致 Ap. 克劳狄乌斯·普尔凯尔的信中（*Fam.* 3.11.3），他谈及他妻子的远亲庞培和女婿 M. 布鲁图斯时，所说也许就是这种形式的领袖："因为他们中的一位是所有时代和民族中曾产生的最伟大的领袖，另一位过去一度是同龄人的领袖，而且我希望，很快就会成为整个国家的领袖。"（*alterius omnium saeculorum et gentium principis, alterius iam pridem iuuentutis, celeriter, ut spero, ciuitatis.*）但这里更可能是指布鲁图斯未来的执政官职务。

治领袖，也见于李维的著述中。[①] 恺撒是否做过这种区别，并不确定。[②]

　　瓦罗告诉我们，当他担任三人钱币官时，曾受到平民保民官波尔奇乌斯传唤，但根据领袖们的建议，他并未前往，因此坚持了既定的法律，因为保民官只有拘捕权（*prensio*），没有传唤权（*uocatio*）。[①] 由此我们得知领袖委员会的一个职能：裁定宪法上的问题。如西塞罗不无遗憾

---

①　第一种意义：在一般意义上使用领袖一词时，他也使用 *primores* 这个词（4.1.3, 4.8.7）；平民领袖（*principes plebis* 4.25.9, 6.34.3）；平民领袖（*primores plebis*, 4.60.7）；在卡普亚，有"领袖们的秘密阴谋"（*occultae principum coniurationes*, 9.26.5）；领袖（*primores*, 26.13.1）；首席元老（*principes senatus*, 26.16.6）。在诺拉，是"元老院，尤其是那些重要的领袖们"（*senatus ac maxime primores eius*, 23.14.7），即"领袖们"（23.29.7）；在罗克利，是领袖（Principes 23.30.8, 29.6.5, 29.8.2）。

第二种意义，见 4.6.6："执政官与领袖们私下开会商议"（*consules consilia principum domi habebant*），4.48.4："那些有执政官权的军团长官们，不管是在元老院中，还是在他们与那些领袖们私下召集的会议中，都无法拿出任何行动计划"（*nec tribune militum nunc in senatu nunc in consiliis priuatis principum cogendis uiam consilii inueniebant*），4.48.7：*principes* 的意义同 4.48.16 提到的执政官，4.57.11："元老们的领袖"（*primores partum*）指所有再次出任有执政官权的军团长官，10.6.3："公民领袖们，既有贵族的，也有平民的"（*certamen inter primores ciuitatis patricios plebeiosque*）与 s. 5："担任过执政官和举行过凯旋式的平民的领袖们"（*capita plebis consulares triumphalesque*）意义一致，29.14.12："全体公民领袖的夫人们"（*matronae primores ciuitatis*）欢迎诸神之母。其他见 2.16.5, 4.25.9, 4.48.7 and 11, 6.32.3, 26.18.6, 26.22.14, 40.45.8, 43.14.1, 43.16.14。

第三种意义：26.38.6 指萨拉皮亚（Salapia）的两位领袖，42.17.3 提到"布林狄西的领袖拉米乌斯"（*princeps Brundisii Rammius fuit*）。

②　阿里奥维斯图斯称（*BG* 1.44.12）："如果他处死他（恺撒），则他会让罗马的许多显贵人物与罗马人民的领袖们感到满意"（*si eum* [Caesar] *interfecerit, multis sese nobilibus principbusque populi Romani gratum esse facturum*）；*BC* 2.3.2 谈到在墨西拿有"领袖们和元老院"（*principes ac senatus*），1.74.5 提到"西班牙人的领袖"（*a principibus Hispaniae*）；*BG* 6.11.2 提到"在高卢……派别的领袖们是那些拥有最高权威的人"（*in Gallia ... factiones sunt earumque factionum principes sunt*）等；*BC* 1.35.3 说："罗马人民被分成了两派……两派的领袖分别是 Cn. 庞培和 C. 恺撒。"（*diuisum esse populum Romanum in duas partes...principes uero esse earum partium Cn. Pompeium et C. Caesarem*）参见本书第 63 页注②。*BAfr*. 26.5 提到"公民领袖"（*principes ciuitatum*）

①　Gell. 13.12.6. 这个事件约发生于公元前 94 年（Willems, I, 453）。关于这个问题的宪法意义，见 Mommsen, *Staatsr*. I, 145。

地写道,恺撒是第一个忽视他们这种权力的人。^① 所以,在紧接着恺撒 48
被谋杀的日子里,当安托尼乌斯在他的家里举行领袖们的会议时,西塞
罗尤其高兴。

奥古斯都声称,在第 19 年,* 根据元老院的命令,他在坎帕尼亚受
到使团的迎接,使团由副执政官、平民保民官和执政官,以及 "领袖们"
组成。^③ 但在希腊语译文中,领袖被明确表述为执政官级别的委员会。

所以,执政官级别的特殊地位在元首制下继续保留。阿斯科尼
乌斯将这同一批人称为最显耀的 "公民领袖",之后说他们是执政
官级别。^④ 但如李维经常做的一样,塔西佗总是称他们为 "公民领
袖"(*primores ciuitatis*)^⑤,理由可以轻松找到:他们不应与 "一般的领
袖"混淆。如西塞罗的证据表明的,奥古斯都对这个术语的使用从不

---

① *Off.* 2.65:"因此,在我们先祖诸多值得钦佩的观念中,其中之一是他们一直对研究
和解释我们民法的优秀部分给予高度的尊敬。在当前这个扰攘不定的时代之前,国中
最杰出的人仍把这个职业完全掌握在自己手里。然而如今,研习法律的人,连同荣誉的
官职和地位的高贵,都一并丧失了。这点更让人觉得可悲,因为这件事发生在这样的时
候:这个人(即 Ser. 苏尔皮奇乌斯·鲁弗斯)虽然荣誉上与他人平起平坐,对法律的
知识却超过所有前人。"(*cum multa praeclara maiorum, tum quod optime constitut iuris
ciuilis summoi semper in honore fuit cognitio atque interpretatio, quam quidem ante hanc
confusionem temporum in possessione sua principes retinuerunt, nunc, ut honores, ut omnes
dignitatis gradus, sic huius scientiae splendor deletus est idque eo indignius quod eo tempore
hoc contigit, cum is* (sc. Ser. Sulpicius Rufus, *cos.* 51) *esset, qui omnes superiores, quibus
honore par esset, scientia facile uicisset.*)
* 即他担任民官的第 19 年。公元前 36 年起,奥古斯都都连续担任保民官。从公元前 23 年
起,他开始用保民官任期数来计算自己在位的年数,公元前 19 年正好是他任期的第 19
年。——中译者
③ *RG* 12:"根据元老院的命令,部分副执政官、平民保民官与执政官昆图斯·鲁克莱
提乌斯及领袖们被派往坎帕尼亚来迎接我。"([*ex senatus auctoritat*]*e pars praetorum et
tribunorum* [*plebi cum consule Q.*] *Lu* [*cret*] *io et princi* [*pi*] *bus uiris* [*ob*] *uiam mihi mis* [*s*] *a
e* [*st in Campan*] *iam*.) 希腊语原文是:δόγματι σ [υ] νκλήτου οἱ τὰς μεγίστας ἀρχὰς ἄρξαντε
[ς σ] ὸν μέρει στρατηγῶν καὶ δημάρχων μετὰ ὑπ [ά] του Κοίντου Λουκρητίου ἐπέμφθησάν μοι
ὑπαντήσοντες μέχρι Καμπανίας.
④ Ascon. 60, 79.
⑤ *Ann.* 1.24.1, 4.29.1, 15.25.2:"尼禄咨询了公民领袖们"(*consuluit inter primores ciuitatis
Nero*);*Hist.* 1.81.1, 3.64.1. Sen. *ben.* 2.27.2. 占卜官 Cn. 伦图鲁斯 "在财富和影响上都是
公民中第一人"(*princeps iam ciuitatis et pecunia et gratia*)的头衔属该术语不太严格的
用法(Mommsen, *Staatsr.* II, 775 n. 4)。

曾超出共和国政制的界限，^①当时人认为，他的地位与更早时的领袖没有区别。^②同样的原则用在"青年领袖"上也是成立的，那个称号是骑士们欢呼他外孙时使用的。^③

于是，从苏拉到恺撒时期的元老等级中，我们发现存在一个统一的上层集团，他们由前执政官及其子孙组成。由此产生的问题，是这种社会结构已经存在了多久。

6. 显贵概念的古老

早在普劳图斯时代，表达"高贵"含义的显贵一词已经出现。^④在公元前134年斯奇皮奥·埃米利亚努斯关于"高贵之人"的演讲中，显贵已是一个含义确定的概念。^⑤他的同时代人L.卡尔普尔尼乌斯·皮索·弗鲁吉（公元前133年执政官、公元前120年监察官）的编年史

---

① *RG* 13, 30, 32. Mommsen, *Staatsr*. II, 775. Ferrero (III, 582 {= IV, 134}) 正确地指出了奥古斯都的术语与西塞罗政治面貌之间的密切联系。作为一个头衔，元首已经在铭文（原件现已不存）中出现过，见 *CIL* XI 6058: *T. Mario C. F. Stel. Siculo...praef (ecto) duor (um) prin (cipum)*，格罗亚（Groag, *RE* 4.1361）认为是指屋大维和安托尼乌斯。

② Nep. *Att.* 19.2："通过婚姻与皇帝——神圣的尤利乌斯之子——联系上了，此前他已经赢得了皇帝的友谊，原因无他，恰是他精致的生活，他借此迷住了那些领袖，他的平辈和地位不亚于他的人。"（*in affinitatem peruenit imperatoris diui filii, cum iam ante familiaritatem eius esset consecutus nulla alia re quam elegantia vitae, qua ceteros ceperat principes ciuitatis dignitate pari, fortuna humiliores.*）这段话的年代不会早于公元前32年 (22.3)。也请见 *Cato* 2.2："虽然那时斯奇皮奥是国家的领袖，但元老院并不愿意支持他的这个企图，因为那时国家是根据正义而非个人影响来管理的。"（*cum quidem Scipio principatum in ciuitate obtineret, quod tum non potentia sed iure res publica administrabatur.*）

③ *RG* 14; Mommsen, *Staatsr*. II, 826. 参见 supra p. 44 n. 406, p. 46 n. 428. Liv. 2.12.15, 6.13.7, 9.14.16, 9.25.4（其他城镇）, 42.61.5（青年人的领袖是骑士）, 2.35.5（青年人的领袖）.

④ *Capt.* 299, *Rud.* 933, *Cist.* 125.

⑤ Macrob. *Sat.* 3.14.7 = *ORF*³ fr. 30, 出自 Ti. 格拉古有关司法的法律的演说。斯奇皮奥已听说过生而自由的男女学童们上舞蹈课："当我听说这件事时，我没法相信，高贵之人居然教他们的孩子学这些玩意。"（*haec cum mihi quisquam narrabat, non poteram animum inducere ea liberos suos homines nobiles docere.*）当他到达那里时，他发现有500名年轻人在场，其中有一位是"候选人"（*petitor*）12岁的儿子。该词含义从普通大众到高贵之人的转变，尤其值得注意。

中有这个词，^①鲁奇利乌斯（Lucilius）的讽刺诗歌中，也有同一术语。^②据阿泰伊乌斯·凯皮奥——奥古斯都和提比略时代的法学家——记载，公元前 161 年的元老院法令强迫那些公民领袖宣誓：在大母神节的宴会上，除白菜、面粉和酒外，其他花费不得超过 120 阿斯，使用的银器重量不得超过 100 磅 ^③ 可是，这里是否准确再现了当时的话语，不太确定。

　　这些事实本身或许会让我们追溯到更早时文献传统稀少的时代。一方面，我们已经看到显贵是如何脱离贵族或平民地位的；另一方面，也看到他们又是如何以执政官为基础的。因此，我应当毫不迟疑地将执政官即显贵的概念的形成置于下述时期：那是罗马仅有一个职位——先锋官^④——的时期，他行使着过去君主的职能，或者始自那个官职成为同僚职位即执政官的时期。^⑤

50

---

① Fr. 27P = Gell. 7.9.5 在有关公元前 304 年市政官弗拉维乌斯的一件逸事中，有下述记载："市政官安尼乌斯之子 Cn. 弗拉维乌斯嘲笑了这种粗暴。他命令搬来他牙座市政官的座椅并置于门前，这样他们谁也无法走出去，所有人都被迫看着他端坐于官椅上。"（*idem Cn. Flauius, Anni filius, dicitur ad collegam uenisse uisere aegrotum. eo in conclaue postquam introiuit, adulescentes ibi complures nobiles sedebant.*）由于没有任何显贵支持弗拉维乌斯，他立刻把自己牙座市政官的座椅摆在门前并且坐在那里，用这种方式刺激那些贵族。

② 在第 258 行，他借一位平民派的演说家之口说道："他们认为，由于高贵的出身，他们可以不受惩罚地进行犯罪活动，并且会轻松击退对手。"（*peccare inpune rati sunt posse et nobilitate facul propellere iniquos*）。

③ Gell. 2.24.2 提到："公民领袖们，根据古代的用法，在大母神节日赛会上'相互为用'（即他们相互轮流做东），他们应当在执政官面前根据固定的誓词宣誓……"（*iubentur principes ciuitatis, qui ludis Megalensibus antique ritu mutitarent, id est mutual inter sese dominia agitarent, iurare apud consules uerbis conceptis.*）有关这个习俗，见本书第 53 页注释②。那里出现的引文中，人们用显贵或贵族而非公民领袖称呼他们。

④ L. 秦奇乌斯是知名法学家，也是西塞罗同时代的人，他讨论的一部古老法律中提及这种形势。Liv. 7.3.5 的话是："有这样一部古代的法律，系用古朴的文字记录。它规定，主官应当在 9 月 13 日打入一颗钉子。"（*lex uetusta est, priscis litteris uerbisque scripta, ut, qui praetor maximus sit, idibus Septemribus clauum pangat.*）也请见 Cincius *ap.* Fest. s. v. Praetor p. 276L 有关 *praetor ad portam* 的称呼。有关一年一度的打钉子的传统，见 Beloch, *Einl. Altertumsw.* III, 196。德桑克提斯（I, 405）认为共和国最初有三个权力平等的先锋官，其中两位后来成为执政官（大先锋官 [*praetors maximi* = στρατηγοι υπατοι]）和一位副执政官。但他所引用的李维那段记载所暗示的，似乎更应该是用一个最高官职取代国王。

⑤ 执政官应当被理解为"同僚"，见 Mommsen, *Staatsr.* II, 77。

这样，在古老的君主制和显贵之间就建立起了联系。众所周知，只有贵族元老有资格担任摄政。① 所以，平民争取执政官职位的斗争也获得了新的意义，首要的是我们有可能理解：为什么贵族不断努力，要把纯粹骑士出身的人排除在最高官职之外。即使先锋官（在其古代的意义上）职位不再限定于贵族之中，那它至少应当由元老家庭的人员充任。

7. 显贵的支配地位

这一原则一直得到强力维持，能够成功突破规则的新人的名单表明了这一点。② 他们分别是下述年度的执政官：

51

公元前 366 年，L. 塞克斯提乌斯。③

公元前 293、前 272 年，Sp. 卡尔维利乌斯（Sp. Carvilius）。④

公元前 290、前 275 和前 274 年，M'. 库里乌斯·登塔图斯（M'. Curius Dentatus）。⑤

公元前 280 年，Ti. 科隆卡尼乌斯（Ti. Coruncanius）。⑥

公元前 216 年，C. 泰伦提乌斯·瓦罗（C. Terentius Varro）。⑦

公元前 195 年，M. 波尔奇乌斯·加图。⑧

公元前 191 年，M'. 阿奇利乌斯·格拉布里奥（M'. Acilius Glabrio）。⑨

---

① Mommsen, *Staatsr*. I, 653.
② 需要注意的是，我们只能把那些传统明确证实的执政官归入新人行列，因此 L. 盖利乌斯·波普利科拉（Münzer, *RE* 7.10021.16 如此认为）和 C. 弗拉米尼乌斯（Madvig, I, 187 如此认为）都不算新人。
③ Liv. 7.1.1.
④ Vell. 2.128.2.
⑤ Cic. *Mur*. 17.
⑥ Vell. 2.128.2.
⑦ Liv. 22.34.7.
⑧ Cic. *Mur*. 17, 2 *Verr*. 5.180, *Rep*. 1.1; Liv. 39.41.2; Vell. 2.128.2.
⑨ Liv. 37.57.15. 在 Auct. Her. 4.19，手稿原文如下："盖乌斯·莱利乌斯是一个新人，一个能干的人，一个有学问的人，对善人和善行友好的人，因此是国中第一人。"（*C. Laelius homo nouus erat, ingeniosus erat, doctus erat, bonis uiris et studiosis amicus erat, ergo in ciuitate primus erat.*）这里提到的是公元前 140 年的执政官，而非更早的老莱利乌斯（公元前 190 年执政官），因此根据兰比努斯的意见，*nouus*（新人）一词应当被校改为 *nauus*（勤勉的）。

公元前 165 年，Cn. 屋大维（Cn. Octavius）。①

公元前 146 年，L. 穆米乌斯（L. Mummius）。②

公元前 141 年，Q. 庞培（Q. Pompeius）。③

公元前 107、前 104、前 103、前 102、前 101、前 100、前 86 年，
C. 马略。④

公元前 104 年，C. 弗拉维乌斯·芬布里亚（C. Flavius Fimbria）。⑤

公元前 98 年，T. 狄狄乌斯（T. Didius）。⑥

公元前 94 年，C. 科伊利乌斯·卡尔杜斯（C. Coelius Caldus）。⑦   52

公元前 63 年，M. 图利乌斯·西塞罗。⑧

也就是说，在三百多年中，15 名新人先后担任过 24 任执政官。据此我们也许可以断言显贵占有支配地位。这样理解的前提，不在于只有显贵获得高级官职，而纯粹在于显贵可以在他们看来合适的时机扩大他们的圈子。在传统中，没有哪怕一丁点迹象表明，对垄断官职家族的数量有任何具体的限制。

---

① Cic. *Phil.* 9.4, *Off.* 1.138.

② Cic. 2 *Verr.* 3.9; Vell. 1.13.2, 2.128.2; Val. Max. 6.4.2 误称他为显贵。

③ Cic. 2 *Verr.* 5.181, *Font.* 23, *Mur.* 16 and 17, *Brut.* 96. 这里我们需要再度提及 M. 佩佩纳，Val. Max. 3.4.5 声称，公元前 126 年，佩佩纳之父根据《尤利亚法》被当作外国人驱逐。瓦莱里乌斯的其他信息都是错误的。他笔下的佩佩纳曾举行凯旋式，而他实际上死于帕加马（Oros. 5.10.5, Eutrop. 4.20.2, Strabo 14.1.138, p. 646），在罗马举行的凯旋式上，是公元前 129 年执政官 M. 阿奎利乌斯代他牵着阿利斯托尼库斯的绳子。佩佩纳的儿子曾任公元前 92 年执政官（如 Lange, III, 135 正确认为的那样），副执政官级的 M. 佩佩纳曾谋杀塞托里乌斯（Sertorius），从而为他的显贵资格积累了丰厚的资产，所以这位佩佩纳肯定是公元前 130 年那位执政官的孙子（Plut. *Sert.* 15, Vell. 2.30.1）。这些事实都证明，他父亲作为外国人被耻辱地驱逐并不成立。另一方面，如我已经指出的（本书第 44 页注释③），Cic. *Rab. perd.* 21 在这个问题上的沉默，可以根据瓦莱里乌斯所记载逸事的精神加以解释。或许这个所谓的外国人已经进入元老院，因此他儿子并不能被视为新人。

④ Cic. 2 *Verr.* 5.181, *Mur.* 17, *Planc.* 61; Vell. 2.138.2; Sall. *BJ* 63.7.

⑤ Cic. 2 *Verr.* 5.181, *Planc.* 12.

⑥ *Mur.* 17, *Planc.* 61.

⑦ 2 *Verr.* 5.181, *Mur.* 17, *De or.* 1.117.

⑧ *Comm. pet.* 2, Cic. passim, Sall. *Cat.* 23.6.

结语

在罗马，担任官职的资格至少需要骑士资格，因此那些有资格任职的，是根据财产从公民中挑选出来的。在他们之中，有一个特殊的集团，利用提供给他们的机会竞选官职，任职之后，他们成为元老院的核心，而且随着时间的推移，越来越多地、完全地独占了官职。通过特殊的立法，他们的子孙们也逐渐被纳入元老等级，由此鼓励了该等级具有世袭性质的倾向。可是，统治阶级的严重消耗，需要来自下层的人士不断补充。

在罗马，就记忆所及，显贵是所有那些曾经担任过最高官职的人的后代，他们或者是独裁官、执政官，或者是有执政官权的军团长官。这些后代的全体得到了显贵的集体称号，自公元前 366 年以降成为罗马的贵族，即元老阶层的上层。作为他们高贵的创建者——那些家族第一位执政官——杰出和美德的继承人，这些家族认为他们较任何家族都更有资格占据最高官职，也被那些选举他们的人民认可。同样的观念造成了下述愿望：对他们的圈子的补充——因为严重的资源消耗使补充成为必须——应局限于元老之子。由于他们父辈的经验，正是他们最接近执政官的家族。骑士出身的人，即"公职圈子的新人"，能获得执政官职位的非常少。在这个意义上，显贵统治着罗马共和国。

二　显贵统治的社会基础

在第一节，我们已经解释了"显贵统治"的含义。由于罗马官职由人民选举产生，因此不可能用宪法的话语去解释，[1]它毋宁

---

① 在罗马，投票权当然既不平等，也不直接，在森都利亚大会和特里布斯大会中，最初是中等阶级的自耕农占支配地位。罗森堡（*Unters. Z. röm. Zentuienverfassung*, 91；也见第74、80 页有关公元前 3 世纪投票权改革的论述）无疑是正确的。他宣称，到共和国末期，根据财产划分等级完全不现实。

是罗马社会独特的性质造成的，因此我们接下来要考察这些社会基础。

最好的办法，是从共和国末年有关选举活动的部分现存叙述开始我们的考察。

1. 共和国后期的选举

公元前 64 年，当演说家马尔库斯·图利乌斯·西塞罗作为公元前 63 年执政官的候选人时，他的兄弟昆图斯——他本人是个元老——专门为他写了一个简短的备忘录①。他告诫马尔库斯时刻不要忘记三件事情：第一，他是个新人；第二，他要竞选执政官；第三，选举在罗马进行。②

马尔库斯之名是新人的，但因他是知名演说家得到了补救，而演说家的能力总是会获得最高的地位。这样一个人——执政官级别的人都不吝于利用在法庭中为他人效劳的机会——被认为绝对是有资格获得执政官职位的。③他的能力已经为他赢得了众多杰出的朋友：所有的包税人，几近全部的骑士等级和大量自治市都忠诚于他——他曾为许多人在他们生命的各个时期进行辩护；部分民间团体，还包括在他门下研习演说术的大批年轻人以及每天经常性地追随左右的大群朋友。所有这些人，他都必须竭尽全力把他们与自己捆绑在一起，并且要让他们全都明白，表现他们对他感激和偿还义务的时刻已经来临。④对一个新人而言，最重要的是显贵尤其是执政官级别的那些人的善意。人民必须明白，前执政官们欢迎他进入那个圈子，因此必须持之以恒地向他们全体示好，派朋友到他们那里，他本人必须清楚地表明，他一直忠诚于善人（*optimates*）的事业。即使他偶尔以民众的风格发言，那他那样做，也

55

---

① 现以《就选举问题致兄弟 M. 图利乌斯的信》之名，作为西塞罗给他兄弟的书信印行。
② *Comm. pet.* 2；3–12，13–53 和 54–57 的内容与这个计划对应。我只选取了对我来说重要的部分。
③ Ibid. 2.
④ Ibid. 4.

只是为了争取庞培。① 但对他的竞选来说,青年显贵的重要性一点都不能低估。②

随后是对他四位贵族出身的竞争对手的评论,其中两位的贵族出身不足以补偿他们智力的缺失,另外两位则是臭名昭著的罪犯。③ 接着昆图斯转向回击妒忌的办法,因为新人竞选执政官时,各方都会有怨言。他们中有执政官家庭的后代,且他们的成功不逊于其祖先;还有其他已经做过副执政官的新人,他们不愿意看到其中之一竟然升到更高的地位;最后是人民中有许多选民,他们已经不习惯看到新人坐上执政官的位置。④ 对于这些偏见,他需要依靠朋友的努力⑤ 和他本人已赢得的人心⑥ 去克服。

竞选时期,候选人的朋友应当来自较日常生活更大的圈子。他们首先是亲戚以及家族的朋友,再次是本特里布斯的同乡、邻居、门客和解放自由人,最后甚至可以是奴隶。⑦ 杰出人士即使自己不为他活动,也会创造一种良好印象。高级官员,尤其是执政官,会带来法庭中的胜诉。那些本人正竞选官职的、希望在他们自己的选战中赢得支持的人非常有用。就西塞罗的情况论,一个至关重要的因素,是他作为辩护律师提供的服务而创造的(他人对他的)义务关系。在过去两年中,纯粹因为那些被控告的社团(*collegium*)的成员对他做过承诺,他就已经四次出庭辩护。⑧ 他必须讨还这些人情,并建立新的关系。⑨ 他还必须留意那些拥有自治市人心的人士,避免与那些受到憎恶的人来往。他需要熟悉各个选区(的选民),首要的是所有的元老和骑士;朋友们必须到

56

---

① *Comm. pet.* 5.
② Ibid. 6.
③ Ibid. 7–12.
④ Ibid. 13–15.
⑤ Ibid. 16–40.
⑥ Ibid. 41–53.
⑦ Ibid. 17.
⑧ Ibid. 19.
⑨ Ibid. 21–23.

处为他宣传；他必须了解那些社团的头领。对于投票时他可能获得的选票的数量，他可以从下述人数中计算出来：那些早晨在家里侍奉他的人；每天陪伴他左右的人；以及一直陪伴他的人。[①]

如果他尽可能多地认识人，对所有人友好，只用最容易被接受的话语拒绝请求的话，则他应得的人心会帮他的忙。因为西塞罗曾发表过一些偏向平民的演说，[②] 所以城市平民是站在他一边的。在整个选战期间，无论是在元老院还是在公民大会上，他都应当避免就任何政治问题表达立场，这样所有人都期待他会为他们的利益出手。他会被阴谋包围，最糟糕的，是分发钱财会使人们遗忘美德和尊严，因此他的对手应当清楚，他始终在盯着他们，而他这位伟大的演说家，会是那个制裁这些花招的人。[③]

公元前 63 年 11 月，Ser. 苏尔皮奇乌斯·鲁弗斯[④]——他竞选下一年度执政官但遭遇失败——控告了那个获得成功的对手 L. 利奇尼乌斯·穆莱纳，理由是他在宣传中采用非法手段。这让西塞罗获得了一个在辩护中就这些问题做详尽说明的机会。 57

一开场西塞罗就宣布他已经回馈了他朋友即候选人苏尔皮奇乌斯的人情。[⑤] 既然苏尔皮奇乌斯已经败选，则西塞罗可以毫无愧意地为自己的继任者辩护，因为他同样是自己的好友。除不光彩的行为外，原告还指控穆莱纳不够杰出。[⑥] 这个罪名包含的事实，是他并非显贵，只是该家族所出的第四代副执政官。对西塞罗而言，这自然是一个好机会，使他可以就显贵与新人问题传扬他本人的观点，也借机挑剔对手的高

---

① *Comm. pet.* 34.
② Ibid. 51.
③ Ibid. 54-57.
④ *RE* 7A. 881.
⑤ *Mur.* 7.
⑥ Ibid. 15.

贵身份。① 然后他比较了两人各自的经历。② 在他们同时担任财务官后，苏尔皮奇乌斯成为一个活跃的法学家，穆莱纳则做了鲁库鲁斯的副将。可是，他说道，在罗马，士兵的地位远高于法学家。③ 除军事上的荣誉外，就只有演说家的技艺可以赢得杰出地位了。此前已经有非显贵人士靠演说赢得执政官职位，因为演说为他们赢得了感激、友谊和积极的支持。④ 另一方面，自从人们允许诉讼程序公开以来，法律已经失去神秘的光环，法学不再是一种秘密的科学了。自那时以来，除非因为不够聪明无法成为演说家，否则谁都不会去做一个法学家。⑤

鲁库鲁斯的老兵因举行凯旋式再度被集中起来，在投票支持穆莱纳时发挥了作用，此外，作为副执政官，穆莱纳不止一次地举行过赛会。⑥ 这一点尤其重要。西塞罗回忆，虽然他本人作为市政官举行过三场赛会，但对手安托尼乌斯的那些人仍忌惮他。⑦ 在副执政官任上，苏尔皮奇乌斯则是受贿罪法庭（quaestio peculatus）的主持人。由于任职期间强令审判员们出席审判，他把他们得罪了。由于把一位文书定罪，他使整个低级官吏阶层全体反对他。⑧ 卸任副执政官后，他没有获得行省任职机会，而纳滂高卢（Gallia Narbonensis）给穆莱纳带来大量收益。在翁布里亚（Umbria）征兵时，他因为克制获得了那些地区选民的支持。在行省，他帮助了许多已经对清偿债务完全不抱任何希望的罗马人。苏尔皮奇乌斯可用的是城内的朋友，但一旦行省任职无望，有些人的热情就冷却了。

苏尔皮奇乌斯对选战的组织极其笨拙，此前西塞罗已经告诫过此

---

① *Comm. pet.*15-17.
② Ibid.18ff.
③ Ibid. 22.
④ Ibid. 24.
⑤ Ibid. 29.
⑥ Ibid. 39.
⑦ Ibid. 40.
⑧ Ibid. 42.

事。苏尔皮奇乌斯不是去争取选票，而是早早忙于为控告搜集材料，[①]并且要求收紧《反贿选法》。西塞罗提议通过的元老院命令规定，如果那些人是用钱招募的且为此陪伴候选人，如果候选人分发免费角斗表演票且按照特里布斯派发饭食，则此类竞选宣传违法。[②]可是，穆莱纳并未违背这些条款。自高卢行省返回罗马时，他受到大批人群的欢呼，但那是太自然不过的事情。前往马尔斯校场的游行中，他邀请了许多人陪伴他，但秩序井然。事实证明，陪伴他的所有包税人，如许多元老，首要的是候选人所在的特里布斯的所有成员，一直渴望为他服务，更不用提

59

---

① *Comm. pet.* 46.

② Ibid. 67. 罗森堡猜想（*op. cit.* 90）：在这类案件中，我们应当考虑的不是作为一个整体的特里布斯，而是特里布斯内的选举团体（*corpora*）。这个想法乍一看很有吸引力，可是，如果 *ILS* 168, 176, 286 (= *CIL* VI 909, 910, 955) 等铭文上以及 Cic. *Phil.* 7.16（Rosenberg, 88）中所指仅仅是这些团体的话，肯定是不正确的。在 *Phil.* 7.16，西塞罗说："他（L. 安托尼乌斯）是 35 个特里布斯的恩主，他利用他自己的法律剥夺了人民的选票，与盖乌斯·恺撒共享官职。"（*est* [sc. L. Antonius] *enim patronus quinque et triginta tribuum, quarum sua lege, qua cum C. Caesare magistratus partitus est, suffragium sustulit.*）Suet. *Iul.* 41.2 提供了这部法律的内容："他（恺撒）与人民共享选举权。除执政官外，半数的官员应由人民选举，其他由他亲自指定。然后他用类似下面的短信宣布这些人选，并且在每个特里布斯传阅：'独裁官恺撒致这一或那一特里布斯，我向你们提出如下建议，根据你们的投票让他们担任职务。'"（*comitia cum populo partitus est* [sc. Caesar], *ut exceptis consulatus competitoribus de cetero numero candidatorum pro parte dimidia quos populus uellet pronuntiarentur, pro parte altera quos ipse dedisset, et edebat per libellos circum tribum missos scriptura breui: Caesar dictator illi tribui. commendo uobis illum et illum, ut uestro suffragio suam dignitatem teneant.*）罗森堡称（p.91 n.1）恺撒的建议是给那些团体的，"因为一封给特里布斯的正式信件应是给罗马人民的命令，而恺撒的书信显然只具有半官方性质"。如果罗马人民被固定在根据现代学者规定的政制法划定的选区中，那这种推理是有说服力的。但对资料不带偏见的解释，只能导向这样的结论：符合罗森堡（p.89）做出判断的现代理念根本就不适用于罗马。在两篇演说中，西塞罗都用同样的语气提到了另外两座雕像，一座由"罗马人民的国有马匹骑士"（*equites Romani equo publico*）竖立，另一座是那些曾在恺撒军中两次服役的军团长官竖立。在 *Phil.* 7.16 中，西塞罗把 L. 安托尼乌斯称为"罗马骑士的森都利亚的恩主"（*patronus centuriarum equitum Romanorum*）。至少这里出现的捐助人是希望被视为所有选民的。实际上，可能如在奥古斯都时代的铭文上（见 *ILS* 168 和 176）那样，它可能仅仅是"特里布斯的城市平民"（*plebs urbana quinque et triginta tribuum*）。考虑到所有这些情况，我相信 *Mur.* 72 所说"为特里布斯举行表演，并把吃饭的邀请不加区别地散发出去"（*spectacula sunt tributim data et ad prandium uolgo uocati*）只是指那些团体。在 s.73，Volgo 此时是作为"仅在一个场合给自己的特里布斯同胞提供坐席"（*praefectum fabrum semel locum tribulibus suis dedisse*）的对照出现的。这样的做法与特里布斯之间公认的关系联系在一起，有关情况见 Mommsen, *Staatsr.* III, 196ff. 我们无法想象，这些娱乐活动、节日等，是严格按照宪法合宜性原则组织的。无论如何，米罗肯定不会给每个选民家里送去 1 000 阿斯（Ascon. 33, Rosenberg, 90）。事实上，西塞罗认为习惯的做法，是在平民大会上，每个特里布斯应当仅有五人在场，因此这些人事实上应当来自另一个特里布斯（*Sest.* 109）。

那些门客、邻居、特里布斯中的同乡以及鲁库鲁斯的士兵们了。[①]

同理，我们也不应对正常的陪伴说三道四。元老和骑士们不可能整日追随在候选人左右。如果他们只是一天来他家一次，陪伴他去广场，他就心满意足了。但是，下层阶级要赢得我们的感激，或者表现他们对我们（即领袖）的谢意，则除此绝无其他方式。[②] 发出参加赛会和宴会邀请的并非穆莱纳，而是他的朋友们，而那符合古已有之的习惯。[③] 所有这些都不过是社会义务，是下层阶级的特权和候选人的负担。[④] Q. 图贝罗在他叔父 P. 阿非利加努斯葬礼宴会上表现小气，因此没有被罗马人民选举为副执政官。[⑤] 甚至加图（知名的斯多葛派，穆莱纳的控告人之一）都需要一个知道所有人名字的奴隶，但在他竞选保民官时，他也一直小心翼翼地与人们打招呼。[⑥]

公元前 54 年，[⑦] Cn. 普兰奇乌斯——公元前 55 年当选的市政官[⑧]——受到失败的对手 M. 尤文提乌斯·拉泰伦西斯的控告，罪名是违背了公元前 55 年执政官克拉苏提议通过的法律，"合谋在选举中相互支持"。在辩护演说中，西塞罗的演说与为穆莱纳做的辩护类似。在那里，他也详细阐述了产生选举结果的理由。

在这些不那么重要的选举中，人民更多注意的是受欢迎的程度而非社会地位。[⑨] 他们选举那些最积极讨好他们的人。[⑩] 享有主权的人民的这种态度是可以预料的，那个渴望荣誉的人必须不知疲倦地请求民众。[⑪] 如果除了杰出的出身而无其他需要考虑，则根本没有必要举行选

---

① *Comm. pet.* 69.
② Ibid. 71.
③ Ibid. 72.
④ Ibid. 73.
⑤ Ibid. 75.
⑥ Ibid. 77.
⑦ *School. Bob.* 152St.
⑧ *Planc.* 49.
⑨ Ibid. 7.
⑩ Ibid. 9.
⑪ Ibid. 11.

举了。① 随之出现的问题，是普兰奇乌斯纯粹的骑士出身是否可能让他在选举中得到实际的好处。对阿提纳（Attina）来说，选出一个（本特里布斯的）公民任职是大事。这个人口稠密地区的所有居民都支持他，并且组成了永久支持者群体。② 之后是邻近自治市的投票。他父亲是最杰出的包税人之一，在自己所属等级的成员中积极为儿子奔走。在出任财务官和保民官期间，儿子自己已经使骑士们都欠了他人情。最后，是西塞罗在各个特里布斯中为他说话。③

对于指控普兰奇乌斯的罪名，西塞罗轻描淡写。他否认普兰奇乌斯本人分发现金或为此类慷慨行为提供资金，但他承认，不言自明的事实是：因为帮助过许多人并为他们担保，他使自己在本人所属特里布斯中非常受欢迎；得益于父亲的影响，他为包税人获得职位所做的工作，使他获得了更多人的支持。④ 不曾有任何法律意图将这些良好的古风束之高阁。由于普兰奇乌斯光辉的成功，拉泰伦西斯理应求之于人民以获得第二顺位：如果一个贵族谦虚地请求，则人民几乎不会拒绝他。⑤

另一控告人 L. 卡西乌斯声称，⑥ 到目前为止，普兰奇乌斯既在军事上寸功未立，也不够雄辩，且不通法学。西塞罗回应说，罗马人民看中的主要是性格的正直。卡西乌斯还试图证明，尤文提乌斯也做了大量赢得支持的工作。作为财务官，他曾在普莱奈斯特（Praeneste）组织竞技比赛，在库莱奈，他对包税人友好，对行省人公正。西塞罗根据自己的亲身经历就此告诫他说，此类工作对罗马的舆论影响非常微弱。在西西里，西塞罗可谓财务官的典范，受到罗马人和行省人普遍的爱戴，而且西西里人以最奢华的方式向他致意。在罗马粮食短缺时，他送来了大批谷物。他曾觉得，当他返回时，一切都会不请自来。当他到达普提奥利

61

---

① *Comm. pet.* 15.
② Ibid. 21.
③ Ibid. 24.
④ Ibid. 47.
⑤ Ibid. 50.
⑥ *RE* 3.1739, no. 65.

（Puteoli）置身于人流之中时，某位登船者问西塞罗是何时离开罗马的，是否有任何新闻，后者答称，他自任职的行省归来。问话者回应："哦，是非洲吧，对不？"对此西塞罗愤怒地回应："非也，是西西里。"当时他真是崩溃了，但当他从这个令人不快的失望中回过神来时，他由此获得的教训是：罗马人民的眼睛比耳朵更管用。自那时起，他就一直让自己处在公众的视野中，每天光顾广场，无论是在他的门房还是他的卧室时，都不会妨碍他人来访。甚至在节假日，他都在撰写演说词，于是，他的名声在罗马城和广场广为人知。[①]

尤文提乌斯也应当追随同样的路线，对他来说这样做更容易，因为他的美德得到了家世的加持，而西塞罗需要一切从头开始。所以普兰奇乌斯此前也积极培养友谊，一直表现大方，并且让自己处于公众的视野之内，突出自己并避免引起他人嫉妒。[②]

刚刚讨论的三份证据，提供了有关罗马选举运作方式非常生动的画面。就证据的典型特征而论，我们必须注意到，官职的候选人不可能仰赖有组织政党的支持，他必须以各种类型的个人关系体系为基础，既仰望上层，也顾及社会下层。这种特性在关键时刻向执政官候选人提出的建议中获得了最有力的表达：在政治形势问题上，他应当避免发表任何意见。[③]

2. 基于个人联系的关系和基于忠诚的关系

首次认识到这些相互义务关系是共和国后期社会中的决定性因素，

---

① *Planc.* 63–66.

② Ibid. 67.

③ 参见原书第56页；*Comm. pet.* 56 称："最为重要的，是在竞选期间，你必须证明，人们对你的政治前景抱持高远的期望与良好的意见。不过，在竞选期间，你绝不可讨论元老院或人民政治集会上的政治问题。相反，你必须牢记，元老院应当基于你生平的记录，视你为未来元老院权威的支持者；罗马的骑士以及有德有财之人，从你过去的经历中，认为你忠诚于和平与静好的时代；对于民众，因为在政治集会和法庭中你的演说是'人民的'，则他们视你为倾向他们利益的人。"（*atque etiam in hac petitione maxime uidendum est ut spes rei publicae bona de te sit et honesta opinio; nec tamen in petendo res publica capessenda est neque in senatu neque in contione, sed haec tibi sunt retinenda, ut senatus te existimet ex eo quod ita uixeris defensorem auctoritatis suae fore, equites et uiri boni ac locupletes ex uita acta te studiosum oti ac rerum tranquillarum, multitudo ex eo quod dumtaxat oratione in contionibus ac iudicio pupularis fuisti, te a suis commodis non alienum futurum.*）

并将其纳入恩庇概念之中的，正是弗斯泰尔·德·库朗热（Fustel de Coulanges）。我本人的考察在很多方面是在他奠定的基础上进行的。[①] 因为他的讨论在德国少有人注意，我开头会相对详细地重述他的论证。

在共和国的最后一个世纪里，恩庇（*patrocinium*）指向各种不同的关系：第一，解放自由人与前主人的关系；[②] 第二，法庭中辩护人与客户的关系；第三，显赫的罗马人与：（1）行省、自治市和这些共同体的具体个人，（2）社会地位较低的个人之间的关系。

这些保护形式的共同特点非常清晰地表明，在实践中这些类型无法区分。对解放自由人的恩庇占据特殊地位，因为在这里，恩主（*patronus*）的反义词不是门客（*cliens*）而是自由（*libertus*）。弗斯泰尔[③] 就这些恩庇形式与保护的古老规则以及对门客相应的限制做出了正确的区分。在历史上，这种束缚关系仅有少量残存。[④] 在谈到恩主和门客的责任时，加图已经把这种关系纯粹视为对遥远的美好往昔的记忆。[⑤] 可是，虽然这一古老制度严格的法律形式已经被打碎，但罗马人构想出新的、更加松弛的恩庇关系，发展了那个古老的制度。

在万民法[⑥] 和对共同体的恩庇[⑦] 中，恩庇关系表现最为明显。公元前95年，副执政官 C. 克劳狄乌斯·普尔凯尔通过一道法律充实西西里城镇哈莱萨（Halaesa）的议事会，法律是根据马尔凯鲁斯家族所有成员的建议起草的。作为该岛征服者的后代，马尔凯鲁斯家族是西西里

63

---

① *Histoire des institutions politiques de l'ancienne France*，具体见 *Les origines du système féodal*, 205-225。

② 这种形式的恩庇要服从于非常精确的法律规则，因此得到了法学家的讨论。参见 Voigt, *Ber. über d. Verhdl. d. königl. sächs. Gesellsch. d. Wissensch., Philol. -hist. Kl. 30*, 1878, 197 ff.。对本处的研究而言，这个问题比较次要。

③ p. 205.

④ Voigt, 168; Mommsen, *Staatr.* III, 69ff.; v. Premerstein, *RE* 4.51.

⑤ Gell. 5.13.4. 参见 *XII Tab.* 8.21："如果恩主欺骗了门客，则他必须受到严厉的惩罚。"（*patronus si client fraudem fecerit, sacer esto.*）

⑥ Mommsen, *Staatsr.* III, 65.

⑦ Ibid. III, 1203 n. 1.

的恩主。[1] 据西塞罗，接受战败敌手投降的将军随后成为恩主，是一种祖传的习俗，在与罗马中央政权交涉时，他们是新盟友的代表。[2] 所以在古时，法布时里奇乌斯·鲁斯奇努斯（Fabricius Luscinus）使"所有萨莫奈人成为他的依附民"。[3]

关于法庭中的恩庇关系，可以从下述事实推知：公元前 204 年《秦奇亚法》[4]（lex Cincia）的条款适用于此类恩主。[5] 该法禁止普遍赠送礼物，[6] 尤其是恩主和门客之间。[7] 在诉讼过程中提供帮助一直是恩庇关系的一项义务，[8] 在保护人的古老权利消亡后，恩主的名头仍得到保留。

64

---

① Cic. 2 Verr. 2.122, 4.90.

② Off. 1.35.

③ Val. Max. 4.3.6, Gell. 1.14.

④ Cic. Cato mai. 10.

⑤ Cic. Att. 1.20.7; Tac. Ann. 11.5.3：" 包含一个古老的规定：任何人都不得因为某事辩护而收取现金或礼物"（qua cauetur antiquitus, ne quis ob causam orandam pecuniam donumue accipiat.），13.42：" 规定律师不得因利益出庭辩护。"（aduersum eos, qui pretio causas orauissent）参见 Cic. parad. 46：" 为出庭辩护讨价还价。"（mercedum pactiones in patrociniis）。

⑥ 关于这个问题，见 Mitteis, Röm. Privatrecht I, 154ff.。

⑦ Vat. Fr. 298-309 提供了 " 一个例外情形的清单，因为人们之间的关系（exceptae personae），法律不再有效"（Mitteis, 155）。Paul. (71 ad ed. ad Cinciam) 307 称：" 同样，（下述规定）存在例外：'如果任何人从自己的奴隶或曾经的奴隶那里接受任何东西，或者赠予对方任何东西'。这里所说的'从奴隶那里接受或赠予'包括解放自由人在内，应允许他们赠予恩主（庇护人）。例外条件如下：由于他勤勉忠诚事奉，之后获得自由，那么应允许他赠予曾事奉过的恩主。萨宾努斯在其著作和演说中两次提到解放自由人。"308 称：" 同样，涉及有关恩主接受释奴赠予存在例外。还有人认为，恩主的子女亦可接受赠予，因为术语'奴隶'包含解放自由人。并且根据十二表法，术语'恩主'包含恩主的子女，这是该法律的规定。涉及逆向的行为：是否允许解放奴隶接受恩主的赠予？根据我们的现行法律，他们理应接受，他们的赠予或获取，法律都允许。"（item excipit: 'si quis a seruis<suis>, quique pro seruis seruitutem seruierunt, accipit duitue iis'. uerbis 'si quis a seruis suis' liberti continentur, ut patronis dare possint. sequentibus uero excipitur, ut is, qui bona fide seruiit, si postea liber pronuntiatus sit, possit dare ei, cui 'seruiit'. Sabinus utraque scriptura <libertum ait> contineri et bis idem dictum. 308: item. sed tantum patronum a liberto excipit. quidam <tamen> putant, etiam liberos patroni exceptos, quoniam libertus continetur serui appellatine: et sicut in XII tabulis patroni appellatione etiam liberi patroni continentur, ita et in hac lege. item. contra: an item liberti a patronis excepti sunt? et hoc iure utimur, ut excepti uideantur, ut et dare et capere lex eis permittat.) Liv. 34.4.9 所记录的加图的演说中，把 " 人民开始服从元老院 " 作为该法产生的原因。也请见 Cic. de or. 2.286。从这些段落中我们发现，该法不仅适用于辩护律师的活动，而且适用于作为一个整体的古老的恩主群体。

⑧ D. Hal. 2.10.1 说：" 贵族要向他们的依附民解释法律，后者对此一无所知；当他们在合同问题上蒙受冤屈时，要代表他们的依附民提起诉讼；有人起诉他们时，贵族要为他们辩护。"（τοὺς μὲν πατρικίους ἔδει τοῖς ἑαυτῶν πελάταις ἐξηγεῖσθαι τὰ δίκαια, ὧν οὐκ εἶχον ἐκεῖνοι τὴν ἐπιστήμην, δίκας τε ὑπὲρ τῶν πελατῶν ἀδικουμένων λαγχάνειν, εἴ τις βλάπτοιτο περὶ τὰ συμβόλαια, καὶ τοῖς ἐγκαλοῦσιν ὑπέχειν.) Plaut. Menaech. 585 说：" 为他们确定的审判日，也是为他们的恩主确定的日子。"（iuris ubi dicitur dies, simul patronis dicitur.）参见 Cic. Mur. 10.

个人关系对法律诉讼的巨大意义，在后来有关恩主的法律中表现了出来。公元前 122 年《关于搜刮钱财罪的阿奇利法》的两个条款中，前一条规定：（行省的）控告人可以请求负责听审的副执政官为他们指定一个恩主。[①] 然而，被指定者在出身或婚姻上绝不能与被告有任何关联，也不能是同一个（宗教）兄弟会的成员，[②] 或者同一个社团；不管是当时或者过去，都不得处在被告或其祖先的保护之下，抑或与被告熟识，曾处在被告或其祖先的保护之下。后一条规定，[③] 原告需要提供 48 名证人，（主持法庭的）副执政官不得听取任何曾处在被告或其祖先保护下的人的证词，或者他正打算（单独）在审判中为被告辩护，[④] 也不得是被告或其父亲的解放自由人。

在马略贿选案审判中，一个叫赫伦尼乌斯的人拒绝提供不利于马略的证词，他说，那是因为马略家过去是赫伦尼乌斯家的门客。马略回击道，在他首次当选官职后，他就已不再是门客了。[⑤] 普鲁塔克注意到，只有他当选的是牙座官员，这句话才具有事实上的真实性。从这段话中我们知道，在反贿选（ambitus）法中，类似的条款在发挥作用。罗马法庭的历史表明，在这些条款中，我们触及的并不是过去时代的无生命的

---

① *L. Acil.* line 11 规定：辩护人不得是"女婿、岳父、继父、继子、堂兄弟、表兄弟或较此类亲属关系更近的亲属、同一社团或行会的成员；或被告对之负有义务，或曾对祖先负有义务，或被告其祖先曾对辩护人祖先负有义务……"（*queiue eiei sobrinus siet pro \piusue eum ea cognatione attigat, queiue eiei sodalis siet, queiue in eodem conlegio siet, quoiaue in fide is erit maioresue in maiorum fide fuerint [queiue in fide eius erit, maiorsue in maiorum fide fuerint....]*）。参见 Cic. *De or.* 2.280。

② 关于 *sodales*，参见 Mitteis, I, 390。

③ *L. Acil.* line 33 条规定："对被告曾负有义务，或对被告祖先曾负有义务，或对被告将负有义务，或对被告祖先将负有义务，或根据此法将被传唤的任何人，除仅有的一人例外，将为他被传唤的人担保，上述被告与其父母的解放自由人和解放自由女人。"（*quoiaue in fide is unde petetur siet, maioresue in maiorum eius fide fuerint queiue in fide eius siet maioresu [e in maiorum eius fide fuerint, queiue eius, quoius ex h. 1. nomen delatum erit, c] ausam deicet dum taxat unum, queiue eius parentisue eius [leibertus leiberta]ue siet.*）

④ 关于这个条款，Mommsen, *Jur. Chr.* I, 54 联想到 Cic. *2 Verr.* 2.24 的话："许多的事实中，岂不是我的证人不知而你知道？难道不是你的门客的清白，而是法律赋予你的豁免权，使我无法召请你本人作为证人，验证这个控告的真实性吗？"（*nonne multa mei testes quae tu scis nesciunt? nonne te mihi testem in hoc crimine eripuit non istius innocentia, sed legis exceptio?*）

⑤ Plut. *Mar.* 5.7; Mommsen, *Staatsr.* III, 69。

形式，而是活生生的现实。赫奇格^①（Hitzig）的假设——C. 格拉古模仿希腊人的样板改革了罗马的审判程序——几乎是无可辩驳的。可是，这种创新的引入，前提也是法律措辞的创新。事实上，如果我们考察当时的证据，首要的是西塞罗的证据，则我们到处都会碰到以人际关系和忠诚为基础的关系（我更倾向于使用这些更概括性的术语而非弗斯泰尔比较狭义的概念）。

　　忠诚的性质^②在该词与其他概念组合时有所暗示。这些概念包括"恩庇关系"（*patrocinium*）、"门客地位"（*clientala*）、"帮助"（*praesidium*），"友谊"（*amicitia*）和"好客"（*hospitium*）。^③同理，"朋友"（*amici*）、"门客"（*clientes*）和"恩主"（*patroni*）等也常常并列出

₆₆

---

① H. F. Hitzig, *Die Herkunft des Schwurgerichts im röm. Strafprozess, eine Hypothese*（Zürich 1909）49 ff. J. 帕特施教授（Prof. J. Partsch）使我注意到这个看法。

② 弗斯泰尔详尽讨论过这个概念（217ff.）。

③ Gell. 5.13.2 解释说："门客就是那些忠诚于恩主的荣誉和荫庇关系的人。"（*clientes, qui sese in fidem patrociniumque nostrum dediderunt*）。Cic. *div. Caec.* 13 说："主要仰赖于他们（马尔凯鲁斯家族）良好的信义和帮助。"（*quorum* [the Marcelli] *fide et praesidio maxime nituntur*）。Liv. 26.32.8 说：西西里使者拜倒在马尔凯鲁斯脚下，"他把叙拉古城置于他的保护和庇护之下"（*in fidem clientelamque se urbemque Syracusas acciperet*）。Cic. *Fam.* 7.17.2 说，"自孩提时代起你就忠诚于我的友谊，接受我的保护"（*cum te ex adulescentia tua in amicitiam et fidem meam contulisses*）。*Rosc. Am.* 106 称："因为事实上，虽然罗斯奇乌斯家族提供过许多祖传的恩主和客友，但他们长期以来就与他（克吕索戈诺斯）关系友好。他们不再留意和尊敬罗斯奇乌斯家族，并将他们置于克吕索戈诺斯保护之下。"（*erat enim eis* [the Roscii] *cum Chrysogono iam antea amicitia; nam cum multos ueteres a maioribus Roscii patronos hospitesque haberent, omnis eos colere atque obseruare destiterunt ac se in Chrysogoni fidem et clientelam contulerunt.*）铭文也记录了对共同体恩庇的情况，最早的（公元前 152 年）的铭文是："我们齐聚于此献上对他的忠诚"（*[i]n eius fidem om* [*nes nos tradimus et*] *couentimus*），见 *ILS* 6093。其他属于帝国时期，如 *ILS* 6095（公元前 12 年）："古尔扎元老院和该共同体纳贡国的人民与 L. 多米提乌斯·埃诺巴尔布斯建立客友关系，并选择他和他的后代为他们自己及其后代的恩主，他接受他们和他们的后代为信誉良好之辈，并纳他们为门客。"（*senatus populusque ciuitatium stipendiariorum pago Gurzenses hospitium fecerunt quom L. Domitio Cn. f. L. n. Ahenobarbo procos., eumque et postereis* (sic) *eius sibi posterisque sueis patronum coptauerunt* (sic) *isque eos posterosque eorum in fidem clientelamque suam recepit.*）类似的还有 *ILS* 6097-6101。弗斯泰尔也提请注意《元老院关于酒神信徒案的命令》（*S. C. de Bacchanalibus, ILS* 18.14）的表述："秘密举行仪式的信徒"（*neue quisquam fidem inter sed dedise uelet.*）在 Cic. *QF* 2.12.3（应为 2.13.3。——中译者）中，也单独提到了忠诚："阿泰拉城，你知道该城处在我的恩庇之下"（*municipium Atellanum, quod scis esse in fide nostra*）；*Fam.* 13.65.2 称："不仅因为该公司作为整体是我的门客。"（*ea societas uniuersa in mea fide est*）。

现。① 当"义务"（*officium*）可以被译成"人际互助关系"时，② 该词的含义在许多方面与忠诚重合。这个词出现得相当频繁，表达的尤其是履行某种因此类关系而产生的义务，并且是一种社会的、最终是道德的义 67

---

① Cic. *Att.* 1.20.7：："你的朋友、门客、客人、解放自由人以及奴隶"（*per amicos, clientis, hospites, libertos denique ac seruos tuos*）；*Fam.* 5.8.5："与你的朋友、客人与门客有关"（*amicorum, hospitum, clientium tuorum negotia*）；*Cato mai.* 32："我的朋友、门客和客人也不会发现我缺乏精力"（*non curia uires meas desiderat, non rostra, non amici, non clientes, non hospites*）；2 *Verr.* 1.28："狄奥的朋友、客人和保护者"（*amici, hospites, patroni Dionis*）。Sall. *Cat.* 26.4："他秘密地用一支由朋友和门客组成的卫队围护自己[西塞罗]"（*circum se praesidia amicorum atque clientium occulte habebat* [Cicero]）。参见 Cic. *Cat.* 3.5; App. *Hisp.* 84："此外，他增加了 500 名朋友和门客组成的军队，把他们组成一个集体，呼之为'友军'。"（*καὶ πελάτας ἐκ Ῥώμης καὶ φίλους πεντακοσίους, οὓς ἐς ἴλην καταλέξας ἐκάλει φίλων ἴλην*）Vell. 2.7.1："随后严厉的调查指向了格拉古兄弟的朋友和门客。"（*crudelesque mox quaestiones in amicos clientisque Gracchorum habitae sunt.*）Valerius Antias *ap.* Liv. 38.51.6："大群的朋友和门客受召穿过会场中间，来到了主席台前"（*citatus reus magno agmine amicorum clientiumque per mediam contionem ad rostra subiit*）。Cic. *ap.* Ascon. 84："一个屠杀了如此众多公民同胞的家伙，能把谁称为朋友？在一场公正的审判中，一个公民宣称他无法与一个外国人争胜，又能称谁为门客？"（*quem enim aut amicum habere potest is qui tot ciuis trucidauit, aut <clientem> qui in sua ciuitate cum peregrino negauit se iudicio aequo certare posse?*）*De or.* 1.184："慷慨地答应保护门客，帮助朋友"（*praesidum clientibus, opem amicis*）。*Div. Caec.* 66："避免来自他们的老朋友、门客和外国人——他们要么是罗马人民的朋友，要么是臣民——的伤害，并保卫他们的财产。"（*ab hospitibus clientibusque suis, ab exteris nationibus, quae in amicitiam populi Romani dicionemque essent, iniurias propulsare eorumque fortunas defendere.*）2 *Verr.* 4.89："那些门客或客人究竟应让其灭亡，还是获救？"（*utrum ea res ad opem an ad calamitatem clientium atque hospitum ualere debebat?*）*Cat.* 4.23："行省的门客和客人。"（*pro clientelis hospitiisque prouincialibusz*）。2 *Verr.* 4.41："所有的保护人和以前的客人。"（*cicum patronos atque hospites cursare*）。*Rosc. Am.* 106（参见前一注释），*De or.* 2.280。

② Mitteis（*Röm. Privatrecht* I, 391 n. 3）区分了法律的（*lex Acilia*, Cic. *Cael.* 26）和社会的（Cic. 2 *Verr.* 1.93f.）义务。马苏里乌斯 · 萨宾努斯这位元首制时代的法学家对这些关系做出了排序："在义务方面，我们的先祖遵守下列次序：第一等是监护人，次之是客人，次之是门客，之后是血亲，最后是婚姻关系；如果其他方面相等，则女性优先于男性，但未成年的男性监护人优先于成年女性。作为原告出庭的某个人，当被被告委托为其子女的监护人时，也要在同一件案子里，为其被监护人出庭。"（*in officiis apud maiores ita obseruatum est: primum tutelae, deinde hospiti, deinde clienti, tum cognato, postea adfini. de qua causa feminae uiris potiores habitae, pupillarisque tutela mulieri praelata. etiam aduersus quem adfuissent, eius filiis tutores relicti in eadem causa pupillo aderant.*）（Gell. 5.13.5）。

务。相互的含义似乎总是包含微妙的差别。① "必须"（necessitudo）和 "必然性"（necessitas），连同派生词"必要的"（necessarius），用法上 如同忠诚和义务，并且经常与它们联系在一起。②

基于忠诚的关系肇始于"推荐"。③ 公元前49年恺撒的西班牙战 事期间，即决战前夕，双方的士兵们开始相互交谈，并且在对方的军营

---

① Auct. Her. 3.14："他对友谊的忠诚度、善意和义务感"（qua fide, beniuolentia, officio gesserit amicitias），在2.32中，officium 是 maleficium 的反义词。Caes. BG 5.27.7："现 在要转过来对恺撒作为一个优良官员的恩惠加以报答"（habere nunc se rationem officii pro beneficiis Caesaris,）；Cic. Fam. 1.1.1："就作为一个朋友或曰恩人的义务而言，我 为你所做的已经足够了，只有我自己除外，因为我做的永远是不够的。你为我所做贡 献是如此之大，以至于我都有点不好意思了"（ego omni officio ac potius pietate erga te ceteris satisfacio amnibus, mihi ipse numquam satisfacio; tanta enim magnitudo est tuorum erga me meritorum, ut.），等等，6.6.1："我担心你会以为我粗心大意地对待一个朋友，对 于此人，我身负众多义务，与他有共同的追求，但没有任何生意上的关系"（uereor ne desideres officium meum, quod tibi pro nostra et meritorum multorum et studiorum parium coniunctione deesse non debet，7.31.1："在履行义务上相互竞争"（reliquum es tut officiis certemus inter nos），11.17.1："他为我完成了大量工作，我要说，他不是一个朋 友，而是恩人"（magna sunt eius in me, non dico official, sed merita），2.13.1："充满友谊 与建议"（letters multi et office et consili）。参见3.1.1, 3.5.1, 3.7.6, 3.9.1, 3.13.1; 5.2.4, 5.5.2, 5.6.3, 5.7.2, 5.8.1："我们传统的友谊，常因为诸多环境的变化使我时有中断"（multa uarietate temporum interruptum officium cumulate reddidi）；6.5.4. 2 Verr. 5.182："由于不 曾为他们（显贵）效劳，我们无法获得他们的善意"（nullis nostris officiis beniuolentiam illorum (sc. nobelium) adlicere possumus）；Mur. 7："苏尔皮奇乌斯，我同意，在选举 活动中，友谊要求我尽我自己所能地全力支持你，而且我认为我履行了所有义务"（ego, Ser. Sulpici, me in petitione tua tibi omnia studia atque official pro nontra necessitudine et debuisse confiteor et praestitisse arbitror）；De or. 3.7："个人的服务与杰出的能力，要 高于他享有的高位和在公众中的名气"（priuatis magis officiis et ingenii laude floruit, quam fructu amplitudinis aut rei publicae dignitate）；在 Fam. 4.12.3, 苏尔皮奇乌斯这 样描写马尔凯鲁斯："这样，我尽了我作为同像和亲人对他生前身后所有的义务。"（ita, quae nostra officia fuerunt pro collegio et pro propinquitate et uiuo et mortuo omnia ei praestitimus.）像西塞罗（Att. 12.52.1）一样，布鲁图斯也使用了"相关义务"（ad officium pertinere）的短语（ep. Brut. 1.6.2）。Plaut. Trin. 697："一个虚荣的人觉得记住 他的义务是某种光彩的事情"（is est honos homini pudico meminisse officium suum）；Cic. Mur. 69, Pis. 55："潜在的官职候选人。"（officiosissima natio candidatorum）。

② L. Acil. line 24："他不得宣布属于那100人，或任何前已列举的与他有亲属关系的人" （queiue se earum [aliqua] necessitudine atingat, quae supra scripta sient.）；在Caes. BC 1.8.3, 庞培："他一直把国家利益置于私人的要求之上。"（semper se rei publicae commoda priuatis necessitudinibus habuisse potiora.）恺撒对 necessitas 一词的使用见 Gell. 13.3.5。 Cic. 2 Verr. 3.153："他为他的朋友——事实上我听说那是他的密友——尽最大的努力" （pepercit homini amico et, quem ad modum ipsum dicere audiui, necessario）；Flacc. 14："莱 利乌斯，弗拉库斯父亲的朋友和亲密战友"（a Laelio, paterno amico ac pernecessario）； Mur. 73："必要的义务"（officium necessitudinis. officia necessariorum）。类似的短语常见， 例如 div. Caec. 5, 6, 11, 14。

③ Fustel, 216.

里寻找熟人，另一方的数位军团长官和百人队队长"投奔了恺撒，并且自荐于恺撒"。同样，那些被庞培派征召的西班牙人部落首领们也转向他们的熟人和客人，以为他们确保"自荐于恺撒的机会"。①恺撒还提供了一个第三方推荐的例子：为与麦泰鲁斯·斯奇皮奥谈判，他派出了一个叫 A. 克罗狄乌斯（A. Cloedius）的人，此人之前被斯奇皮奥"托付并推荐"给他，恺撒随后把克罗狄乌斯纳入了自己的朋友圈子。②我们拥有一封西塞罗的信件，其中法学家特莱巴提乌斯（Trebatius）被以这种方式推荐给在高卢的恺撒。在西塞罗解释了他如何敬重此人后，他最后说："如他们所说，我可是把他亲手交给你了。"③特莱巴提乌斯在高卢待了一段时间后，西塞罗不得不写信给他，批评他似乎并不在意他在高卢的居留，对其与恺撒的关系也未给予应有的重视。从特莱巴提乌斯的信件中，他痛苦地发现，特莱巴提乌斯从一开始就只想回到罗马，因而是个糟糕的军官，将被耻辱地解职。特莱巴提乌斯认为那封推荐信是担保信，一旦兑现，他可以立刻返家。西塞罗回忆说，他当初曾如何忠实于特莱巴提乌斯，如何使尽浑身解数帮助后者获得晋升。在赢得恺撒的友谊后，他如何尽快地向恺撒"推荐和托付"特莱巴提乌斯。④类似

68

---

① Caes. *BC* 1.74.4："许多军团长官和百人队队长来到恺撒处，自荐于恺撒。西班牙的酋长们也做了同样的事情，他们被敌人征召，并作为人质扣在军营中。他们寻求自己的熟人和客人，通过这些人他们期望各有机会得到恺撒的注意。"（*compluresque tribuni militum et centuriones ad Caesarem ueniunt seque ei commendant. idem hoc fit a principibus Hispaniae, quos euocauerant et secum in castris habebant ossidum loco. hi suos notos hospitesque quaerebant, per quem quisque eorum aditum commmendationis haberet ad Caesarem.*）

② *BC* 3.57.1："他最初因斯奇皮奥的推荐得到注意，并且一直被认为是他的一个密友。"（*quem ab illo traditum initio et commendatum in suorum necessariorum numero habere instituerat.*）

③ *Fam.* 7.5.3："如俗话所说，我完全把他从我手里交到您手里了。"（*totum denique hominem tibi ita trado de manu ut aiunt in manum*）。

④ *Fam.* 7.17.2："由于自青年时代起你就一直忠实于与我的友谊和恩庇关系，我也一直觉得，不仅保护，而且提拔和提升你一直都是我的职责。"（*cum te ex adulescentia tua in amicitiam et fidem meam contulisses...sic te commendaui et tradidi, ut grauissime diligentissimeque potui.*）

的表达在泰伦斯^①、凯利乌斯^②和萨鲁斯特^③的作品中也曾出现。凯利乌斯的父亲把儿子"推荐和托付"给西塞罗进行教育。^④ 反过来，从事辩护的恩主也"可以托付他本人"。^⑤ 这样的关系常以"承诺"^⑥的话语表达，因此进行的活动被称为"关照"。^⑦ 在西塞罗的作品中，推荐极其常见。^⑧《致友人》的第 13 卷除了推荐信外，再无其他。

---

① *Eun.* 886："我托庇于你的关心和保护，我把你，泰伊斯，当作我的恩主，我求你了！"（*ego me tuae commendo et committo fidei, te mihi patronam capio, Thais te obsecro*）；1039："泰伊斯自荐于我父亲，受他照顾和保护"（*patri se Thais commendauit, in clientelam et fidem nobis dedit se*）。

② *Fam.* 8.9.4："我推荐 M. 菲利狄乌斯……给你，并请求你接纳他进入你的圈子"（*M. Feridium tibi commendo et te rogo ut eum in tuorum numero habeas*）。

③ *Cat.* 35.6. 喀提林写信给卡图鲁斯，称"我把奥莱斯提拉推荐给你，并寄托于您的忠诚。"（*Orestillam commendo tuaeque fidei trado, eam ab iniuria defendas.*）

④ Cic. *Cael.* 39. 参见 *Fam.* 2.6.5 致库里奥的信："我把整个这件事情都托付于您"（*nunc tibi omnem rem atque causam meque totum commendo atque trado*）；2 *Verr.* 3.30："他（维莱斯）的圈子甚至不是他父亲而是他那极坏的情人给他推荐的"（*adseculae [sc. Verris] non a patre ei traditi sed a meretricula commendati*）；*Att.* 4.16.1："我已经用话语和行动向帕奇乌斯表明，您的推荐是多么重要。虽然我此前从未见过他，但我还是因此接纳他进入了我私密的圈子。"（*Paccio ratione et uerbis et re ostendi quid tua commendatio ponderis haberet. itaque in intimis est meis, cum antea notus non fuisset.*）

⑤ Cic. *QF* 2.3.5："我访问了他，承诺全力为他效劳。"（*domum ad eum statim uenimus eique nos totos tradimus*）。

⑥ *Att.* 13.49.1："当我竞选执政官时，他主动通过你帮助我，我没有利用一事，并不能减少我对他的义务感"（*erat in consulatus petitione per te mihi policitus si quid opus esset; quod ego perinde tuebar ac si usus essem*）；*QF* 1.2.16："所有人都担保以他们自己、他们的朋友、门客、解放自由人、奴隶，甚至金钱，来支持我"（*omnes et se et suos amicos, clientis, libertos, seruos, pecunias denique suas pollicentur*）；*Comm. pet.* 47："承诺帮助"（*officium polliceri*）；*Att.* 7.2.7："恺撒承诺全力支持"（*Caesar mihi gratulatur et omnia pollicetur*）；*Cael.* 21："主动自愿帮忙，承诺提供证据"（*ultro se offerre, testimonium polliceri [sc. hominibus potentibus, gratiosis, disertis]*；也请见 *QF* 2.7.2："我把所有事情都托付给他，而且说我会做他认为合适的事情。"（*totum ei negotium permisi meque in eius potestate dixi fore*）与此相关的是"为他们担保"，见 Cic. *QF* 3.8.3（应为 3.6.3。——中译者）："我个人为麦萨拉的行为向恺撒担保"（*ego Messallam Caesari praestabo*）；*Fam.* 1.9.9："除非你严肃地跟你兄弟马尔库斯讨论这个问题，否则你必须就你在我面前为他所做的担保承担全部责任。"（*nisi cum Marco fratre diligenter egeris, dependendum tibi est, quod mihi pro illo spopondisti.*）

⑦ 关于 *obseruantia, obseruare, colere*，见 Cic. *Rosc. Am.* 106, *Mur.* 76, *Planc.* 67, *Phil.* 2.49（西塞罗讨论了公元前 53 年他与安托尼乌斯的关系）："在那之后你讨好我，在竞选财务官时你要求和我做朋友"（*postea sum cultus a te, tu a me obseruatus in petitione quaesturae*）；*Att.* 1.1.3; *Fam.* 6.10.2, 7.30.3, 9.16.5, 9.20.3, 12.27.1, 13.3.1, 13.7.1, 13.29.6 和第 13 卷常见。Plut. *Mar.* 4.1："他一直是这个家族忠诚的追随者。"（οὖ τὸν οἶκον ἐξ ἀρχῆς καὶ πατρόθεν ἐθεράπευεν）。

⑧ 我可以引用诸如 *Att.* 14.13B.1; *Fam.* 2.19.2, 8.9.4, 12.17.3, 12.21, 12.24.3, 12.25a.6, 12.26.1, 12.27, 12.29.1, 12.30.1; *QF* 1.2.11, 2.12.3; *ep. Brut.* 1.6.2, 1.8.2 为例证。

在每次的推荐背后都去寻求忠诚纽带，不免过于执拗。在所有时代的所有民族中，人们都在写推荐信。[①] 但是，如前文在有关义务问题上已经注意到的，在该术语的使用——它仍暗示这种人际关系——与其更广义的用法之间，人们并未精确地画出界限。这是这种关系结构非常松弛的一个结果：一方面，这种关系是世袭的；但另一方面，它可以被随意解除，并被新的关系取代。[②]

3. 法庭中的恩庇关系

在一般性的概论后，我现在要讨论强者与弱者关系的某些形式。这种关系具有极其重要的社会和政治意义。且让我们从法庭中和对共同体的恩庇关系开始。

在《关于勒索钱财的阿奇利法》中，外国或盟国控告人的代表被称为他们的恩主，[③] 而被控告的元老的辩护人被称为"案件的辩护人"，[④] 两个概念的区分不可能严格，对双方而言，他们的职能都一样。但恩庇

---

① 希腊语的 συνιστάναι 是拉丁语 *commendare* 准确的对译，见 *P. Par.* 49.7（Witkovski, *Epist. Priv. Graec.* 29）："通过它建立一切有助于我自己升迁的关系"（πεπείραμαι ἀφ᾽ οὗ τε συνεστά[θ]ης μοι, εἰς πᾶν τὸ σοι χρήσιμὸν ἐμαυτον ἐπιδιδόναι）；该词"介绍某人"的含义见 *P. Flinders Petrie* II 11.1 (Witkowski 3).2："我多次给你写信请你来并（向国王）介绍我。"（πολλάκις μὲν γέγραφά σοι παραγενέσθαι καὶ συστῆσαί με [sc. τῷ βασιλεῖ]）。维科夫斯基将之与 Xen. *Anab.* 3.1.8, 6.1.23 进行了比较。*P. Flinders Petrie* II 16.6 (Witkowski 4).6："通过某人进去就是 [见] 国王。"（ᾧ εἰσιέναι ἔστιν [πρὸς τὸ] ν βασιλέα）参见 Caes. *BC* 1.74.4（见本书第 85 页注释①）。
② Fustel, 224. Cic. 2 *Verr.* 2.89 谈到了客友关系的终止："他抛弃了客友关系。"（*hospitium ei renuntiat*）。
③ *L. Acil.* lines 11.26.
④ Ibid. line 33: *qui causam deicet.*

制度一直暗示的是对较弱小的个体的保护。① 在《布鲁图斯》中，"知名演说家"也被西塞罗称为"恩主群体"。② 在他列举的名单中，从早期罗马开始，除加图外，另有 17 名执政官级别的人士和 P. 斯奇皮奥即阿非利加努斯的儿子。① 此前的巨头们分别是 Ser. 苏尔皮奇乌斯·加尔巴（公元前 144 年执政官）、小 P. 斯奇皮奥·阿非利加努斯、C. 莱利乌斯（公元前 140 年执政官）、加图、M. 埃米利乌斯·莱皮杜斯·波尔奇纳（公元前 137 年执政官）、C. 帕皮里乌斯·卡尔波（公元前 120 年执政官），以及两位格拉古。④ 他们之后，分别是 L. 克拉苏、M. 安托尼乌斯、C. 奥莱利乌斯·科塔（公元前 75 年执政官）、P. 苏尔皮奇乌斯·鲁弗斯（公元前 88 年平民保民官）、L. 马尔奇乌斯·菲力普斯（公元前 91 年执政官）、C. 尤利乌斯·恺撒·斯特拉波·沃皮斯库

71

---

① Kubitschek, *RE* 1.436ff., s.v. 'advocate'. 一般来说，门客指那些社会地位较低的人，如加图的第二位岳丈、他过去的文书萨罗尼乌斯（Gell. 13.20.8, Plin. *NH* 7.61, Plut. *Cato mai.* 24）；奇凯雷伊乌斯——老阿非利加努斯的文书，后来做到副执政官（Val. Max. 4.5.3）；以及穆奇乌斯，Ti. 格拉古用他代替了自己在保民官中的反对者屋大维（Plut. *Ti. Grac.* 13.2）。加图前往塞浦路斯时，克劳狄乌斯给他分配了两位文书，其中一位是个无赖，另一位是他的门客（Plut. *Cato min.* 34.6）。阿麦里亚的罗斯奇乌斯家族——其中一位成员属于极其体面的群体（*decem primi*, Cic. *Rosc. Am.* 106, 109）——是 L. 科尔奈利乌斯·科吕索戈努斯的门客，此人是苏拉的解放自由人。A. 凯奇纳是塞尔维利乌斯家族的门客，但他自称西塞罗的老门客，因为西塞罗（在现存演说中）曾为他父亲辩护（Cic. *Fam.* 13.66.1, 6.7.4）。一个受到瓦提尼乌斯威胁的海盗也是西塞罗的门客（*Fam.* 5.10a.1）。在《竞选演说》（*in toga candida*）中（*ap.* Ascon. 83f.），西塞罗对作为朋友的公民和作为门客的外国人做了区分。在 *Mur.* 69："我们自己等级中的杰出之士"（*homines nostri ordinis honestissimi*）与"门客、邻居、特里布斯同乡和鲁库鲁斯的士兵们"（*clientes, uicini, tribules, milites Luculli*）形成了对比。*Mur.* 10 提到了最贫寒之人（*infimo*）的恩主（*patroni*），穆莱纳的辩护人，但请见 *Mur.* 4，恩主和辩护人一起出现，也见 *Sull.* 6 和 *Att.* 12.49.2。当萨鲁斯特借 L. 菲利普斯之口向元老们宣布，他们是在为充当 M. 莱皮杜斯和 P. 塞泰古斯的恩主而竞争时，他无疑在讥讽（*Hist.* 1.77.6, 20M）。如果富人被称为门客，他们也不会不高兴（Cic. *Off.* 2.69）。因此，西塞罗大赞 Q. 麦泰鲁斯·皮乌斯。作为公元前 80 年执政官和一个出自古老显贵家族的人士，在副执政官选举中，他本人及其家族作为恩主，把 Q. 卡利狄乌斯推荐给选民。作为公元前 99 年的保民官，卡利狄乌斯实际上提出了召回皮乌斯父亲麦泰鲁斯·努米狄库斯的法律议案（Cic. *Planc.* 69; Val. Max. 5.2.7）。执政官瓦提尼乌斯同样称自己是西塞罗的门客，而且谈到自西塞罗公元前 54 年为他辩护后，西塞罗一直是他的恩主（*Fam.* 5.9.1）。

② Cic. *Brut.* 332.

① *Brut.* 77–81.

④ *Tusc.* 1.5. 参见 *Auct. Her.* 4.7 被作为例证的演说家，其中仅卡尔波消失。

斯（公元前 90 年市政官），^① 最后是霍尔腾西乌斯和西塞罗。^②

在《布鲁图斯》中，恩主的头衔只授予那些杰出人士。在西塞罗解释 P. 安提斯提乌斯（P. Antistius）所获得的突出地位时，这一点得到了证明。^③ 苏尔皮奇乌斯已经去世，科塔和库里奥不在罗马，该时期的其他恩主中，只有卡尔波和庞培还活着，对最后那两位，安提斯提乌斯稳操胜券。因此，少数几个非元老等级的演说家一般没有这个头衔，他们是 L.凯苏莱努斯（L. Caesulenus）、阿尔皮努姆的 M.彭提狄乌斯（[M. Pontidius]M. 瓦莱里乌斯 . 麦萨拉随后马上被称为恩主）、C.鲁西乌斯（C. Rosius）和罗马骑士 P. 科米尼乌斯（P. Cominius）及 T. 阿奇乌斯（T. Accius）。^④

为恰当理解法庭中的恩庇关系，我们首先必须简要勾勒罗马法律生活的画面。

"多数国家和私人合同以及所有重要的案件的法官，都是从元老院中指定的。"波利比乌斯认为，这是元老控制人民最重要的手段。^⑤ 根据他的看法，人们必须仰赖元老的善意，在反对元老统治之前三思而行。因此，公元前 122 年 C. 格拉古改革常设法庭，将法庭交给骑士，被视为极其重要的一步。^⑥ 直到公元前 81 年，苏拉才将法庭归还给元老。之后的公元前 70 年，L. 奥莱利乌斯·科塔提议通过了一道法律，根据该法

72

---

① *Brut.* 301.
② *Brut.* 317.
③ *Brut.* 226; *RE* 1.2547, no. 18.
④ *Brut.* 131, 246, 254, 271; *Cluent.* 109: "在罗马，有足够的恩主，他们都是雄辩而且极有地位的人。"（*Romae summa copia patronorum, hominum eloquentissimorum atque amplissimorum*）与之相对，寂寂无闻的（*ignobilis, Cluent.* 112）L. 昆克提乌斯——公元前 74 年平民保民官——甚至都不被认为是一个光彩的辩护律师（*lautior aduocatus*），更不可能是恩主了（*Cluent.* 110）。在 2 *Verr.* 2.74，Q. 米努奇乌斯被称为恩主，他是"骑士等级一个极其杰出和受到尊敬的人士"（*eques Romanus in primis splendidus atque honestus*）。
⑤ Pol. 6.17.7. 参见 Mommsen, *Staatsr.* II, 229 n. 3; *Strafr.* 178 n. 2. 那里指民法和行政法。
⑥ 参见 Hitzig, 本书第 82 页注 ① 和第 19 页注 ⑩; Mommsen, *Staatsr.* III, 527 ff.

规定，陪审员由同等数量的元老、骑士和准骑士组成。[①] 在恺撒独裁期间，准骑士再度被踢出法庭。

骑士等级司法最著名的例证是对 P. 鲁提利乌斯 · 鲁弗斯的定罪。[②] 由于国家合同掌握在骑士之手，任何对自己行省包税人监督过严的总督都肯定会被定罪。[③] 西西里总督无法对土匪采取行动，因为土匪是受雇于大地产的奴隶，地产的主人大多是骑士，事后他们可以就此类对财产的干预进行报复。[④] 基于上述理由，波西东尼乌斯（Posidonius）为罗马政府开脱，那当然是错误的，因为公元前 134 年仍然是元老掌控法庭。可是，照顾奴隶主的利益肯定是可信的：P. 波皮利乌斯（P. Popilius）——公元前 135 年西西里总督和公元前 132 年执政官——自吹："作为西西里总督，我对意大利人的逃亡奴隶进行了一次追逃，将 917 人归还给了他们的主人。"[⑤] 后来，维莱斯利用奴隶起义从奴隶主那里勒索钱财，要求他们为被抓获的奴隶付费。[⑥] 据称公元前 103 年西西里第二次奴隶战争是这样爆发的：马略命令比提尼亚国王尼科麦戴斯（Nikomedes）提供辅助军队，而国王声称他无力完成，因为包税人把他们的臣民都卖为奴隶了。元老院下令，任何生而自由的盟友都不得在行省为奴。西西里总督利奇尼乌斯 · 奈尔瓦（Licinius Nerva）希望执行

73

---

① 像骑士（1 800 名国有马匹保有者除外）一样，准骑士在塞尔维乌斯确定的第一等级中形成了一个特殊群体（Madvig I, 184）。公元前 50 年那份备忘录的作者建议恺撒放弃这种从三个等级中遴选审判员的财阀原则："基于金钱的选举是可耻的"（ex pecunia legi inhonestum）。他应接纳第一等级的全体成员进入法庭，这种根据抽签原则让贫富共坐于法庭中的体系已经在罗德斯得到了证明（Sall. ep. 2.3.3, 7.11, 12.1）。早在公元前 89 年，根据普劳提乌斯法，陪审员名单已经是各个特里布斯草拟一个从所有成员中产生的 15 人名单，目的是剥夺骑士对法庭的独占权，根据那部法律，审判员实际上包括元老和部分平民（Ascon. 79）。我们不清楚这部法律寿命有多长。革命者主要从骑士阶层获得支持，所以可能又恢复了原来的状态。

② Diod. 37.5.1.

③ Diod. 34/5.25.1.

④ Posidonius ap. Diod. 34/5.2.3, 31. 参见 Schwartz, RE 5.690。

⑤ ILS 23; J. Klein, Die Verwaltungsbeamten der Provinzen Sizilien und Sardinien, 43.｛将这份缺少开头的铭文归于波皮利乌斯仍有争议，参见 A. Degrassi, Hommages Grenier (1962), 510ff., Imagines, pl. 192b; T.P. Wisemann, BSR 32, 1964, 21ff.｝

⑥ Cic. 2 Verr. 5.10, 1S, 18.

命令，下令释放 800 名奴隶。另一资料补充了一个恶意中伤的说法："或许因为他希望借此捞钱。"① 但"地位高贵者"威胁他不得如此行事，于是，一场被延迟的起义爆发了。② 这种情况一个更加危险的后果，是米特里达特斯（Mithridates）在东方行省尝试革命时，获得了史无前例的成功。③

在该时期的法庭演讲中，利用在法庭中的席位来谋取私人和等级利益，被视为理所当然。

发表出来的针对维莱斯勒索钱财指控的伟大演说属于公元前 70 年，当时正处于再度把法庭从元老手中转归骑士的剧烈骚动中，因此西塞罗连篇累牍阐明的观点是：如果维莱斯没有被定罪，则人民将从其他等级寻找陪审员。④ 无罪开释最恶劣的影响，将会是维莱斯可能成为他当前案件的法官，罗马人民不会容忍那样的可能性出现。如果霍尔腾西乌斯为维莱斯按照过高的价格征收现金而非粮食——后者是行省需要向他缴纳的——辩护，则霍尔腾西乌斯暗示的，是担任陪审员的元老们在轮到他们作为总督和副将时，也希望那些人如此行事，因此，无罪开释将意味着元老法庭的末日。⑤ 维莱斯胆大妄为处置的，不仅有行省居民和普通商人，还有罗马骑士，因为骑士被排除在法庭之外，对他无可奈何。⑥

卡尔皮纳提乌斯（Carpinatius）是一个公司的当地经理，该公司承包了西西里的放牧权和港口税。最初他向公司通报了维莱斯的不端行为，但随后与维莱斯建立了亲密关系，并且参与了对臣民的劫掠。可是，另一代表继续报告说，由于被维莱斯攫夺的出口货物没有支付税收，给

74

① Dio fr. 93.1.
② Diod. 36.3.
③ Plut. *Lucull.* 7, 20.
④ 2 *Verr.* 1.21f.
⑤ 2 *Verr.* 2.223.
⑥ 2 *Verr.* 3.96.

公司造成了相当大的损失，因此，尽管卡尔皮纳提乌斯因为转向高度赞扬维莱斯，要求将其早期的报告销毁，但在该公司的文件中，仍积累了大量指控维莱斯的材料。当维莱斯任满回国时，卡尔皮纳提乌斯代表股东安排了一场盛大的欢迎仪式。维莱斯随后与另一朋友——此人碰巧是该公司的主管——达成了谅解。在股东大会解散后，他使董事会投票销毁所有控告信件。[①] 西塞罗由此决议得出结论：如果是罗马骑士担任审判员的法庭，肯定会判决维莱斯有罪，因为他们发现报告如此恶劣。但甚至是一个必须被罗马骑士判决有罪的人，如果因他的慷慨处置使他们对他负有巨大人情债，被元老法庭开释也不是完全不可能。[②]

西塞罗也向具体的审判员呼吁，根据他的看法，他们是必须投票赞成定罪的。例如，其中一位证人曾遭维莱斯迫害，他是审判员同父异母的兄弟；[③] 另一位的父亲——尽管儿子是杰出人士——曾被维莱斯劫掠；[④] 还有 C. 马尔凯鲁斯（C. Marcellus），维莱斯曾竖立他自己的塑像，无视马尔凯鲁斯家族作为西西里恩主的地位，因而侮辱了他。[⑤]

在为克鲁恩提乌斯和拉比里乌斯·波斯图穆斯辩护的演说中，西塞罗面对的是混合审判团。为争取占多数的非元老审判员，他做出了这样的论证：在苏拉颁布的法律中，有关贿赂的条款只对元老有效，因为当时只有元老可以担任审判员。所以，如果骑士克鲁恩提乌斯根据这个条款被定罪，则骑士等级的审判员未来被剥夺的不仅有他们的豁免权，还有他们做出公正判决的权力，"因为如果随后他面临腐败指控，谁还敢公正和大胆地对富人做出判决呢？"[⑥] 同样，如果骑士波斯图穆斯被定罪，这个先例将使整个骑士等级都受到非法勒索钱财罪

---

① 2 Verr. 2.175: "换句话说，什一税包税人是收入承包人的主要群体，几乎可以说是元老。" (*decumani, hoc est principes et quasi senatores publicanorum*)。
② 2 *Verr.* 2.169-191.
③ 2 *Verr.* 1.128.
④ 2 *Verr.* 4.42.
⑤ 2 *Verr.* 4.90; *RE* 3.2733, 'Claudius' no. 214.
⑥ *Cluent.* 152.

（repetundae）法律的管辖。豁免权是骑士的特权，他们一度公正地武装反抗了李维乌斯·德鲁苏斯有关司法腐败的法案。① 在这两篇演说中，西塞罗请求审判员出于正义和良心考虑的，不仅有他们自己的权力，还有那部法律。②

考虑到事物的这种状态，在决定诉讼结果时辩护律师的人格和地位具有极大重要性，就不令人惊奇了。

在第一篇法庭演说中，西塞罗宣称，他需要与巨大的影响和雄辩对抗，两者在罗马国家中都极具分量。③ 这里的影响（gratia）指的是拍卖商因给予显贵照顾而得到的支持，指向他在显贵中受到的欢迎。④ 但如英语中的"偏爱"一样，这个概念可能具有更加积极的影响，表示义务的外在表现。⑤ 它进一步暗示了他们相互之间的良好关系，⑥ 最终还

---

① Cluent. 144–160, Rab. Post. 13–19.

② Cluent. 159, Rab. Post. 11. 关于这个问题，参见 Preiswerk, 59。骑士阶层审判员的责任在该时期政治斗争中具有的重要性，在 Att. 1.17.8（公元前 61 年）中得到了证明。

③ Quinct. 1.

④ Cic. Rosc. Am. 15; 2 Verr. 1.135, 3.60; Cluent. 154; Mur. 17, 36, 38, 47, 59; Flacc. 14; Dom. 46; Planc. 7; Att. 1.16.12, 1.17.6, 5.21.12; Fam. 2.6.3, 6.6.9, 11.16.3; QF 1.3.6; De or. 1.15; Brut. 242, 281; Comm. pet. 32.

⑤ Cic. imp. Pomp. 70, 71："些许善意"（aliquam bonam gratiam）。在 Leg. agr. 2.102，罗马人民的好感就是他们的投票。在 Mur. 10，苏尔皮奇乌斯·鲁弗斯的好感得到高度尊重。在 Mur. 71, tenues 必须 sectari，因为"他们的好感没有意义"（nil ualent gratia）。参见原书第 59 页；Fam. 1.7.21; QF 2.14.2; Brut. 97, 233。

⑥ Cic. 2 Verr. 1.21："受人民欢迎的。"（in gratia esse cum aliquo）。在 prov. cos. 18 = Gell. 6.19.6 中，保民官 Ti. 森普罗尼乌斯·格拉古 "是卢奇乌斯本人和 P. 阿非利加努斯最坚决的敌人"（iurauit palam in amicitiam inque gratiam se cum P. Africano non redisse），但在公元前 185 年仍为了 L. 斯奇皮奥的利益而行使了否决权。这个事件证明了显贵之间个人的敌对关系在政治生活中具有的重要性。这些就是波利比乌斯（18.35.8）谈到的 "源自他们之间的敌对关系"（πρὸς ἀλλήλους ἀντιπαραγωγαί）。Cic. Scaur. 31 说，西塞罗与 Ap. 克劳狄乌斯 "他和我之间有忠诚而持久的关系"（fideli in gratiam reditu firmoque coniunctus）。Phil. 8.20：当时没有执政官级别的人 "不因感激而忠诚于我的"（quin mecum habeat aliquam coniunctionem gratiae）。Att. 1.4.7 称：他与鲁凯伊乌斯 "和解了"（in gratiam redii），他当时打算竞选执政官。Att. 2.3.4；Fam. 1.9.4："我与恺撒以及阿皮乌斯关系良好"（me cum Caesare et cum Appio esse in gratia），1.9.19 "庞培安排了我与瓦提尼乌斯 "的和解"（reditus in gratiam per Pompeium）。

76 被单方面地用来表示因得到的好感而生的感激。① 在史料中该术语相当频繁地出现，本身就是它所表达的社会关系重要性的证据。如果一个人被称为"有影响的"（*gratiosus*），则它就暗示某些相应的观念。② 成功的政治家必须是有影响的，他的成功仰赖于所有圈子影响的合作，尤其是那些影响扩展到极其广泛领域的人。萨鲁斯特用这样的话语描述罗马社会："一个强人是获得大众投靠的人。"③ 影响和权力就这样被非常紧密地联系起来了。④

在这个意义上，辩护律师也必须是一个有影响的人（*homo gratiosus*）。知名的例子是 M. 安托尼乌斯公元前 97 年（在其监察官任期结束后）对革命者诺尔巴努斯进行的辩护。他能够使自己的辩护发挥作用的唯一办法，是指出诺尔巴努斯曾是他的财务官，根据祖传习

77 惯，那会使该职务的担任者在其上司面前犹如儿子。⑤ 之后他向由骑士组成的审判员生动地回忆了诺尔巴努斯如何赶走令人憎恨的敌人凯皮

---

① Cic. *Leg. agr.* 2.1 谈及当选执政官对罗马人民的义务感。*Mur.* 24 称，雄辩会获得"多重影响"（*plurimas gratias*）。*Att.* 1.1.4："不仅获得老朋友，而且获得新朋友是多么重要"（*omnis gratias non modo retinendas uerum etiam acquirendas putemus*）；1.19.4："真诚的感激拟议中的赐予"（*magna cum agrariorum gratia*）；*QF* 2.3.6："你的书信已经常提到与塞斯提乌斯保持良好关系的重要性。"（*quae tibi eo scribo, quod me de retinenda Sesti gratia litteris saepe monuisti.*）*Brut.* 209

② Cic. *2 Verr.* 3.30："有影响的罗马骑士"（*equites Romani gratiosi*），37："总督们小心应付的人"（*aliis praetoribus gratiosi*），4.42："罗马杰出和有影响的骑士"（*eques R. splendidus et gratiosus*）；*Mur.* 47："有地位的人，在邻里和自治市中有影响的人"（*homines honesti in suis uicinitatibus et municipiis gratiosi*）；*Flacc.* 88："有影响的杰出人士"（*homines gratiosi splendidique*）；*Cael.* 21："那些强大的、有影响的和雄辩的人士"（*homines potentes gratiosi diserti*）；*Planc.* 44："诚实的绅士不屑于在自己的特里布斯同胞中获得影响。"（*semper fuerunt boni uiri, qui apud tribules suos gratiosi esse uellent*）；*Att.* 16.11.5：在推荐信中，*gratiosi* 是最为恰当的用语。*Fam.* 2.6.3：米罗的竞选活动"拥有年轻一辈的支持，那些在选举中有影响的人士通过他们在那个领域中的突出影响和活动，还有我个人或许没那么强力的影响的支持"（*habemus...iuuentutis et gratiosorum in suffragiis studia,...nostrum suffragationem fortasse etiam gratiosam*），2.7.4："库里奥这个极有影响的年轻人。"（*Curio adulescens gratiosissimus*）。

③ *Hist.* 1.12M："有权势的少数人——多数人处在他们影响之下。"（*pauci potentes, quorum in gratiam plerique concesserunt*）。

④ Cic. *Quinct.* 1, 9; *Cael.* 21.

⑤ 由此确立了他们之间的私人关系（*De or.* 2.200）。在 *div. Caec.* 63, *Fam.* 2.17.5, Ascon. 35 中，称之为"友谊"（*necessitudo*）。在 Nepos, *Cato* 1.3, 也称为"友谊"（*necessitudo*）。

奥的过程，后者希望让元老和骑士一道担任审判员。^①经过如此这般的铺垫后，他开始利用自己的权威。对他来说，他曾经挽救过如此众多的与他无关的人，却无法帮助自己的朋友，再没有任何做法较此更能损害他的名声了。审判员应当考虑到他的年龄、曾担任的职务、他的行为以及他恰当且必然产生的伤心，尤其是从其他审判中他们都清楚，他对朋友总是无限大方，对自己却从未如此。^②

西塞罗告诉我们，两位凯皮奥——公元前141年和公元前140年执政官——曾以他们的建议和演说，更多的是通过他们的权威和影响，帮助过他们的许多门客。^③M. 克拉苏后来阵亡于帕提亚战争，他多年里是一位重要的辩护律师，原因不是他的天赋，而是他的勤勉和努力，以及在审判中全力以赴地确保其成功时所表现出来的影响。^④Q. 阿里乌斯（Q. Arrius）有点模仿他。他的情况非常清楚地表明，在罗马，巧妙利用当时的环境为众多人的竞选活动和司法提供服务，一个人可以获得多么大的成功。阿里乌斯借此从平淡无奇中达于高位，获得财富和影响，并且在缺乏教育和能力的情况下，一定程度上赢得了恩主的名声。^⑤

库里奥是公元前76年执政官。他认为，只要维莱斯的辩护人霍尔腾西乌斯当选为公元前69年执政官，则维莱斯肯定会被开释。^⑥审判开始前，Q. 凯奇利乌斯·麦泰鲁斯（后来的克莱提库斯）把西西里的控告人召集到他面前，向他们解释说，他已经采取所有预防措施，以防止维莱斯被定罪。他本人将是下一年度（公元前69年）的执政官，他兄弟卢奇乌斯目前是西西里总督，第三位兄弟马尔库斯下一年将主持反非法勒索钱财罪的法庭，他们意图将审判延迟到那时，因为目前（公

78

① Jul. Obseq. 41.
② Cic. De or. 2.198–202.
③ Brut. 97. 作为法官的维莱斯无视权威，被明确用来反对他（2 Verr. 1.135）。
④ Brut. 233. 对他而言，没有任何案件是小事，他经常在庞培、恺撒或西塞罗犹疑时出面辩护。此外，他与人照面时能叫出所有人的名字（Plut. Crass. 3.4f.）。
⑤ Brut. 247.
⑥ 1 Verr. 19.

元前 70 年）勤勉且偏向人民的 M.格拉布里奥是主持反非法勒索钱财罪法庭的副执政官，但从 1 月 1 日起，一切都会不同了。[①]西塞罗把这段叙述当成了赞美自己和部分审判员的机会，他还评论——暗指奈维乌斯知名的诗句——说，维莱斯曾自诩，是他本人而非命运让这位麦泰鲁斯当上了执政官。[②]L.麦泰鲁斯确实严重妨碍了西塞罗对材料的搜集，他用胡萝卜加大棒劝阻西西里人派出使团，阻止西塞罗寻找证人。[③]作为总督，他的行为的确不像维莱斯，但因为某个文书曾拜访过他，他就一直尽全力帮助维莱斯。[④]上述就是一个辩护律师必须能够克服的障碍。

西西里的一位罗马元老指控了维莱斯的同谋，但麦泰鲁斯拒绝指定审判团，如他所说，那是为了在这样的一场审判中，不会对维莱斯整个的状况造成偏见。根据西塞罗的看法，这一点无可非议，"因为麦泰鲁斯是在帮助他的朋友，他的密友，我本人曾听他说过（此事）"。可是，他接着说，麦泰鲁斯没有意识到，他拒绝（指定陪审团）的行为本身就是偏见。[⑤]西塞罗辛辣地评论说，当维莱斯拒绝让某些特别具有美德的人进入审判团时，他有权那样做。当辩护律师霍尔腾西乌斯问维莱斯为何拒绝了他最好的朋友时，维莱斯答称，他们的判断过于独立。[⑥]西塞罗试图恐吓霍尔腾西乌斯，指出霍尔腾西乌斯既然与维莱斯没有任何关系，在为后者辩护时，他可以假装他事实上赞同维莱斯已经犯下罪行，因为维莱斯曾那么说过。[⑦]

D.莱利乌斯之所以控告瓦莱里乌斯·弗拉库斯，是因为庞培——控告人父亲的好友——要求他这样做，并且让他利用庞培的权威、影

79

---

① 1 *Verr.* 27.
② 1 *Verr.* 29.
③ 2 *Verr.* 2.12.
④ 2 *Verr.* 2.62.
⑤ 2 *Verr.* 3.152.
⑥ 2 *Verr.* 1.18.
⑦ 2 *Verr.* 5.176.

响、金钱和权力。① 庞培利用自己的权威单独为数位被告辩护过。② 马尼利乌斯就利用这种方式逃脱了 Cn. 卡尔普尔尼乌斯 · 皮索（的控告），③ 后者随后对庞培进行了尖锐的攻击，在庞培问他缘何不控告庞培时，他回答道："请向国家保证，如果你受到控告，你不会发动内战。"④ 在一个类似的案件中，主持法庭的副执政官拒绝传唤庞培为被定罪的元老作证。⑤ 公元前 52 年，当庞培任唯一执政官时，他强化了反贿选法。但一旦他的岳父麦泰鲁斯 · 斯奇皮奥受到控告，他马上就把陪审员召集到他面前。当控告人发现审判员们簇拥着斯奇皮奥从广场回到家中时，前者撤回了指控。⑥ 在加比尼乌斯的第一次审判中，由于庞培的支持，他被无罪开释。⑦ 但第二次审判尽管有西塞罗辩护，他仍遭失败，因为加比尼乌斯不像过去那么慷慨了。⑧

此前的审判员的行动曾被欢呼为勇敢和大胆，因为他们敢于以偏见为由拒绝证人的证词，根本不考虑证人的"勇气、显赫和已经做出的贡献"，⑨ 其中包括凯皮奥家族的两位和麦泰鲁斯家族的人士不利于 Q. 庞培的证词，M. 斯考鲁斯针对芬布里亚和美米乌斯的证词，以及伟大的演说家 L. 克拉苏不利于 M. 马尔凯鲁斯 · 埃塞尼努斯（M.

---

① *Flacc.* 14.
② L. 科尔奈利乌斯·巴尔布斯曾由庞培、克拉苏和西塞罗为之辩护（Münzer, *RE* 4.1263）。西塞罗这样开始他的演说："如果在司法审判中那些支持案件的人的地位有任何分量的话，则卢奇乌斯·科尔奈利乌斯已经获得了最伟大人物建议的支持。经验方面，他有最具实战经验人士的建议；才能方面，他得到了最雄辩的人的辩护；忠诚方面，他有最亲密的朋友，还有因他的贡献与他绑在一起的人以及最亲密的友人。"（*si auctoritates patronorum in iudiciis ualent, ab amplissimis uiris L. Corneli causa defensa est; si usus, a peritissimis; si ingenia, ab eloquentissimis; si studia, ab amicissimis et cum beneficiis cum L. Cornelio tum maxima familiaritate coniunctis. quae sint igitur meae partes.*）
③ *RE* 3.1391f., no. 95.
④ Val. Max. 6.2.4.
⑤ Val. Max. 6.2.5.
⑥ Plut. *Pomp.* 55.7, Dio 40.53.1, Val. Max. 9.5.3, App. *BC* 2.24.94 的记载略有不同。
⑦ Cic. *QF* 3.1.24, 3.2.1, 3.3.3; *Att.* 4.18.1; Dio 39.55.4, 39.62.3.
⑧ Dio 39.53.2. 如弗里茨·冯德尔·密尔证明的，狄奥对加比尼乌斯一直是恶意诽谤（*Juvenes dum Sumus,* Basel 1907, 77ff.）。可是，这份史料内在的可能性偏向于支持它。
⑨ Cic. *Font.* 23f.

Marcellus Aeserninus）的证词。[1] 在西塞罗的通信集中，有数封书信要求行省总督按照其中一方的利益裁决案件。[2] 继任副执政官 L. 弗拉维乌斯 [3] 曾抗议小亚细亚总督 Q. 西塞罗的一个决定。此人是马尔库斯·西塞罗的兄弟，马尔库斯受请给昆图斯写了那封信，而且弗拉维乌斯的保护人庞培和恺撒同时给他写了信。[4] 因此，在修辞学校中，人们得到的赢得审判团善意的教诲之一，是抹黑对手，方式是影射对手的权力、派系、显贵身份、门客以及其他关系人；在此过程中，人们暗示此人更多地仰赖于这些武器而非真相。[5] 在西塞罗的演说中，我们发现他不止一次利用了这种方法。[6] 另一方面，Q. 西塞罗建议他的兄长要与高级官员尤其是执政官交朋友，以便为他自己在法庭中获得公正对待。[7]

可是，在上文已引用的演说中，西塞罗把雄辩与"偏爱"并列。[8] 不管罗马第一位政论家加图 [9] 多么鄙视和憎恨希腊人，他仍经常利用希腊人的修辞形式。[10] 此后对希腊演说技巧的精准掌握就成为罗马辩护律师必需的一样技能。马略是一个例外，他缺乏这种训练，[11] 一次在代表被告（辩护）时，他只亲自说了几句话。纯粹是因为他在其他领域的权

---

① *RE* 3.2760, 'Claudius' n. 226.

② *Fam.* 13.37, 54, 55.2, 59.

③ *RE* 6.2528, no. 17.

④ *QF* 1.2.10ff. in 59；参见 1.2.4 and 6. 西塞罗的借口是，因为他"敌人众多"，他必须提出这些建议。

⑤ *Auct. Her.* 1.8："为使对手失分，需要列举他们的暴力行为、支配地位、派别体系、财富、不知自制、显贵身份、门客、客人、团体忠诚和婚姻盟约，明确宣布他们更多地仰赖于这些支持而非真相。"（*in inuidiam trahemus, si uim, si potentiam, si factionem, diuitias, incontinentiam, nobilitatem, clientelas, hospitium, sodalitatem, adfinitates aduersariorum proferemus et his adiumentis magis quam ueritati eos confidere aperiemus.*）

⑥ 例如，*Mur.* 59, *Cael.* 22, *Scaur.* 37, *Quinct.* 1。

⑦ *Comm. pet.* 18. 参见原书第 56 页。

⑧ 参见原书第 75 页。

⑨ Cic. *Brut.* 61.

⑩ Plin. *NH* 29.14："要遨游于他们的文学之中，但不要深入研究它，你会获得收益。"（*quod bonum sit illorum litteras inspicere, non perdiscere, uincam*）；Plut. *Cato mai.* 12.3; Leo, *Kultur der Gegenwart* I, 8, 332.

⑪ Sall. *BJ* 85.32.

威，才使他可能那样做。① 下文所述，将揭示法庭中的恩庇关系与雄辩之间的联系。

在《论义务》第二卷中，西塞罗追随帕奈提乌斯（Panaetius）的 81 教导，就一个道德的人如何利用他同胞的群体达致自然要求的幸福状态提出了建议。② 一个途径是光荣，那是个人能够达到的最高境界，是大众热爱并信任一个人，且钦佩地认为他配得上那份荣耀的结果。③ 一个年轻人可以在战争中赢得光荣，对此人们有许多古代的例证，那时战争经常发生。④ 可是，思想的价值高于肉体。如果一个年轻人追随知名而谨慎的政治家，⑤ 则他会赢得良好的印象，但最值得钦敬的是法庭演说，尤其是诸如西塞罗为罗斯奇乌斯所做的那种辩护演说。⑥ 随后，西塞罗回顾了需要回报的服务，提及他作为法律顾问的成就。但那些演说家——"和平时期我们的先祖赋予他们领袖地位"——获得的感激要多得多。根据先辈的习惯，雄辩而强势之辈免费在法庭上为人辩护，不收取任何费用，他提供的服务和恩庇范围广大，影响深远。当然，恺撒终结了所有这一切。⑦ 在另一个地方，西塞罗说："罗马的世界统治确保了因长年和平而来的闲暇，几乎所有志在赢得光荣的年轻人，都感到必须将所有精力投入作为演说家的训练之中。"⑧ 对于作为完美演说家的新型政治家，西塞罗热烈推崇，因为他们把修辞学训练与对事物真正本质的

---

① Cic. *Balb.* 49. 放在他人身上，那就是训练不足的问题了。Cic. *Brut.* 242 称："盖乌斯和卢奇乌斯·凯帕西乌斯兄弟属于同一时期，他们虽然是新人，且没有多大名气，但通过不懈的努力，迅速升为财务官。他们的语言风格带有乡土味，缺乏形式美。"（*L.C. Caepasii fratres qui multa opera ignoti homines et repentini quaestores celeriter facti sunt, oppidano quodam et incondito genere dicendi.*）；Cic. *Brut.* 259 如此评价公元前 123 年执政官 T. 弗拉米尼努斯："使用纯净的拉丁语，但对语法理论颇为无知。"（*existumabatur bene Latine, sed litteras nesciebat.*）关于修辞方法的意义，参见 *div. Caec.* 45ff.

② *Off.* 2.1, 9, 18.

③ Ibid. 31.

④ Ibid. 45.

⑤ Ibid. 46.

⑥ Ibid. 51.

⑦ Ibid. 66.

⑧ *De or.* 1.14.

82　　洞见结合在了一起。① 他是政治中的一股势力，政府中的领袖，在元老院中、公民大会上和法庭中，他是提出建议和发表演说的第一人。② 在许多其他论著中，如在《论义务》中那样，西塞罗都将雄辩与军事经验、法律知识视为罗马政治家必须具备的三种素质。③

可以理解的是，西塞罗以特别赞许的口吻谈到了演说在政治上的重要性。可是，自罗马希腊化以来，罗马政治家中少有"行伍出身"的。马略那样的人是例外，著名将军如鲁库鲁斯等是在从罗马到小亚细亚旅行途中才首次读到军事手册的。④ 但西塞罗那样的人，一生全部的工作都是在广场上和议会中完成的，为那些陷入危险的朋友辩护。他通过这种方法赢得了最高官职，适当的财富和尊严。⑤ 如他在第一次政治演说的开头谈到他自己时所说，他在诉讼中为朋友提供的帮助，确保他在副执政官选举中赢得了光辉的胜利。他那次发言是为朋友们即罗马骑士做的，其身份可以称为恩主。⑥ 在公元前 65 年 7 月致阿提库斯的一封书信中，他考量了竞选执政官的机会，顺便嘲讽了一下喀提林，对来自后者的竞争，他唯一担心的是在对此人非法勒索钱财罪案件进行判决时，中午时太阳是否正常照耀。⑦ 可是，到公元前 64 年 1 月，在选战的压力下，他已经做出了不同的决定："我现在正考虑为竞争对手喀提林辩护。由于控告人自身的愿望，审判员都是我想要的。我希望，如果喀提林被开释，他会对我的竞选活动态度更友好。如果事情弄糟了，我

① *De or.* 3.136, 1.20, 1.158f., 3.121.

② *De or.* 3.63.

③ *Brut.* 84, 239, 256; *Mur.* 24，参见原书第 57 页；*De or.* 1.131; *Planc.* 62，参见原书第 60 页以下；*Red. sen.* 13.

④ Cic. *Lucull.* 2, Sall. *Cat.* 45.2 称公元前 63 年的副执政官 L. 瓦莱里乌斯·弗拉库斯和 C. 庞培是军人（*homines militares*），曾任副执政官的 M. 佩特雷乌斯（M. Petreius）也得到这样的称号（59.6），后者击败了喀提林。Cic. *Acad. Prior.* 2.2; 也见 *Font.* 43, 在那里西塞罗列举了某些"不是从书本，而是从行动和胜利中学到军事知识的人"（*homines non litteris ad rei militaris scientiam, sed rebus gestis ac uictoriis eruditi*）。亦见 Sall. *BJ* 85.12.

⑤ Cic. *Phil* 7.7.

⑥ *Imp. Pomp.* 1–5; Heinze, *Abh. Sächs. Ges. Wiss.* 27, 1875, 987.

⑦ *Att.* 1.1.1.

就辞职。"①

公元前 59 年，他谈到"法庭活动影响的圈子，远比他为之代言的 83
那些人要广得多。全体人民都乐此不疲。我的家里门庭若市，人们在街
上跟我打招呼；对我执政官任期的记忆也复活了；那些欠我人情的表
现急切"。因此在展望与克罗狄乌斯的斗争时，他信心满满。②他在法
庭中的工作过去曾帮助他赢得官职，现在会为他赢得声望，确保他的地
位。③公元前 54 年，他致信自己的兄弟说，对于共和国与法庭全部完蛋
的想法，他感到吃惊，因为他本来应当享有作为元老尊严的时光，却被
法庭的案件填满了，还有在家中进行文艺创作的慰藉。但他童年的梦
想——"一直是最优秀的人和高居众人之巅"——是一去不返了。④

波利比乌斯⑤告诉我们，当斯奇皮奥尚不足 20 岁时，他曾向波利比
乌斯抱怨人们关于他是个懒汉和糟糕的罗马人的想法，因为他不曾出
庭。⑥波利比乌斯后来评论说，由于斯奇皮奥高尚的行为真正表现了心
智的完善，他较自己阶层其他的人赢得了要大得多的名声，那些人只关
心法庭中的案件和清晨的拜访，在广场上游荡，试图用这种方式把自己
推介给人民。"他们只能以给同胞带去不幸的方式去赢得赞誉，因为那
是诉讼常有的方式。"⑦事实上，我们的确经常发现，罗马未来的政治家
在青年时代就为之努力，其中的大多数的确通过在法庭上控告某个政
治家开始他们的首次表演。⑧

根据西塞罗的看法，M. 凯利乌斯·鲁弗斯是唯一追随古代风俗

---

① *Att.* 1.2.1.
② *Att.* 2.22.3. 在 *QF* 3.1.16, *Fam.* 7.50.3，他提到了那些欠他情的人。
③ *Att.* 1.17.6.
④ *QF* 3.5.4.
⑤ 31.23.11.
⑥ 在 Plaut. *Trin.* 651 中已经出现下述请求："要为那些广场上的男性朋友们效劳，而不是
一直在床上为女人效劳。"（*in foro operam amicis da, ne in lecto amicae ut solitus es*）也
见 *Epid.* 422："我一个朋友今天要为一桩重要案子去广场出庭。"（*res magna amici apud
forum agitur, ei uolo ire aduocatus*）。
⑦ 31.29.10.
⑧ 西塞罗将他们讥讽为"出生高贵的孩子"（*pueri nobiles*，见 *div. Caec.* 24）。

的，因后来达到的伟大，他成为青年人的榜样。公元前 59 年，他确保了

84　C. 安托尼乌斯——公元前 63 年执政官——的垮台，以这种方式把自己推介给人民。① 公元前 95 年，霍尔腾西乌斯年仅 19 岁，首次出场就赢得普遍欢呼。② L. 克拉苏 21 岁时就让著名的演说家、前执政官 C. 帕皮利乌斯 · 卡尔波遭遇毁灭性失败。③ P. 苏尔皮奇乌斯 · 鲁弗斯作为一个小愣头青（ *adulescentulus* ）开始自己的生涯，次年就控告了诺尔巴努斯。④ 西塞罗现存最早的演说是《为昆图斯辩护》，那时他 26 岁。⑤ 11 年后，他的对手宣称，他震惊地发现，原来他一直作为辩护律师出庭，如今已是竞选市政官的年龄，却突然希望进行一场控告。⑥ 公元前 77 年，当恺撒 23 岁时，他控告了前执政官 Cn. 科尔奈利乌斯 · 多拉贝拉。⑦ C. 科塔约生于公元前 120 年，公元前 92 年就为自己的叔父 P. 鲁提利乌斯 · 鲁弗斯辩护。⑧ L. 利奇尼乌斯 · 鲁库鲁斯确保了他父亲的控告人在其任职财务官之前被定罪。⑨ M. 埃米利乌斯 · 斯考鲁斯系著名的首席元老之子，使续任副执政官 Cn. 科尔奈利乌斯 · 多拉贝拉因公元前 80/79 年任奇利奇亚行省总督时的行动被定罪。⑩ 公元前 73 年，L. 多米提乌斯 · 埃诺巴尔布斯（公元前 54 年执政官）在与奥罗普斯的争议中为包税人辩护。⑪ 在公元前 63 年控告穆莱纳的人中，有与他

---

① *Cael.* 18, 47, 73f., 78; Dio 38.10.3.

② Cic. *Brut.* 229.

③ Cic. *De or.* 3.74 借他口宣称：“对我来说，罗马广场是学校，经验、法律、罗马人民的制度和先辈的习俗是我的老师。”（ *cui disciplina fuerit forum, magister usus et leges et instituta populi Romani mosque maiorum.* ）

④ 见原书第 76 页，*De or.* 2.88f. 安托尼乌斯督促他“把广场视为自己学习演说的学校，选择自己喜欢的人作为老师”（ *ut forum sibi ludum putaret esse ad discendum* ）。也见 1.94：“在开始学习之前我们便已疲于国家管理和诉讼事宜。”（ *antequam ad discendum ingressi sumus, obruimur ambitione et foro.* ）

⑤ Gell. 15.28.3.

⑥ *Div. Caec.* 70.

⑦ Suet. *Iul.* 4.1; Münzer, *RE* 4.1297, no. 134.

⑧ Cic. *De or.* 1.229; Klebs, *RE* 2.2482ff., 'Aurelius' no. 96.

⑨ Cic. *Acad. Prior.* 2.1, Plut. *Lucull.* 1.2.

⑩ Cic. *Scaur.* 45f.; Ascon. 26; Münzer, *RE* 4.1297f., no. 135.

⑪ *SIG*³ 747.24.

同台竞选执政官的候选人的儿子 Ser. 苏尔皮奇乌斯 · 鲁弗斯。[1]公元前 66 年,通过使 P. 苏拉——他已经是候任执政官——被定罪,L. 曼利乌斯 · 托夸图斯(L. Manlius Torquatus)为其父赢得公元前 65 年的执政官职位。[2]西塞罗本不愿控告自己的对手皮索——恺撒的岳父和公元前 58 年执政官——,但把自己的希望寄托在年轻人身上,尽管他们现在还软弱无力,且对光荣和荣誉的追求也不够拼命。[3]

85

　　大部分情况下政治斗争在法庭中进行。老加图被迫 44 次为自己辩护,且每次都被开释。[4]埃米利乌斯 · 斯考鲁斯和鲁提利乌斯 · 鲁弗斯竞选公元前 115 年执政官。鲁弗斯遭遇失败,控告对手靠行贿取胜。斯考鲁斯被开释后,转而对鲁提利乌斯提起指控。[5]公元前 94 年,演说家 L. 克拉苏(公元前 95 年执政官)任高卢总督,C. 卡尔波——那个被克拉苏逼迫自杀的卡尔波的儿子——立刻出现在那个行省,打算提起指控。可是克拉苏使后者成为自己顾问团的成员,于是他得以参与所有政府事务。[6]Ser. 苏尔皮奇乌斯 · 鲁弗斯公元前 63 年提起的指控已经在前文讨论过。[7]这些政治审判每天都在发生。[8]法律问题越是退缩为背景,需要聘请的辩护律师数量就越大。《阿奇利法》只允许请一位(律师),[9]但在奥古斯都重组法庭前,12 人的律师团也不是没有听说过。[10]西塞罗说,这样的风俗是为了辩护律师的方便,因为与他全力以赴于一个案子比较,这样做会减少他的工作量,使他有机会在同样的时间段

---

① Cic. *Mur*. 56.
② Cic. *Fin*. 2.62.
③ *Pis*. 82.
④ Plin. *NH* 7.100. 参见 Tac. *Ann*. 3.66.1。
⑤ Cic. *Brut*. 113, *De or*. 2.280.
⑥ Val. Max. 3.7.6.
⑦ 参见原书第 56 页及以下。
⑧ Cic. *Scaur*. 30, *Rab. Post*. 44.
⑨ *L. Acil*. line 33.
⑩ Ascon. 20:"为斯考鲁斯辩护的律师有 6 人,虽然那时聘请 4 人以上的少见。但内战开始后到《尤利亚法》颁布之前,这个数量可以高达 12 人。"(*defenderunt Scaurum sex patroni, cum ad id tempus raro quisquam pluribus quam quattuor uteretur: at post bella ciuilian ante legem Iuliam ad duodenos patronos est peruentum.*)

内，让多个人欠他人情。[1]

法庭中的恩庇因此成为罗马政治家一个首要的权宜之计。它为他打开了一条通路，有助于他维持自己已经赢得的地位。由于深度依赖于演说术，所以它也能提升新人的地位。如果我们进一步考虑到最高程度的演说术就是当时教育的全部，则在估价显贵统治的支配地位时，这一点就成为一个重要因素。只有在那些保有显贵地位的人也是最有教养的人时，显贵的统治地位才能继续存在。事实上，整个共和国时期的情况都是：政治场上的贵族在演说术、历史写作和法学上都居于领导地位。帕奈提乌斯和波利比乌斯的信徒们，正是这些贵族，诗人们讴歌的，也是这些贵族。[2]前执政官西塞罗之所以能达到如此之高的地位，正因为他是最强大的演说家、最有技巧和教养的鼓动者。罗马所有最伟大的显贵，同时也是他那个时代最有成就的语文学家、演说家和作家。[3]

4. 对共同体的恩庇

与法庭中的保护密切相关的，是对行省人和共同体的恩庇。公元前171年，当西班牙使节向元老院就罗马官员的勒索提出指控时，他们得到指令：提名四位恩主在法庭听证时为他们的控诉申辩。他们挑选了M. 波尔奇乌斯 · 加图——公元前195年他作为执政官时平定了西班牙、P. 科尔奈利乌斯 · 斯奇皮奥 · 纳西卡[4]——公元前194年近西班牙的总督、L. 埃米利乌斯 · 保鲁斯[5]——公元前191/190年远西班牙总督，以及C. 苏尔皮奇乌斯 · 加鲁斯——后任公元前166年执政官。[6]这些人指控了之前两位总督并迫使他们流亡。至于其他，都被束之高

---

① *Brut.* 209.
② Cic. *Arch.* 5ff., Lucret. 1.26.
③ Cic. *Brut.* 252f., 261f.
④ Liv. 34.42.4; Münzer, *RE* 4.1494ff., no. 350. 其父格奈乌斯和叔父普布利乌斯开启了从西班牙驱逐迦太基人的任务。
⑤ Klebs, *RE* 1.576ff., no. 114; *ILS* 15.
⑥ 此人与埃米利乌斯 · 保鲁斯有关（Liv. 40.28.8）。因此可能作为保鲁斯的朋友在西班牙待过。威廉斯（I, 349）认为，他是作为财务官前往的。

阁，直至被遗忘。可是，元老院确曾下令采取某些措施，以在未来保护
西班牙人。[①] 从这个例证中，我们可以看到对一个民族的恩庇关系并不
能由第一位征服者为自己及其后代独占，[②] 恩庇关系更多地建立于该地
区公共行动的基础之上。

87

　　结果是多恩主现象如此普遍，以至于我们最早的史料（不晚于公
元前152年）已经使用 cooptare（挑选）一词来描绘对恩主的选择。[③]
当卡普亚的罗马公民选择西塞罗为唯一的恩主时，他告诉我们那是
一种特殊的荣誉。[④] 证据让我们可以得出的结论，是几乎所有行省总
督都在其控制下的行省获得恩主地位。在西西里，除马尔凯鲁斯家族
和伦图鲁斯·马尔凯利努斯（Luntulus Marcellinus）家族外，[⑤] 我们
还发现有斯奇皮奥家族，[⑥] 尤其是西塞罗，我们知道，作为财务官，他
赢得了西西里人的信任，自那时起就是他们的恩主。[⑦] 在叙拉古的一
份铭文上，维莱斯作为西西里的"恩主和救主"出现。[⑧] 塞浦路斯和
卡帕多奇亚被称为小加图的门客，[⑨] 但西塞罗作为奇利奇亚过去的总督，
曾向塞浦路斯，尤其是帕佛斯城（Paphos）推荐过一位财务官，他要
求财务官牢记伦图鲁斯·斯品泰尔的法律以及西塞罗本人的安排。[⑩]

---

① Liv. 43.2.12.
② 参见原书第63页。
③ *ILS* 6093.
④ *Sest.* 9, *Pis.* 25.
⑤ *Div. Caec.* 13, 2 *Verr.* 2.103 提及随后在公元前56年出任执政官事（Münzer, *RE* 4.
　　1389f., no. 228）。
⑥ 在 2 *Verr.* 4.80，西塞罗曾提到 Q. 凯奇利乌斯·麦泰鲁斯·斯奇皮奥（后出任公元前
　　52年执政官），那里尤其把对塞盖斯塔的恩庇关系追溯到小斯奇皮奥那里，他从迦太基
　　的战利品中归还了属于该城的一座神像。在泰尔麦希麦拉神像基座上，有一份类似的斯
　　奇皮奥的铭文（*SIG*³ 677）。但老阿非利加努斯已经在第二次布匿战争期间渡海前往非
　　洲前重组了该行省，因此他为阿克拉加斯的制度做出了安排（2 *Verr.* 2.123; Hülsen, *RE*
　　1.1191）。
⑦ Cic. *Div. Caec.* 2, *Att.* 14.12.1："你知道我对西西里人的感情是多么热烈，拥有他们
　　这样的门客我感到荣幸。"（ *scis quam diligam Siculos et quam illam clientelam honestam
　　iudicem.*) *Scaur.* 26, *Brut.* 319.
⑧ Cic. 2 *Verr.* 2.114, 154.
⑨ Cic. *Fam.* 15.4.15, *Fin.* 4.56（那里尤其提到了奇提翁人）。
⑩ Cic. *Fam.* 13.48. 公元前56—前53年，斯品泰尔是奇利奇亚总督（Münzer, *RE* 4.1396）。

作为总督，恺撒接续成为远西班牙的恩主。① 我们知道，内战期间马赛利亚曾处于尴尬地位，因为它不希望加入恩主恺撒和庞培中的任何一方。② 更早的时候，该城处于小斯奇皮奥 · 阿非利加努斯的保护之下。③ 在对海盗战争期间，庞培续任副执政官级别的副将（legatus pro praetore）Cn. 科尔奈利乌斯 · 伦图鲁斯 · 马尔凯利努斯——后任公元前 56 年执政官——在铭文上被称为库莱奈的"恩主和救主"。④ 公元前 63 年，曾得到西塞罗辩护的 M. 埃米利乌斯 · 斯考鲁斯被庞培留在叙利亚作为续任副执政官级别的总督的财务官（pro quaestore pro praetore），并且作为推罗的恩主获得了被立像的荣誉。⑤ L. 安托尼乌斯——三头之一的兄弟——同样以帕加马的"恩主和救主"头衔出现。⑥ 财务官 L. 塞斯提乌斯被同一城市授予"恩主和施恩人"的荣誉。⑦ 出自斯普鲁姆河上的马格奈西亚（Magnesia ad Sipulum）的一份铭文把麦萨拉 · 波提图斯（Messalla Potitus）——奥古斯都时代的续任执政官——描述为"因其先祖之故成为该城的恩主和施恩人"⑧。πάτρω 与 ευεργέτης 和 σωτήρ 经常一起出现的事实似乎表明，对当时的希腊人来说，这些概念大体具有相同的含义。所以公元前 52 年执政官麦泰鲁斯 · 皮乌斯 · 斯奇皮奥⑨和公元前 48 年执政官 P. 塞尔维里乌斯 · 伊扫里库斯⑩直接被帕加马称为"恩主和施恩人"，与恺撒在雅典的地位一致。⑪ 在意大利，殖民地的建立确立起恩庇关系。⑫ 当希腊人表述庞

① *BHisp.* 42.2.
② Caes. *BC* 1.35.4.
③ Cic. *Rep.* 1.43.
④ *SIG*³ 750.
⑤ *ILS* 8775.
⑥ *OGIS* 448.
⑦ *OGIS* 452.
⑧ *OGIS* 460: πάτρονα καὶ ευεργέτην διὰ προγόνων τῆς πόλεως.
⑨ *SIG*³ 757.
⑩ *OGIS* 449.
⑪ *SIG*³ 759.
⑫ Cic. *Sull.* 60–62; 参见 l. *col. Gen.*（Bruns⁷ p. 122）line 97。

培在米提莱奈的地位时，他们使用的术语 *κτίστης*（救主）或许表达了恩庇关系中这种细微的区别。①

公元前 45 年恺撒在希斯帕利斯（Hispalis）的演说简要总结了共同体恩主的职能：作为恩主，他已经把远西班牙的诸多使团介绍给元老院。由于保护西班牙人的利益——既有公共的，也有私人的利益——，他给自己招来了大量敌意。②

外国的、结盟的和被征服的共同体与罗马中央政权的联系，并不像正式的政制法话语表现得那么简单。③ 从阿布戴拉（Abdera）致敬泰奥斯（Teos）两位公民的铭文中，我们得到了一幅非常生动的画面。④ 公元前 168 年佩尔修斯战败后，色雷斯国王科提斯（Cotys）要求罗马把阿布戴拉的领土分配给自己。为应对这一威胁，阿布戴拉从自己的母邦泰奥斯求得帮助，⑤ 后者向罗马派出两位使节。这些人没有逃避自己脑力和体力上的责任，通过每天表达尊敬，他们向罗马的大人物们表达了忠心，⑥ 争取到泰奥斯的恩主——他此前本站在科提斯一边⑦——对阿布戴拉的支持，并且成为前厅（*atria*）午前招待会上最勤勉的侍者。对他们在罗马的活动再无任何更多报道，在没有与元老院公开打交道的情况下，他们显然达成了自己的目标。阿布戴拉所以不直接派使者去罗马，是因为该城在那里缺少恩主。约公元前 196

89

---

① *SIG³* 751, 752 把 *σωτήρ* 和 *εὐεργέτης* 合并使用。他的朋友——历史学家米提莱奈的泰奥法奈斯——和波塔蒙也得到了类似的荣誉（*SIG³* 753, 754）。根据泰奥法奈斯的请求，庞培恢复了该城的自治权，此前它因叛投米特里达特斯失去了自治（Vell. 2.18.1, Plut. *Pomp*. 42.8）。

② *BHisp*. 42.2.

③ Mommsen, *Staatsr.* III, 959ff., 1148ff.

④ *SIG³* 656.

⑤ Hdt. 1.168.

⑥ *SIG³* 656.21 的原文是 *ἐντυγχάνοντες μὲν τοῖ [ς πρώτοι]ς Ῥωμαίων*（向罗马的大人物们表达了忠心）。这里的修复在我看来得到了 Plut. *Cato mai*. 8.12 的证实，那里称："当国王欧麦奈斯访问罗马时，他获得了元老院的破格接待，城里的主要人物都争着与他来往。"（*ἐπεὶ δὲ Εὐμένους τοῦ βασιλέως ἐπιδημήσαντος εἰς Ῥώμην ἥ τε σύγκλητος ὑπερφυῶς ἀπεδέξατο καὶ τῶν πρώτων ἅμιλλα καὶ σπουδὴ περὶ αὐτὸν ἐγίνετο.*）这里的主要人物或许是对公民领袖（*principes ciuitatis*）一词的翻译。

⑦ Ibid. 23：来自母邦的恩主（*τοὺς πάτρωνας τῆς [πατρί]δος*）。

年，兰普萨库斯人（Lampsacus）基于类似原因利用了马赛利亚的支
持；①公元前 129 年，弗凯亚（Phocaea）——该城支持了阿里斯托尼库
斯（Aristonicus）——得益于自己子邦的请求，免遭元老院计划中的
毁灭。②

公元前 54 年，因为泰奈多斯（Tenedos）对那些有影响的元老的
利益不够照顾，失去了自治权。③加的斯（Gades）授予它过去的公民
L. 科尔奈利乌斯 · 巴尔布斯（L. Cornelius Balbus）"客友"的称号，因
为他特殊的关系使他拥有巨大影响。④西西里使团请求他们的恩主让
新总督 L. 麦泰鲁斯尽快就职。⑤当伦图鲁斯 · 苏拉希望把阿罗布罗吉
人的使者拉入喀提林阴谋时，他们向自己的恩主 Q. 法比乌斯 · 桑加
（Q. Fabius Sanga）报告了这件事，并从他那里获得了要采取的行动路
线的指示。⑥

公元前 117 年热那亚（Genua）及其属地之间的领土纠纷的裁决，
是公元前 197 年执政官 Q. 米努奇乌斯 · 鲁弗斯的后人做出的，也就是
说，是利古里亚人（Ligurians）的恩主们代表元老院做出的。⑦

行省中的普通平民如果想在罗马办成事情，自然要更多地依靠他
们的恩主。著名的泰尔麦的斯泰尼乌斯（Sthenius of Thermae）曾是马
略的客友，与他自己的客友一道在罗马避难，以逃避维莱斯的迫害。元
老院立刻启动了他的案子。但这个行动被维莱斯的父亲阻遏，他遍访斯

90

---

① *SIG*³ 591.44ff.
② Justin 37.1.1; Niese, III, 371 n. 1.
③ Cic. *QF* 2.9.2.
④ Cic. *Balb.* 41，43："由于他的热情、关照和忠心，我们中间有谁不是对这座城有着浓
厚的兴趣呢？"（*quis est enim nostrum cui non illa ciuitas sit huius studio, cura, diligentia commendatior?*）
⑤ Cic. 2 *Verr.* 2.10.
⑥ Sall. *Cat.* 41.5, App. *BC* 2.4.14.
⑦ *ILS* 5946. Mommsen, *Staatsr.* III, 1203 n. 1 在这份铭文中找到了他自己的看法——"所
有处于罗马统治下的共同体都有一个这样的恩主"——的史料依据。

泰尼乌斯的朋友，承诺他会公平处理那件事情。① 马耳他人狄奥多鲁斯
（Diodorus）在遇到类似情况时，是身穿丧服，急急忙忙地出现在他的
"恩主和客友"面前，并向他们讲述自己的故事。② 叙拉古的赫拉克利乌
斯（Heraclius）继承了 300 万塞斯退斯的遗产，把遗产作为奖品捐赠给
维莱斯，因为除马尔凯鲁斯家族外，他自己根本没有可以向之求助的恩
主。③

对盟国的国王们来说，客友关系的重要性，与他们的臣民拥有这类
关系是一样的。公元前 181 年，欧麦奈斯二世（Eumenes II）把他所有
兄弟派往罗马，"因为他渴望把自己的兄弟们都推荐给他在罗马的朋友
和客友们，并且介绍给元老院全体成员"。他们私下里和公开场合都得
到了超乎寻常的接待。④ 公元前 168 年，阿塔鲁斯（Attalus）在罗马再
次受到热烈欢迎，一些杰出人士建议他自为国王，说元老院会支持他的
举动。他觉得这个想法非常诱人，最终与某些有影响的人物达成协议，
为此目的去接近元老院，而非执行他兄弟的命令。可是，欧麦奈斯通过
他的医生的转圜，再度说服阿塔鲁斯改变了主意。⑤

同时，一个罗德斯使团出现在罗马。他们注意到罗马人在公开和私
下谈判中不友好的态度，含泪请求他们的朋友不要下令毁灭罗德斯。⑥
公元前 157 年，救主德麦特里乌斯一世（Demetrius I Soter）的使节以
及图谋篡位者卡帕多奇亚人奥罗菲奈斯（Orophernes）私下发起了针对
卡帕多奇亚的阿利亚拉泰斯五世（Ariarathes V）的阴谋，当时后者实
际已经逃亡罗马。⑦

91

---

① 2 *Verr*. 2.95~97. 参见 113 and Plut. *Pomp*. 10.11ff.，引自 E. Kuhn, *Städt. u. bürg. Verf. d. röm. Reichs* II, 50。
② Cic. 2 *Verr*. 4.41.
③ 2 *Verr*. 2.36.
④ Pol. 24.5.2, Willrich, *RE* 6.1097. 私下的联系始于罗马在东方的战争期间。
⑤ Pol. 30.1~3.
⑥ Pol. 30.4.3 and 5; Niese, III, 193.
⑦ Pol. 32.10.2 and 5; Niese, III, 250.

围攻纽曼提亚（Numantia）期间，努米底亚分队指挥官朱古达（Jugurtha）与数位罗马人——其中既有新人也有显贵——建立了联系。胜利后，斯奇皮奥在全军面前赞扬了他，但后来在自己帐篷中面谈时告诉他，朱古达应当通过正式渠道培育与罗马人民的友谊，而不是走私人关系，他不要养成向部分人送礼的习惯。①朱古达显然没有把这个建议放在心里。当清除希姆普萨尔（Hiempsal）在罗马引起巨大不安时，他指示自己的使节给自己的老朋友们以及当时在元老院中有影响的其他人送礼，舆论立刻就彻底转向。②在被元老院从意大利驱逐后，他对罗马做出了那个非常著名的判断。③

戴奥塔鲁斯（Deiotarus）提供了另一个良好例证。他与罗马在东方进行战争的所有指挥官都建立了关系，这些人是苏拉、穆莱纳、塞尔维利乌斯·伊扫里库斯和鲁库鲁斯，后来有比布鲁斯和西塞罗。④根据记录，他从父亲那里继承了与小加图的客友关系。⑤他们都在适当的时候为他在元老院里出过面。对他而言，最重要的是他与庞培的关系。后者把托利斯托波吉总督区（Tolistobogii）——那是庞培继承来的哈吕斯河河口与小亚美尼亚一块肥美的土地——连同法尔纳凯斯（Pharnaceia）和特拉佩佐斯（Trapezus）的沿海地带直到科尔奇斯（Colchis）边境的地区，一起赐予了他，并且认可了他的王位。这些安排在公元前59年获得了批准，⑥由此他与执政官恺撒建立了客友关系。⑦内战中他给庞培提供了600名骑兵，⑧但公元前47年，恺撒再度承认他是朋友和

92

---

① Sall. *BJ* 8.2.
② Sall. *BJ* 13.7.
③ Sall. *BJ* 35.10.（朱古达的原语是："这是一个供出卖的城市，如果它能找到买主的话，它注定很快就会灭亡。"——中译者）
④ Cic. *Phil.* 11.33f.
⑤ Plut. *Cato min.* 12.2.
⑥ Cic. *Phil.* 2.94; *BAlex.* 67; Strabo 12.3.13ff. p. 547.
⑦ *BAlex.* 68.1, Cic. *Deiot.* 9.
⑧ Caes. *BC* 3.4.3.

国王。①

　　一般来说，有地位的女性在罗马政治中扮演着重要角色（当然是在幕后②），所以当我们发现外国的国王们也为赢得她们的好感而竞争时，一点都不让人惊奇。③托勒密七世（Ptolemy VII）被他的臣民们称为"大肚汉"（Physcon），甚至希望娶 Ti. 森普罗尼乌斯·格拉古的遗孀即著名的科尔奈利娅（Cornelia）为埃及王后。④

　　从帝国时代的资料中，我们知道各种贸易行会犹如政治上的共同体一样，也有它们的恩主。⑤共和国时代，尽管我们只听说包税人公司有恩主，但情况可能与帝国时代一样。在法庭诉讼中，它们需要律师辩护，⑥尤其是在元老院中代它们发言，⑦而元老院是国家钱包最后的控制者。此外，它们也仰赖于行省总督的善意，因此乐于得到其恩主的举荐。⑧

　　如果我们现在考察共同体和社会组织的恩庇关系对恩主罗马人的意义，我们必须首先观察庞培。⑨他的权力基础是门客，其父已经传承给他相当大一批追随者。⑩公元前 90 年同盟战争爆发时，他父亲受命

93

---

① *BAlex.* 68.1, Cic. *Deiot.* 10.

② Cic. *Fam.* 5.2.6; *Att.* 15.11.1, 15.12.1.

③ Plut. *C. Grac.* 19.2 谈到科尔奈利娅时说："所有在位的国王们都与她交换礼物。"（ἀπάντων τῶν βασιλέων καὶ δεχομένων παρ᾽ αὐτῆς δῶρα καὶ πεμπόντων.）

④ Plut. *Ti. Grac.* 1.7："当国王托勒密主动提出与她分享王权并向她求婚时，她拒绝了，一直是孀妇。"（ἥ γε καὶ Πτολεμαίου τοῦ βασιλέως κοινουμένου τὸ διάδημα καὶ μνωμένου τὸν γάμον αὑτῆς ἠρνήσατο.）"大肚汉"公元前 164/163 年获得库莱奈，公元前 154 年到达罗马，并在公元前 145 年成为埃及国王（Niese, III, 209, 212, 267）。

⑤ *ILS* 7216ff.

⑥ Cic. *Brut.* 86ff.

⑦ Mommsen, *Staatsr.* III, 1123; Cic. *Off.* 3.88, *Att.* 1.18.7, *Har. resp.* 1.

⑧ Cic. *Fam.* 13.9, 13.65.2.

⑨ *BAfr.* 22.2.

⑩ Rutilifu Rufus fr. 7P："庞培努力使罗马人民熟悉他，巧妙地和他们交谈。"（*Pompeius elaborauit, uti populum Romanum nosset eumque artificiose salutaret.*）彼得（*HRF* 123 [*HRR* I, 189]）把卡里西乌斯（Charisius）这个残篇与 Plut. *Pomp.* 37.4 联系起来，并得出了正确的结论：它表示 Cn. 庞培·斯特拉波是公元前 89 年执政官。{由于本残篇出自第 1 卷，所以它更可能表示 Q. 庞培是公元前 141 年执政官，参见 Peter, *ad loc*}。

在执政官鲁提利乌斯·鲁普斯（Lutilius Lupus）帐下服役，[①] 而且显然马上分得皮凯努姆（Picenum）为他的行动区域（起义的爆发地阿斯库伦［Asculum］就在该地区），因为当年他在法莱利（Faleri）被击败，被迫退往菲尔蒙（Firmum）。[②] 可是一段时间后，他对皮凯努姆人取得了一次辉煌胜利，为此罗马的元老们重新身着他们等级的服装举行庆祝游行。[③] 敌军的残余逃亡阿斯库伦，庞培得以把他们，连同他们的一位领袖维达奇利乌斯（Vidacilius）一道围困起来。同时，庞培当选为公元前89年执政官。P.维提乌斯·斯卡托（P. Vettius Scato）率领的马尔西人援军现在向他发起攻击。在谈判无果后，继之以一场血战，庞培还同时击退了皮凯努姆人的一次突击。[④] 维达奇利乌斯自杀，[⑤] 阿斯库伦被占领。公元前89年12月25日，庞培在罗马举行了凯旋式。[⑥] 次年，他本应把军队移交给自己的继任者和执政官Q.庞培，但他煽动军队谋杀了执政官。接着，在秦纳（Cinna）革命中，他仅仅虚情假意地对政府表示支持，以为自己捞到好处。但计划尚未实现，他就被传染病夺去了性命。[⑦]

94

　　从他儿子公元前83年的初次露面中，我们对庞培给自己奠定的地位可以获得一定的认识。父亲去世后，庞培在革命政府时代受到了控告，理由是侵吞他父亲的战利品，但因为主持听证的副执政官安提斯提乌斯（Antistius）的善意，他被无罪开释。人们猜测，这个判决跟他随后与安提斯提娅（Antistia）——副执政官的女儿——的婚姻之间存在

---

① App. *BC.* 1.40.179. 他在战争中的活动最近在 Gatti, "*Lamia di bronzo, con iscrizione riferibile alla guerra dei socii italici*" (*Bull. comunale* III, 1908) Rome 1909 [*ILS* 8888]{= Degrassi, *ILLRP* 515} 中得到了讨论。

② App. *BC* 1.47.204. 原文是 περὶ τὸ Φάλερνον ὄρος（退往菲尔蒙山）。关于这两座邻近的城市，见 *ILS* 6568。

③ App. *BC* 1.47.205, Oros. 5.18.17, Livy. *per.* 74.

④ Cic. *Phil.* 12.27. 为与斯卡托谈判，庞培把他弟弟塞克斯图斯从罗马召了过来，因为他是斯卡托的客友（Diod. 37.2.8, Liv. *Per.* 74, Oros. 5.18.18–21）。

⑤ Oros. 5.18.21, Liv. *Per.* 76.

⑥ *Acta triumph. CIL* I² p. 177 {= *Insc. Ital.* XIII 1.84f., 563}: *VI Kal. Ian.*

⑦ Liv. *Per.* 79; Jul. Obseq. 56a; Mommsen, *RG* II, 310 n.{=IV, 64 n. 1}.

联系。① 可是，因为感到自己在罗马不安全，他退隐到皮凯努姆。② 当
苏拉于公元前 83 年在意大利登陆时，庞培当时不过是个 23 岁的普通
公民，却能够给苏拉带去一个军团。③ 我们所有的史料都赞成他的成功
归于其父曾享有的尊重。维雷乌斯 · 帕泰库鲁斯（Velleius Paterculus）
声称，皮凯努姆"到处都是他从父亲那里继承来的门客"。普鲁塔克告
诉我们，庞培在皮凯努姆拥有地产，但最特殊的，是他父亲与那里的城
市关系良好。其他作家把庞培的军队描绘成"他父亲的士兵"。④ 另外
两份证据可以与军队方面的忠诚联系起来：老庞培为自己保留了阿斯
库伦的战利品，一分都没有交给已经见底的国库。⑤ 另一方面，对公元
前 88 年执政官的谋杀被归于斯特拉波的煽动。⑥

　　把我们拥有的证据组合起来，我会得到如下图景。庞培家族是皮凯　95
努姆的地主。⑦ 同盟战争之初，Cn. 庞培是一个居住在那里的罗马人，
是罗马有关该地区的专家与各个共同体的恩主，受命镇压这个地区的
起义。他把在当地的罗马人与忠诚的同盟者组建成军队。⑧ 胜利之后，

---

① Plut. *Pomp.* 4.1–4.
② Dio fr. 107.1, Plut. *Pomp.* 6.1.
③ App. *BC* 1.80.366: ηλθε και τελος ηγαγεν. Plut. *Pomp.* 6.6 竟然夸张地谈到了三个军团，
　而且配备了足够的辅助兵和军需。维雷乌斯只说是有经验的军队，Dio fr. 107 用 χιερα
　τινα 称之。
④ *BAfr.* 22.2, Val. Max. 5.2.9. Cic. *Phil.* 5.44 宣称："庞培控制着皮凯努姆，那里对敌人抱
　有敌意。"（*ille aduersariorum partibus agrum Picenum habuit inimicum.*）Dio fr. 107 说："得
　益于他父亲此前在那里的统治，他把当地居民聚集起来，组建了一小支军队，确立了他
　自己的统治。"（παρ' ἐκείνων χειρά τινα διὰ τὴν τοῦ πατρὸς ἡγεμονίαν ἀθροίσας δυναστείαν
　ἰδίαν συνίστη.）Liv. *Per.* 85 说："他征集了一支志愿军，带三个军团投奔苏拉。"（*conscripto
　uoluntariorum exercitu cum tribus legionibus ad Syllam uenerat.*）
⑤ Oros. 5.18.26, Plut. *Pomp.* 1："他对金钱无尽的欲望。"（χρημάτων ἄπληστος ἐπιθυμία.）
　这与他儿子被控告有密切关系。
⑥ Val. Max. 9.7. *mil. Rom.* 2："士兵在他们流行贿买的将军们的引诱下被腐蚀了。"
　（*ambitiosi ducis inlecebris corrupti milites*）。关于他的军队，也有说法称："违背公民的意
　志而执掌的。"（*quem aliquamdiu inuita ciuitate obtinebat*）。
⑦ Willems, I, 396 就如此认为。
⑧ 他的基地是公元前 264 年建立的拉丁殖民地菲尔蒙（Vell. 1.14.7）。另一个拉丁殖民
　地是哈德里亚（Liv. *per.* 11）。奥克西姆（Vell. 1.15.3）和波腾提亚（Potentia, Liv. 39.44,
　Vell. 1.15.2）是公民殖民地。一份铭文证实，大庞培是奥克西姆的恩主（*ILS* 877），他正
　是从那里开始征集兵员的（Plut. *Pom.* 6.5）。

他觉得应当让军队服务于他的政治计划，并且以大量奖赏使军队忠诚于他本人。① 他去世后，那些人各自归家，其中许多人后来乐于响应他儿子的号召，他承诺让他们获得新的收益。

庞培后来的军队也来自皮凯努姆。公元前 56 年，他正期待着一支来自皮凯努姆和高卢的大军，以与克罗狄乌斯的武装党徒对抗。② 公元前 49 年 1 月，当西塞罗希望表达在与恺撒的斗争中庞培的准备是多么糟糕时，他宣称自己甚至对皮凯努姆人的情绪都没法把握。③ 可是，稍后庞培写信给他说，一旦自己到达皮凯努姆，逃亡者就可以返回罗马了。④ 他急切地请求多米提乌斯·埃诺巴尔布斯派出 19 个皮凯努姆人支队，⑤ 没有他们，他无法依靠手里的两个军团与恺撒对抗。⑥

96　　　在意大利取得胜利后，苏拉派庞培去征服西西里和阿非利加。在这次使命中，庞培与努米底亚和毛里塔尼亚国王确立了客友关系。甚至在他死后，这种关系还能使阿非利加成为抵抗恺撒的中心。⑦ 在塞托利乌斯战争中，他扩大了自己在西班牙的门客数量。他们不仅是有被他征服

---

① 盖提（参见本书第 112 页注①）公布的铭文可能也指向这里。据那份铭文，庞培授予西班牙的一支骑兵以罗马公民权、装饰以及双倍的酬劳。直到本书校对清样阶段，我才了解到埃托利·巴伊斯对这份铭文详尽的研究（*SSAC* 2, 1909, 113ff.）。他从将军顾问团成员名单中提到的军官所属特里布斯的名称推断，他们大部分来自皮凯努姆和翁布里亚（p.132）。我赞同他把这种授予纳贡的外国人以罗马公民权视为非法行为的判断（p.145ff.）。它正确地把那份铭文视为庞培家族拥有西班牙最古老的证据（p.158），他猜想，正是因为庞培家族的这一地位，斯特拉波的儿子才会被授予对塞托利乌斯战争的指挥权。这点极具说服力。[参见 C. Cichorius, *Röm. Stud.* (1922), 130ff.]。

② Cic. *QF* 2.3.4.

③ *Att.* 7.13.1, 参见 8.3.4, 8.8.1。

④ *Att.* 7.16.2.

⑤ 庞培致公元前 49 年执政官的信，见 Cic. *Att.* 8.12A。

⑥ 庞培致多米提乌斯的信，见 Cic. *Att.* 8.12 C.2, D.1。他在信件中称皮凯努姆人为"极其忠诚的公民"（*optimi ciues*）。如庞培书信 B.2 所说，他们是自由的土地所有者，而非佃农。必须注意，这点明显反驳了 M. Rostovtzew, *Studien zur Gesch. d. röm. Kolonates* 的看法，他谈到了（p.377）罗马帝国新国王的"王家土地农民"（χώρα βασιλική）。就目前所知，共和国时代的恩庇制度（*patrocinium*）（至少是在历史时期）完全限于非农业，只是到帝国后期，它才成了土地所有制问题（Fustel, 244）。Plut. *Pom.* 6 称："部分因为他在那里拥有地产，更多的是因为那里的城市喜欢他，由于他父亲，它们对他忠诚而且友好。"（ἔχων μὲν αὐτόθι καὶ χωρία, τὸ δὲ πλέον ταῖς πόλεσιν ἡδόμενος οἰκείως καὶ φιλικῶς πατρόθεν ἐχούσαις πρὸς αὐτόν.）

⑦ Plut. *Pomp.* 12.8; Caes. *BC* 2.25.4, *BAfr.* 22, 57.

的各部族，① 也有大量定居西班牙的罗马人——他们自愿处于庞培的恩庇之下。恺撒迫降的庞培军团中，三分之一的士兵是西班牙的土地所有者。② 公元前45年庞培派在西班牙又一次暴动，不仅因为恺撒派总督Q.卡西乌斯·隆吉努斯（Q. Cassius Longinus）的残暴统治，也因为这些门客。③

在东方的伟大战争使他与东方的国王和共同体建立了联系。在与恺撒决战时，他们给他提供了船只和骑兵，填满了他的口袋并提供了谷物。④ 庞培意识到自己背后的实力，所以他最初低估恺撒也是可以理解的。⑤ 一想到自己的祖国竟只能靠外来援助才能获得拯救，这位真正的罗马人仍感愤怒。⑥ 但盖图利人（Gaetuli）觉得他们是马略的门客对恺撒而言价值巨大：在内战中，他们加入了马略侄子一方。⑦

在其他人身上，门客的重要性当然不会以如此夸张的形式表现出来，但在他处我们也听到，危急之际，门客接到号令去保护他们的恩主。

---

① Ascon. 92 with Dio 36.44.5.
② Caes. *BC* 1.86f.
③ *BAlex.* 48ff., *BHisp.* 7.4; Münzer, *RE* 3.1741.
④ Caes. *BC* 3.3–5.
⑤ 在 Cic. *Fam.* 9.9.2 中，多拉贝拉写信给自己的岳父说："无论是 Cn. 庞培的名字及其过去的光辉，还是他过去如此经常鼓吹的依附于他的国王们以及各部族，都无法保护他。"（*animaduertis Cn. Pompeium nec nominis sui nec rerum gestarum gloria neque etiam regum ac nationum clientelis, quas ostentare crebro solebat, esse tutum.*）
⑥ Cic. *Att.* 11.6.2："战争中有如此之多的残暴行为，还有如此多的与蛮族的联合；以至于公敌宣告不是由个别人策划，而是由整个等级来拟定"（*tanta erat in illis crudelitas, tanta cum barbaris gentibus coniunctio, ut non nominatim, sed generatim proscriptio esset informata.*），11.7.3："我觉得依靠一支叛变国家的蛮族辅助军去保卫国家是不正确的，尤其是去对抗一支习惯于胜利的军队。"（*iudicio hoc sum usus, non esse barbaris auxiliis fallacissimae gentis rem publicam defendendam praesertim contra exercitum saepe uictorem.*）参见 *BAfr.* 57.3 的说明："一个罗马公民，而且是从罗马人民手中光荣地接受过官职的人，尽管自己的祖国安全无恙、自己的所有财产也安全无恙，却还是宁愿遵守尤巴这个野蛮人的命令，而不肯服从斯奇皮奥的统治，宁愿和自己的同党一起被斩尽杀绝，却不肯回到自己同胞这边来，真是件不可思议的事情！"（*usu uenisse hoc ciui Romano et ei, qui ab populo Romano honores accepisset, incolumi patria fortunisque omnibus Iubae barbaro potius oboedientem fuisse, quam aut Scipionis obtemperasse nuntio aut caesis eiusdem partis ciuibus incolumem reuerti malle!*）
⑦ *BAfr.* 32, 35, 56.

处在西塞罗保护之下的莱亚泰（Reate）地区就是如此。①公元前 54
年，莱亚泰与因泰兰纳（Interamna）发生争吵，诉于执政官 Ap. 克劳
狄乌斯。②西塞罗曾代表莱亚泰出面。但在他担任执政官那年，他就要
求莱亚泰提供服务，并用一支来自那里的年轻人卫队保护自己。③只要
Ti. 格拉古离开自己家，总有 3 000—4 000 名依附者陪伴着他。④苏尔
皮奇乌斯·鲁弗斯任公元前 88 年保民官时，拥有一支由武装骑士组成
的卫队。⑤在一封致安托尼乌斯的书信中，恺撒的刺杀者布鲁图斯和卡
西乌斯抱怨说，安托尼乌斯访问了他们，"驱散了他们来自自治市的朋
友们"，而他本人却把众多老兵召往罗马。⑥在有关穆提纳战争的叙述
中，西塞罗赞扬了卡西乌斯的山南高卢门客们有效的帮助。⑦

98 　　革命卫队与法律许可的陪伴候选人以及受到门客和朋友欢迎的自
行省归来的总督之间，有着非常紧密的联系。对这些制度在选举中的重
要性，我们已经列举了充足的证据。⑧这也是西塞罗对与包税人公司保

---

① Cic. *Scaur.* 27.

② *Att.* 4.15.5, Varro *RR* 3.2.3.

③ Cic. *Cat.* 3.5："我已经从莱亚泰地区派去了一支强大的由精选的年轻人组成的分队，
他们都装备了短剑，保护共和国过程中，我一直利用他们的服务"（*ego ex praefectura
Reatina compluris delectos adulescentis quorum opera utor adsidue in rei publicae praesidio
cum gladio miseram.*）；Sall. *Cat.* 26.4："他也秘密用一支由友人和门客组成的卫队保护
自己。"（*circum se praesidia amicorum atque clientium occulte habebat*）。

④ Sempronius Asellio fr. 6P *ap.* Gell. 2.13.4："只要格拉古离开家，他身边总有 3 000—
4 000 人陪着"（*nam Gracchus domo cum proficiscebatur, numquam minus terna aut quaterna
milia hominum sequebantur.*）；App. *Samn.* 5 谈到库里乌斯·登塔库斯时甚至宣称：
"800 名精选的年轻人习惯追随登塔图斯，愿意为他做任何事情。"（εἵπετο νέων λογάδων
πλῆθος ὀκτακοσίων, ἐπὶ πάντα τὰ ἔργα ἕτοιμοι.）但闵采尔（*RE* 4.1841）正确地认为，这条
史料价值可疑。

⑤ Plut. *Mar.* 35.2 谈到有 600 人；*Sull.* 8.3："他保持着一支 3000 人的剑士，身边是骑
士等级的年轻人，他们愿意为他做任何事情。"（ἔτρεφε δὲ τρισχιλίους μαχαιροφόρους,
καὶ πλῆθος ἱππικῶν νεανίσκων πρὸς ἅπαν ἑτοίμων περὶ αὑτὸν εἶχεν, οὓς ἀντισύγκλητον
ὠνόμαζεν.）

⑥ Cic. *Fam.* 11.2："打发走来自自治市的朋友们。"（*ex municipiis nostros necessarios*）

⑦ *Fam.* 12.5.2："除博洛尼亚外，莱皮狄的莱吉翁和帕尔马，全部高卢都在我们手里，
热情忠诚于共和国。甚至你们波河以北的门客都奇迹般地忠诚于这一事业。"（*praeter
Bononiam, Regium Lepidi, Parmam totam Galliam tenebamus studiosissimam rei publicae;
tuos etiam clientis Transpadanos mirifice coniunctos cum causa habebamus.*）

⑧ 参见原书第 56、59、60 页。

持良好关系如此关注，并且给那些与他有联系的自治市帮忙的原因。①
公元前46年，西塞罗使他儿子和侄儿当选为阿尔皮努姆的市政官。②
公元前52年米罗和克罗狄乌斯的冲突，发生在执政官候选人米罗返回
家乡拉努维翁（Lanuvium）途中。米罗是那里的独裁官，有权任命祭
司，而克罗狄乌斯刚刚对阿里奇亚（Aricia）的市政元老发表了演讲。③

---

① *Imp. Pomp.* 4："关于我的好朋友们——罗马骑士——的书信，每天雪片般自亚洲飞
来，对于他们为承包你们的收入而投入的大笔资金，他们感到忧虑。考虑到我与那个等
级的密切关系，他们向我呈上了有关公共利益以及他们私人财富遭遇的危险的报告。"
（*equitibus Romanis, honestissimis uiris, adferuntur ex Asia cotidie litterae, quorum magnae
res aguntur in uestris uectigalibus exercendis occupatae; qui ad me pro necessitudine quae
mihi est cum illo ordine causam rei publicae periculaque rerum suarum detulerunt.*）*Har.
resp.* 1, 2：为对抗克罗狄乌斯，他为包税人辩护说，"当他离开时，他们假装追随他。我
深感满意的是，你们都站了起来，所有的包税人都陪伴着我。"（*cepi equidem fructum
maximum et ex consurrectione omnium uestrum et ex comitatu publicanorum.*）*Prov. cos.* 10
论加比乌斯："还有不幸的包税人——他们所遭遇的灾难和麻烦，那些帮助我如此之
多的人，在我看来是多么不幸，他竟然把他们作为奴隶交给了犹太人和叙利亚人，那些
人可是天生的奴隶呀。"（*iam uero publicanos miseros—me etiam miserum illorum ita de
me meritorum miseriis ac dolore!—tradidit in seruitutem Iudaeis et Syris, nationibus natis
seruituti.*）参见 Vonder Mühll, *RE* 7.428。*Phil.* 6.13："那个等级曾视谁为'恩主'？如果
有，那他们应当选我。"（*quem umquam iste ordo patronum adoptauit? si quemquam, debuit
me.*）*QF* 1.1.6 论亚洲的情况："你的行省居民是世界上极具文明的当地人和罗马人，后
者要么是税收承包人，因此与我们关系密切，要么是富商；他们认为，他们钱财的安全
源自我出任执政官。"（*constat enim ea prouincia primum ex eo genere sociorum quod est
ex hominum omni genere humanissimum, deinde ex eo genere ciuium qui aut quod publicani
sunt nos summa necessitudine attingunt aut quod ita negotiantur ut locupletes sint nostri
consulatus beneficio se incolumis fortunas habere arbitrantur.*）也请见 *QF* 1.1.32, 1.4.4。
Fam. 2.13.3："把钱缴纳给公家储存，确保包税人获得他们此前五年的欠银，甚至行省人
都对此没有任何怨言。"（*ciuitates locupletaram, publicanis etiam superioris lustra reliqua
sine sociorum ulla querela conseruaram.*）也请见本书第100页注释⑥。除莱亚泰外，阿
尔皮努姆自然也特别受到西塞罗喜爱（*Fam.* 13.11f.；*Cael.* 6：在选举中，西塞罗得到
了"我朋友的举荐和支持"（*commendatione ac iudicio meorum*）；*Planc.* 20：阿尔皮努
姆的山丘诉说着马略和西塞罗家的事迹）。他也提到了卡莱斯（*Fam.* 9.13.3）、弗拉泰莱
（*Fam.* 13.4.1）、阿泰拉（*Fam.* 13.7.1, *QF* 2.12.2）、普拉森提亚（*Pis. Fr.* 9："普拉森提亚
这个自治市给我帮过大忙"[*Placentia municipium de me optime meritum*]，也请见 Ascon. 3：
"他们通过命令，授予西塞罗最高荣誉，在这方面，他们是在与所有意大利人竞争，当时
他们采取行动，确保他自流放中被召回。"[*quod illi honoratissima decreta erga Ciceronem
fecerunt certaueruntque in ea re cum tota Italia, cum de reditu eius actum est.*]）、狄拉奇翁
（[*Att.* 3.22.4], *ep. Brut.* 1.6.4）和卡普亚（*Sest.* 9, *Pis.* 25）。[参见 *Planc.* 97："先生们，维
波纳和布隆狄西乌姆之间的所有自治市都忠诚于我的事业。"（*cum omnia illa municipia
quae sunt a Vibone ad Brundisium in fide mea essent*）；*Leg.* 2.15："我的门客罗克利
人。"(*nostri clientes, Locri*)]。

② *Fam.* 13.11.3.

③ Ascon. 31.

西塞罗在为普兰奇乌斯辩护时，长篇详述了候选人家乡和特里布斯对选举能够施加的影响。①

99　　　行省的门客对一个政客的名声价值最大。如西塞罗曾指出的，一个政治家的地位和成功不仅取决于事情的真相，也取决于他的声望。②昆图斯所以重视亚洲城市授予他荣誉的命令，想到的正是这件事。这样的荣誉经常是陈词滥调，或者为了投机授予，但昆图斯是实至名归，也需要努力获得这种形式的光荣。③在被任命为奇利奇亚总督时，西塞罗也

---

① 见原书第 69 页。也见 *Att.* 2.1.9："法沃尼乌斯在我所属特里布斯赢得的选票较在他本人所在的特里布斯都要多，但输掉了鲁凯伊乌斯特里布斯的。"（*Fauonius meam tribum tulit honestius quam suam, Luccei perdidit.*）这里涉及的选举是公元前 60 年的保民官选举（Münzer, *RE* 6.2074）。西塞罗和鲁凯伊乌斯设法为法沃尼乌斯确保了他们各自特里布斯（西塞罗的是科尔奈利亚特里布斯，见 *SIG*³ 747.13）的选票。

② *QF* 1.2.2："但我们在公共生活中的成功不仅仰赖于真相，也仰赖于普通人的传扬。"（*cum ratio salusque omnium nostrum qui ad rem publicam accedimus non ueritate solum sed etiam fama niteretur*.）

③ *QF* 1.1.31："既然你生活在你拥有最高权威和权力的城市中，你就会发现你的德性在那里被圣化和神化。"（*in istis urbibus cum summon imperio et potestate uersaris in quibus tuas uirtutes consecratas et in deorum numero conlocatas uides.*）马其顿莱泰镇的一份命令（公元前 117 年）致敬了财务官 M. 安尼乌斯（M. Annius），见 *SIG*³ 700。在古提翁的命令（*SIG*³ 748）中，两位居住在那里的罗马富豪因为把一笔贷款的利率从 48% 降低到 24%，被当地人授予荣誉。这份命令的动机比较实用。当这些人也为该镇获得了民房免驻军队，以及供应粮食和服装的豁免时，他们的动机无疑并不完全是利他的了。根据某个总督的名字命名赛会是一种特殊荣誉，得到这种荣誉的有 Q. 穆奇乌斯·斯凯沃拉——公元前 95/94 年小亚细亚执政官级总督（Diod. 37.5, *OGIS* 437 n.8, 438, 439。该赛会被称为 "救主穆奇乌斯节" [Σωτήρια καὶ Μουκίεια]）；C. 克劳狄乌斯·马尔凯鲁斯——公元前 79 年西西里执政官级总督（Münzer, *RE* 3.2733; Cic. 2 *Verr.* 2.51）、L. 利奇尼乌斯·鲁库鲁斯，公元前 70 年前后，他像斯凯沃拉一样，把小亚细亚从吸血鬼包税人手里解放出来（Plut. *Lucull.* 23.2）。在维莱治下，叙拉古用维莱家族代替了马尔凯鲁斯家族（Cic. 2 *Verr.* 2.52, 114, 154, 4.24, 151）。自希腊化时代起，大量节日都因向国王或普通个人表达敬意为人所知，例如伊奥尼亚人的亚历山大节（*OGIS* 222.26, Strabo 14.1.31, p. 644）；奥琉斯的安提戈尼亚节（*SIG*³ 493.22；Stengel, *RE* 1.2405, no. 9）；埃吕泰莱的塞琉古节（*SIG*³ 412.12）；在提洛岛，除善行节（Εὐεργέσια）、友好节（Φιλεταίρεια）和爱兄弟节（Φιλαδέλφεια）外，还有好运节（Εὐτύχεια）、恩父节（Σωπάτρεια）和帕泰克斯节（Παταίκεια）都是根据普通人命名的（*SIG*³ 588.55）。

是以这样的想法自慰。①

　　臣服地区的门客有足够的机会通过行动表现他们的感激。自常设 100
刑事法庭成立以来，许多罗马政治家不时要面对非法勒索钱财罪的控
告。在听证时，原告有权强制人民来到罗马作证，在城市和乡镇中，他
们可进行调查，并且就被告任职期间的行为通过相关法令。② 为应对这
个问题，来自行省的荣誉使团必须前来帮助被告。西塞罗嘲笑维莱斯，
说他仅得到了墨西拿的肯定，因为该城没有支付贡金的责任。③

　　最后，我们需要再次提到鲁提利乌斯·鲁弗斯。在出任执政官后，
他作为副将陪伴朋友 Q. 穆奇乌斯·斯凯沃拉前往小亚细亚，在斯凯沃
拉离任后，他作为代理人留了下来，直到继任者到来。④ 在返回罗马时，
包税人把仇恨洒向了他，个人间的敌对关系也产生了影响，⑤ 于是公元
前 92 年他以勒索罪被定罪，需要支付一笔大大超出他财产数额的罚款。
他选择自愿流放到米提莱奈（Mytilene），米特拉达梯战争期间移居士
麦那（Smyrna）。穆奇乌斯照顾了他，使他不致承受贫穷的痛苦，所有
他在该省任职期间接触过的国王和共同体都把照顾他作为事关荣誉的

---

① *Att.* 5.10.2：“所有人都承认，他们需要认真对待我良好的名声”（*persuasum est omnibus meis seruiendum esse famae meae*），5.11.5：“我想他们知道我的地位，也知道他们来的意图，他们是真的嫉妒我良好的名望”（*uidentur mihi nosse nostrum causam et condicionem profectionis suae; plane seruiunt existimationi meae.*），5.14.2：“我想我所有的同伴都嫉妒我良好的名望”（*spero meos omnis seruire laudi meae.*），5.17.2：“他们都令人钦佩地维护我的信誉”（*omnes mirifice συμφιλοδοξουσιν gloriae meae.*），5.16.3：“你们的朋友西塞罗的公正、节制和仁慈超出了所有人的期待”（*iustitia, abstinentia, clementia tui Ciceronis opiniones omnium superauit.*），5.20.6：“因为我在这里的完美，我一生中从没有赢得如此之多的乐趣，那可不是大而空的虚名，而是做法本身让我感到满意。”（*ego in uita mea nulla umquam uoluptate tanta sum adfectus quanta adficior hac integritate, nec me tam fama quae summa est quam res ipsa delectat.*）

② *L. Acil.* line 31, Hitzig, 24.

③ 2 *Verr.* 2.13, 114, 3.13, 5.52, 4.17, 150. 参见 *Sest.* 10，*Pis.* 25：西塞罗得意地提到了卡普亚的命令。

④ Lange, III, 93 把 Cic. *Att.* 5.17.5 与 d. 1.2.2.40 结合了起来。也见 Diod. 37.5, Liv. *Per.* 70.

⑤ 例如与马略的关系（Dio fr. 97.3），可能还有与 Cn. 庞培·斯特拉波的关系，鲁弗斯对他风评很糟，因此米提莱莱的泰奥法奈斯转而诽谤他（Peter, *HRF* p. 122, [= *HRR* I, p. 188]; Rutilius fr. 5, 7.）

大事。① 当苏拉邀请他返回罗马时，他宁愿继续作为一个士麦那的公民生活在他的门客中间。②

我认为，到目前为止，我已经讨论了那些对于把恩庇共同体作为一种社会制度的理解而言重要的方面。臣民、同盟者、职业社团和普通人，都需要强有力的元老在罗马政府面前代表他们的利益。政治家需要选民和臣民的支持，因这些需要产生的关系是世袭传承的，因此，在一般的意识中，这一观点即显贵等同于拥有许多门客的人，不需要更多的解释了。③

5. 政治友谊

前文已经提到级别较高的官员与他的财务官之间的关系，④ 与恩庇关系一样，这类相互之间的义务在罗马社会和政治生活中具有相当重要的意义。

西塞罗把行省总督的随员分成两类：那些由国家指派的，如财务官和副将；总督自己挑选带去的，即"总督的团队"。⑤ 在对营地的描述

---

① Dio fr. 97.4.

② Sen. *Ep.* 24.4, Cic. *Balb.* 28.

③ *Auct. Her.* 1.8（前文第 80 页注释 159）. Cic. *Cluen.* 94："苏拉（独裁官之子）是巨富，有大量的亲戚、密友、友人和门客。"（*Sulla [the son of the dictator] maximis opibus, cognatis, adfinibus, necessariis, clientibus plurimis.*）Sall. *BJ* 85.4："他们显赫的家世，祖上的勇敢行为，亲属的权势，大群的门客，都会来帮忙。"（*uetus nobilitas, maiorum fortia facta, cognatorum et adfinium opes, multae clientelae, omnia haec praesidio adsunt.*）；*Ep.* 2.11.3："他们祖先的英勇已经为他们留下了一份光荣的遗产，名声和门客。"（*cum illis maiorum uirtus partam reliquerit gloriam, dignitatem, clientelas.*）选择强人作为恩主，即使他们不是元老，自然经常也是有利的。于是我们发现 C. 昆克提乌斯·瓦尔古斯（Cic. *Leg. agr.* 3.3, 8）——希尔皮努姆的大地主——成了埃克拉努姆的恩主（*ILS* 5318 以及戴苏 [Dessau] 的注释）. 作为庞贝两人委员会的成员，他和他的同僚同时自费建造了一座剧场（*ILS* 5627）. 他是保民官 P. 塞尔维利乌斯·鲁卢斯的岳父。

④ 本书第 54 页注⑤. 参见 Cic. *div. Caec.* 46, 60, 65; 1 *Verr.* 11; 2 *Verr.* 1.37, 41. 西塞罗不太确定的，是副将和续任副执政官之间的关系是否较财务官与执政官之间的关系更加密切，因为前者是官员自主挑选的，后者是根据抽签分配的。

⑤ Cic. *QF* 1.1.10：他们被笼统地称为"统帅的僚属"（*ministri imperi tui*），11："那些国家指派给你作为处理公务时的同伴与助手的人"（*hos eos, quos tibi comites et adiutores negotiorum publicorum dedit ipsa res publica*），17："从你家丁或者必需幕僚中挑选人员，如人们一般称呼的那样，他们是总督的团队。"（*quos aut ex domesticis conuictionibus aut ex necessariis apparitionibus tecum esse uoluisti, qui quasi ex cohorte praetoris appellari solent.*）这里使用了 *quasi* 一词，因为昆图斯并无军队（参见 s.5）。

中，波利比乌斯向我们谈到一种特殊的军营，其成员为"那些出于友谊自愿为执政官服务的人"。① 他们的军营位于执政官大帐附近，因为这些人，连同骑兵军官在内，行军时一直都留在执政官和财务官身边，在履行其他责任时，大部分时间也在长官近旁。在拉丁语中，他们被称为 *amici*。加图自豪地说，他从不把同盟城市交给自己的军官去抢劫，从不夺取那些已经得到战利品的人的东西，再在朋友的小圈子中分配，从不发出官方的旅行文书——凭此他的朋友们可以捞到大笔金钱。除常规的葡萄酒外，从不给下属或朋友送银子，或以牺牲国家为代价让他们发财。②

在结束西班牙战争时，老阿非利加努斯把军队留在当地，自己"与C. 莱利乌斯以及其他朋友一道"前往罗马竞选执政官。③ 库诺塞法莱战役后，T. 弗拉米尼努斯不再与埃托利亚人讨论问题，而是要么根据自己的提议，要么与朋友一道解决所有问题。④ 从这一点看，"朋友"似乎

102

---

① 6.31.2.
② *ORF*³ fr. 203："我从不曾广撒我个人的或者盟友的钱以获得欢迎；我从不曾在你们的盟友的城镇中设置官员，去劫夺他们的物品、妻子和孩子；我从不曾分发从敌人那里夺来的战利品，或者是在我朋友的小圈子中发放奖品，以剥夺那些已经赢得了那些东西的人；我从不曾颁发旅行证件，以使我的朋友们可以到这些证书大笔捞钱；在我的随员和朋友中，我从不曾花钱让他们胡吃海喝；也不曾让他们发财，给国家造成损害。"（*numquam praefectos per sociorum uestrorum oppida inposiui, qui eorum bona liberos diriperent. numquam ego praedam neque quod de hostibus captum esset neque manubias inter pauculos amicos meos diuisi, ut illis eriperem qui cepissent, numquam ego euectionem dataui, quo amici mei per symbolos pecunias magnas caperent. numquam ego argentum pro uino congiario inter apparitores atque amicos meos disdidi, neque eos malo publico diuites feci.*）参见公元前 42 年埃及长官发布的命令（Wilcken, *Chrestomathie*, 439.2）："没有我的许可，任何人都不能向农民征用交通工具，也不能索要礼物或任何东西。有我许可的人，可以在按价支付后，拿走满足他们所需的补给。"（μηδενὶ ἐξέστω ἐνγαρεύειν τοὺς ἐπὶ τῆς χώρας μηδὲ ἐφόδια ἢ ἄλλο τι δωρεὰν αἰτεῖν ἄτερ τοῦ ἐμο [ῦ] διπλώματος, λαμ [β] άνειν δὲ ἕκασ [το] ν τῶν ἐχ [όν] των ἐμὸν δίπλωμα τὰ αὐταάρκει [读作 αὐτάρκη] ἐπιδήτια [读作 ἐπιτήδεια] τιμὴν ἀποδιδόντας αὐτῶν.) 任何人违背长官命令，"强行从任何农民那里征收金钱"（βεβιασμένος τινὰ τῶν ἀπὸ τῆς χώρας ἢ ἀργυρολογήσας）都可能受到惩处。按照法律，补偿本应支付给提供交通服务的人，但"征收金钱"（ἀργυρολογεῖν）表述的事实，是这些支出的负担落到了他们所通过地区的那些居民的头上。加图的话表达的含义是一样的。参见 Wilcken, *Einführung in die Papyruskunde*, 375; F. Zucker, *SB Berl. Akad.* 1911, 800; Mommsen, *Staatsr.* I, 300 n. 2。
③ Pol. 11.33.8, 21.31.2.
④ Pol. 18.34.3. 原文是：τὰ δὲ προκείμενα συνετέλει καὶ δι' αὑτοῦ καὶ διὰ τῶν ἰδίων φίλων。

是他顾问团的成员。①

公元前 134 年，当小阿非利加努斯带着 500 个朋友与门客从罗马
前往努曼提亚时，原则上他并未做任何革新，新奇的是他把他们组成了
一个军事单位——友人支队（cohors amicorum）。② 我们知道，在这支
军队中，他的门客将充任步兵，朋友组成骑兵分队。在选择朋友时，马
略更重视的是勇敢而非友谊，因此他的军队中有一个精英支队，他会率
领他们冲向最危险的地区。③ 不过据恺撒记载，在维松提奥（Vesontio）
面对阿里奥维斯图斯（Ariovistus）时，恐慌恰好出现在那些军团长官、
官员以及"因友谊之故"从罗马至此的恺撒追随者，因为他们之中无一
人拥有丰富的战争经验。④ 这一点并不奇怪，因为自公元前 2 世纪末以
来，对那些出身骑士家庭的人进行军事训练，已经是将军和军官的伙伴
们的事了。⑤

犹如和平省份的总督们带着他们的朋友前往国外那样，在罗马
的官员身边也都是他们的友人（contubernales）。L. 盖利乌斯（L.
Gellius）曾是公元前 120 年执政官帕皮里乌斯·卡尔波的友人，后来，
他任公元前 72 年执政官。西塞罗因此认为他特别有资格判断卡尔波的
演说能力。⑥ L. 曼利乌斯·托夸图斯（L. Manlius Torquatus）是西塞
罗副执政官和执政官任上的友人。⑦

---

① Mommsen, *Staatsr.* I, 316 n. 1. 碑铭证实了元首制时代的情况，见 *ILS* 5947.23ff.。参见
   *SIG*³ 684.11："在当前的顾问团中"（μετὰ τοῦ πα [ρ] όν [το] ς συμβουλίου）。在盖提公布的
   铭文上（本书第 112 页注①，Pais, 134ff.），军团副将 L. 盖利乌斯·波普利科拉——他
   随后任公元前 72 年执政官（Münzer, *RE* 7.1001ff., no. 17）——的名字第一个出现。第
   31 位（出现在 Pais, 128）是年轻的 Cn. 庞培，即后来的大庞培。巴伊斯（Bais）强调，
   有其他证据证明盖利乌斯和大庞培之间关系密切。作为执政官，盖利乌斯提出的法案批
   准了庞培在塞托利乌斯战争中授予公民权的行动。公元前 67 年，他是庞培清剿海盗的
   副将（Pais, 154, Münzer, *RE* 7.1002）。
② App. *Hisp.* 84："他把这些人合在一起，组成一个名为友人的支队。"（οὕς ἐς ἵλην
   καταλέξας ἐκάλει φίλων ἵλην）。
③ Sall. *BJ* 98.1.
④ Caes. *BG* 1.39.
⑤ 参见原书第 12 页。
⑥ *Brut.* 105.
⑦ Cic. *Sull.* 34, 44: *familiaris*; 46: *amicitia*.

在罗马，一个人的政治生涯通常是从他加入一个资深政治家的圈子开始的。西塞罗称，元老必须了解国家所有的军事实力和财政情况，盟国和臣民与罗马的关系，并且要记住元老院的程序规则以及立下先例的案件。[①] 除作为朋友服务于现役的将军或政治家以获得实践经验外，没有任何其他途径可以通向政治生涯。[②] 在这类友谊关系中，道德动机不可避免地退隐到背景中，让位于相互提携的实用目标，在此过程中，也必然会创造出某些精确表达这类规定关系的术语，最终的目标，自然与前文的恩庇关系一样：一个人的朋友越多，他也就越成功，不管朋友是恩主还是门客。

104

所以，波利比乌斯认为，初出茅庐的政客的主要任务之一，是每天上午去他们保护人的家里拜访。[③] 前文[④] 我们已经说明 Q. 西塞罗赋予"高朋满座"的重要性。[⑤] 如他所说，在他那个时代，人们较过去更多地投身于这项实践。C. 格拉古和李维乌斯·德鲁苏斯是第一批因需要接待的人太多，因而把朋友分成三等的人。第一等单独接见，第二等分组

---

① *Leg.* 3.41. 也请见 Sall. *Ep.* 2.1.3："自很年轻的时候起，我就期望走上政治生涯。为熟悉政治事务，我不仅特别关注获得政治职务——许多人通过不正当手段达成那一目标，而且致力于熟悉国内和战争中的公共事务管理，以及我们国家拥有的武装、人力和财政资源。"（*sed mihi stadium fuit adulescentulo rem publicam capessere, atque in ea cognoscenda multam magnamque curam habui: non ita ut magistratum modo caperem quem multi malis artibus adepti erant, sed etiam ut rem publicam domi militiaeque quantumque armis uiris opulentia posset cognitum habuerim.*）

② 参见本书第 59 页注⑤。

③ Pol. 31.29.8："忙于交际。"（*περὶ τοὺς χαιρετισμοὺς ἐσπούδαζον*）。同时代的铭文（*SIG*³ 656.26）说："每天都去拜访他们的恩主。"（*ἡ καθ' ἡμέραν ἐφοδεία ἐπὶ τῶν ἀτρέων*）。参见原书第 89 页。（拉丁语是 *salutatio*，意为"拜访"）。

④ 参见原书第 56 页；*Comm. Pet.* 34, 35.

⑤ Cic. *Att.* 2.22.3. 原文是 *domus celebratur*。参见本书第 101 页注②。

105　　接见，第三等全体一次接见。① 最后这组无疑就是门客。元首采用了这
　　　种分类，但没有第三个层次。② 塞涅卡就此制度评论道，这种做法让人
　　　们失去了"真正的朋友"。西塞罗根据自己的亲身经历宣布："我心心
　　　念念者不过一人：我可以与他讨论所有让我烦扰的事情，一个热爱我，
　　　懂得我的人；在他面前，我不用演戏。我兄弟是诚实和忠诚的代表，但
　　　他不在，因此我只有与妻儿聊天。虚幻的逢场作戏一定程度上有助于维
　　　护一个人的公众形象，但在生活中毫无益处。虽然家里每天上午高朋满
　　　座，虽然我会在一群朋友簇拥下移步广场，但在那一大群人里，我竟找
　　　不到一人可以无所顾忌地玩笑，甚至不能一起叹气。"① 他还说："过去当
　　　我感到厌烦时，当年轻和野心推着我前行时，如果我不愿意，至少我可
　　　以轻松地拒绝为人辩护。可是如今我已经完全没有生活了，我的努力不
　　　会带来任何收益，我常常要为那些不配我出场的人辩护，原因无非是那

---

① Sen. *Ben.* 6.34.1："把他们的朋友分成等级是国王和那些模仿国王的人古老的诡
　计……在我们这里，盖乌斯 · 格拉古和稍后的李维乌斯 · 德鲁苏斯是第一批按此方式
　对追随者进行分类的人。有些私下接见；有些和其他人一起接见，还有些是整体接见。"
　（*consuetudo ista uetus est regibus regesque simulantibus populum amicorum discribere...2:*
　apud nos primi omnium C. Gracchus et mox Liuius Drusus instituerunt segregare turbam
　suam et alios in secretum recipere, alios cum pluribus, alios universos.）塞涅卡把这种习惯
　与希腊化世界王室宫廷的等级制度联系起来。在托勒密王朝的六个等级中，第四等是恩
　主的朋友（τῶν πρώτων φίλων），第五等是朋友（τῶν φίλων）（Strack, *RhM* 55, 1900, 176;
　OGIS 104 n. 2）。托勒密王朝可能是从塞琉古王朝借鉴了这些名头，但并不排除两者间存
　在区别。例如，埃及的书信起草人（ἐπιστολογράφος）是亲属（συγγενής，即第一等级），
　安条克四世的书信起草人（ἐπιστολογράφος）则是"一个朋友"（εἶς τῶν φίλων）（*OGIS*
　139.14, Pol. 30.25.16）。参见 Rostovtzeff, *RE* 7.210。如果 C. 格拉古在接见时采用了希
　腊化世界宫廷中的某些仪式，倒是非常合宜，因为他基于希腊化世界的模式，在罗马引
　入了分配粮食的做法（Hirschfeld, *Kais. Verwaltungsbeamten*, 230 n. 1；关于亚历山大里
　亚提供粮食的情况，见 Wilcken, *Einführung*, 364, 365n. 5），并且按照希腊人的先例重组
　了罗马的法庭（Hitzig, 见本书第 82 页注①）。安条克四世（Pol. 26.1.5）表明，君主制
　和保民官制度并非不可调和的对立两极，2 *Verr.* 3.7f.。因此就有关联了，西塞罗在那里
　对霍尔滕西乌斯说："当人们起自行伍时，你憎恨他们的勤奋……你对维莱斯多么忠诚
　啊……只有他得到了你亲自接见，而我们所有其余的人，那些善良的诚实的人，却常常
　无缘得见。"（*odistis hominum nouorum industriam etc. Verrem amatis...hic cum uenit extra*
　ordinem uocatur; hic solus introducitur; ceteri saepe frugalissimi homines excluduntur.）

② Mommsen, *Staatsr.* II, 835 n. 1。*ILS* 1320 号铭文把奥古斯都或提比略时代的一个骑士描
　绘为"第一批受到接见的人"（*ex prima admissione*）。一般来说，元老属于第一等级，骑
　士属于第二等级。

① *Att.* 1.18.1; 参见 *QF* 1.3.8, *Lael.* 64。见他致安托尼乌斯那封极其尖锐的信件。

些人提出了请求，而我欠了他们人情。"①

萨鲁斯特说过类似的话："对官职的争夺迫使许多人撒谎，言不由衷，口是心非；分辨敌友不是根据他们的功业，而是看他们是否对自己有利；待人接物流于面子，而非真心实意。"②不过对西塞罗来说，在恺撒君主制那暗无天日——那时思想正常的公民犹如白乌鸦一样稀见③——的时代，他可以宣称，上午的听众再度多了起来。这使他看到了一丝亮光。由此我们可以感觉到，当这位著名的执政官被迫坐在恺撒的前厅里等候召见时，他的感受如何了。恺撒的评论一针见血。就在公元前44年3月15日前不久，他评论说："当西塞罗坐在那里，不能随意跟我聊天时，我难道该怀疑我是所有人的眼中钉吗？如果有任何人可以被轻松争取过来的话，他就是；但我一点都不怀疑，他恨不得我马上就死了。"④

上午的拜访无论如何都是得到推荐的重要机会。⑤我们知道，贺拉斯（Horace）每天随侍麦凯纳斯（Maecenas），⑥维吉尔（Virgil）和瓦里乌斯（Varius）也会做同样的事。当贺拉斯首次拜访麦凯纳斯时，正是后两位引荐的。麦凯纳斯的做法一如从前，仅有寥寥数语。八个月后，

---

① *Fam.* 7.1.4；参见 *Att.* 1.12.1。

② Sall. *Cat.* 10.5.

③ *Fam.* 7.28.2 or 9.20.3（公元前46年）："这就是我现在的生活状态。上午我接待来访者，既有城市的人（数量众多但心情沮丧），也有洋洋得意的胜利者，我必须承认，他们对我都极其谦卑友好。当人潮停止后，我全身心地投入文艺工作，写作或者阅读。有些访客很有学问，听我讲课，因为我知道的也就比他们稍多而已。其余的时间，我就全部用来满足身体的需要了。"（*haec igitur est nunc uita nostra: mane salutamus domi et bonos uiros multos, sed tristis, et hos laetos uictores, qui me quidem perofficiose et peramanter obseruant. ubi salutatio defluxit, litteris me inuoluo, aut scribo aut lego; ueniunt etiam, qui me audiunt quasi doctum hominem, quia paulo sum quam ipsi doctior, inde corpori omne tempus datur.*）

④ Cic. *Att.* 14.1.2. 关于恺撒的访客，见 *Fam.* 6.14.2, 6.19.2；关于安托尼乌斯的访客，见 *Fam.* 11.28.7。一般论述见 Fustel, 210, Mommsen, *RG* III, 528 {= V, 391}。

⑤ 参见原书第67页以下。

⑥ *Serm.* 2.6.31.

贺拉斯受邀再度前往，自那时起，他就算是麦凯纳斯的朋友了。[①]

加入某个人的扈从圈子等于正式确认了这种友谊关系，因此西塞罗认为，对特莱巴提乌斯而言，最重要的事是成为"友伴"。由于西塞罗本人无法为他做这事，所以他将特莱巴提乌斯推荐给恺撒。[②]他给恺撒写信的目的，意在使自己的晚辈能够在恺撒的行省中获得提携，并得到慷慨的照顾。前引加图的言论（第102页）详细说明了当时流行的照顾的性质。在亚细亚行省执政官级总督的典范任期中，Q.穆奇乌斯·斯凯沃拉——公元前95年执政官——仍需要自掏腰包，支付他本人以及随员的所有花费。[③]西塞罗时代，元老院拨出大笔经费用于行省管理。[④]总督会把多大份额付给随员，则取决于总督。[⑤]在能够赢得大量战利品的战争中，朋友自然会捞到大把好处。卡图鲁斯曾用非常粗鲁的语言表达自己的愤怒，因为公元前56年，C.穆米乌斯让他两手空空地返回罗马。当他发现马穆拉（Mamurra）——来自弗尔米埃（Formiae）的骑士——因为在恺撒帐下服役，带回百万财产时，他更加愤怒了。[⑥]对他而言，仅能聊以自慰的，是他发现恺撒的岳父皮索的随员中，有两

107

---

① *Hor. Serm.* 1.6.55ff.（第60行："一如平日，你很少回应。我走了，九个月后，你再次相邀，让我留下，做你的朋友。"[*respondes, ut tuus est mos, pauca: abeo, et reuocas nono post mense iubesque esse in amicorum numero.*])，*Serm.* 2.6.40："七年、八年快要过去了，自从麦凯纳斯接纳我做他的朋友"（*septimus octauo propior iam fugerit annus, ex quo Maecenas me coepit habere suorum in numero.* 中译文据李永毅译注：《贺拉斯诗全集：拉中对照详注本》，中国青年出版社2017年版，第458、553页。——中译者）。关于 *in numero*，参见本书第85页注②及原书第83页。

② Cic. *Fam.* 7.5.1, 7.17.7. 特莱巴提乌斯是西塞罗推荐的众多人士之一（*QF* 2.13.3, 3.1.10）。

③ Diod. 37.5.1.

④ Mommsen, *Staatsr.* I, 296. 置装费（*uasarium*）用于支付旅行费用，无须为此提供报销说明。Ibid. 298 n.1：西塞罗合法地（*saluis legibus*）省下了220万塞斯退斯。大笔钱财划归行政支出，要节省的话相当容易。

⑤ Cic. *Fam.* 5.20.7. 这些都是好处费。据 2 *Verr.* 1.36，总督随员与军队和副将一起，由财务官付给薪水。西塞罗的随员所以抱怨，是因为他不想把那笔钱全部花掉。他们认为，所有余钱都应在他们中间分掉（Mommsen, *Staatsr.* I, 300 n.4；Cic. *Fam.* 3.8.3：在西塞罗时代，花费公款不像 Ap. 克劳狄乌斯时代大方）。

⑥ Catull. 10.12, 28.9, 29, 57; 也请见 Cic. *Att.* 7.7.1, Plin. *NH* 36.48.

位朋友一点都不比他好。[①]

C.格拉古曾强调,酒罐从行省回罗马时,其中常塞满金银。[②]公元前117年执政官 Q.斯凯沃拉曾讥讽地回应塞普图穆雷乌斯(Septumuleius)——他曾接受与 C.格拉古头颅等重的金子,现正寻求军官职位——说:后者应当待在罗马,在那里,他可以按照自己的方式挣得更多金子。[③]所以科尔奈利乌斯·奈波斯赞扬阿提库斯高于常人的挣钱方法,因为他从不陪伴官员去行省。[④]虽然如此,阿提库斯觉得西塞罗的做法并无不妥:后者让布鲁图斯的代理人负责一个骑兵支队,以便他有权从塞浦路斯勒索高额的利息。[⑤]

除上述提携外,保护人尤其有义务在选举中举荐自己的朋友。公元前193年,老阿非利加努斯到处推荐自己的堂弟纳西卡;[⑥]公元前144年,Ser.加尔巴成了 P.克拉苏的友伴,当时后者正竞选市政官,后成为公元前131年执政官;[⑦]庞培举荐莱皮杜斯为公元前78年执政官;[⑧]公元前50年,恺撒赶到意大利,在自治市和殖民地为祭司 M.安托尼乌斯竞选财务官游说。[⑨]当召回流放中的西塞罗的问题提出后,官员们和普

108

---

① Catull. 28, 47; Münzer, *RE* 6.1944.
② Gell. 15.12.4, Plut. *C. Grac.* 2.10.
③ Cic. *De or.* 2.269. 也请见 2 *Verr.* 2.29。
④ Nep. *Att.* 6.4.
⑤ Cic. *Att.* 6.2.9, 5.21.10, 6.1.3, 6.3.7.
⑥ Liv. 35.10.9.
⑦ Cic. *De or.* 1.239.
⑧ Plut. *Pomp.* 15.1. 由于他尚未举行凯旋式,所以他不得进入罗马举荐普皮乌斯·皮索(公元前61年执政官,Plut. *Pomp.* 44.1)。另一方面,对米罗竞选执政官,他不发一言,反而举荐他自己的候选人(Cic. *QF* 3.8.6;参见 Ascon. 30)。
⑨ Hirt. *BG* 8.50.1.

通公民都奔走于自治市和殖民地，为召回争取投票。① 公元前 54 年，瓦罗和 Q. 阿克西乌斯（Q. Axius）陪伴着他们有意支持的候选人前往投票站。在那里投票后，他们在公共会堂（*villa publica*）会见了执政官 Ap. 克劳狄乌斯。他当时以祭司身份出场，但也是在支持其中一位候选人。② 在这样的问题上，奥古斯都完全按照共和国的方式行事，他"与自己的候选人周游各特里布斯，用惯常的方式为他们说话"。③ 这个做法使他与独裁官恺撒的对照极其鲜明。恺撒以书面形式向各个特里布斯推荐，没有任何客气话。④ 那些强调要为此费神的名人都很清楚他们的目的是什么。那"把所有显贵都囊括在内的"，恰是恺撒和庞培，罗马"最有权力的两个人"。⑤

在我们形成的有关过去大人物的画面中，他们都不仅与朋友密不可分，而且与他们的门客也是如此。对西塞罗笔下的加图而言，任何记忆都不如下面的画面美妙：公元前 222 年的执政官 Cn. 斯奇皮奥和公元前 218 年的执政官 P. 斯奇皮奥、公元前 219 年和前 216 年的执政官

109

---

① Cic. *Red. sen.* 31. 在 Cic. *Fam.* 2.6，有人要求库里奥为米罗竞选执政官出力（在 2.6.3，西塞罗提到了召回投票问题。）在 11.16.2，有人力促 D. 布鲁图斯举荐 L. 埃利乌斯·拉米亚（L. Aelius Lamia）为副执政官。这里再次表明，罗森堡（*Unters. Z. röm. Zenturienverf.*, 80）的看法是错误的，他主张相关的选举活动都集中在罗马城。除刚刚引用的证据外，我们还应提到 Cic. *Mur.* 42, *Att.* 1.1.2 和 Liv. 7.15.12f. 有关波利亚平民会议决议的记载："他们认为，这个措施可以消除腐败的做法，尤其是那些出自平民阶层的人的做法，他们乐于出现在乡村集市和集会场所。"（*eaque rogatione nouorum maxime hominum ambitionem, qui nundinas et conciliabula obire soliti erant, compressam credebant.*）C. 格拉古的演说是在"集会场所"（*circum conciliabula*）发表的（Gell. 1.7.7）。

② Varro *RR* 3.2.1, 3.2.2, 3.7.1, 3.17.1 and 10.

③ Suet. *Aug.* 56.1; Mommsen, *Staatr.* II, 926.

④ Suet. *Iul.* 41.2："独裁官恺撒致贵特里布斯：我向你们推荐某某某，以便他们经你们选举出任官职。"（*Caesar dictator illi tribui. commendo uobis illum et illum, ut uestro suffragio suam dignitatem teneant.*）在本书第 75 页注②，我已经表达了对罗森堡有关这段史料的意见。

⑤ Cic. *Fam.* 2.15.4："最后，我这样做并非出自自愿，而是追随我们时代两位最有势力的人的榜样，他们与曾经当过的卡西乌斯家和安托尼乌斯家都做了朋友。与其说我想赢得这位年轻人的友谊，不如说是我不愿得罪他。"（*postremo non tam mea sponte quam potentissimorum duorum exemplo, qui omnis Cassios Antoniosque complexi sunt, hominem adulescentem non tam allicere uolui quam alienare nolui.*）

L. 埃米利乌斯 · 保鲁斯，以及 P. 阿非利加努斯，都是由年轻的显贵簇拥着的。[1] 犹如波利比乌斯笔下的莱利乌斯与斯奇皮奥的关系那样，[2] 恩尼乌斯曾告诉自己的朋友 P. 塞尔维利乌斯 · 盖米努斯（P. Servillius Geminus）——公元前 252 年和前 248 年的执政官——说：他可以和他分享所有的东西，可以一起用餐，以及严肃或搞笑的想法，因为他完全能够理解并且知道何时该讲话，何时该沉默。[3]

西塞罗来自阿尔皮努姆，出身于该自治市一个以思路正确知名的显贵家庭。[4] 父亲首先让他师从占卜官——公元前 117 年执政官 Q. 穆奇乌斯 · 斯凯沃拉，后者去世后，又让他追随大祭司——公元前 95 年执政官 Q. 斯凯沃拉。[5] 当安托尼乌斯——公元前 99 年执政官和知名演说家——公元前 102 年出任奇利奇亚总督时，他的叔父 L. 西塞罗已经成为总督的随员。通过这层关系，年轻的马尔库斯也获得了接近安托尼乌斯的机会。[6] 因此，西塞罗最初的活动就是在执政官级别的圈子中，[7] 早在公元前 80 年，他就已经把自己未来的政治活动作为理所当然的事情谈论。[8] 公元前 78 年，他拜访了当时在士麦那的鲁提利乌斯 · 鲁弗斯。[9]

青年时代，凯利乌斯 · 鲁弗斯追随西塞罗和克拉苏，在他们的教导之下，成长为一个法庭演说家和政治家。后来他追随续任执政官 Q. 庞培去了阿非利加，在那里熟悉了行省管理，也巡视了他父亲的地产。回到罗马后，他通过控告 C. 安托尼乌斯——曾是西塞罗执政官任

110

---

[1] Cic. *Cato mai.* 29.
[2] Pol. 10.3.2, 10.9.1; Liv. 30.33.2.
[3] 见 Gell. 12.4.4. = *Ann.* 7.232V。
[4] *Leg.* 3.36.
[5] *Lael.* 1, Brut. 306.
[6] *De or.* 2.2; Groebe, *RE* 1.2591.
[7] Plut. *Cic.* 3.2.
[8] *Rosc. Am.* 3.
[9] *Rep.* 1.13, *Brut.* 85.

上的同僚——为自己赢得了名声。^①他与其保护人之间现存的通信，连同西塞罗为他辩护的演说，向我们表明双方是如何小心翼翼地培育着彼此之间的关系。西塞罗与 C. 库里奥及 P. 克拉苏的关系类似。^②在举荐 M. 泰伦提乌斯 · 瓦罗（M. Terentius Varro）——公元前 46 年任财务官——的推荐信中，他可以宣称，自法庭生涯一开始，瓦罗就一直追随西塞罗，而且在西塞罗被迫逗留布伦迪西乌姆期间，为他做了很好的工作。^③

因此，就我们所知，在整个共和国时期，朋友关系无所不在。

6. 财政义务

在公元前 43 年 1 月 1 日发表于元老院的演说中，西塞罗要求采取有力措施抗击安托尼乌斯。任何人都不能再说"他是我的朋友，他是我的亲戚，他曾给过我钱"^④。附有财政义务的关系被与两种公认形式的关系并提，是那个时代的典型特征，我们的考察会得到有关状况的丰富材料。

前文已经说明政治活动缘何需要经济独立，以及元老等级发展成大土地所有者阶级所产生的后果。^⑤蒙森证明，汉尼拔战争末年，市政官举办的赛会在选举中"不成比例的影响"已现端倪。^⑥统治阶级还会如此利用经济上的优势这一点，根本无须解释。关于更早时期的情况我们一无所知，那源自我们史料的过失。只是在有关公元前 264 年的一条记载中，透过一位杰出人士去世时获得角斗赛会的荣耀，我们才首次发现某些苗头，^⑦因为享受这类娱乐的并不只有死者。波利比乌斯时代，"如果有人希望举行一场大规模的赛会"，一场角斗表演要花费 30 塔兰

111

---

① Cic. *Cael.* 9, 72-74.
② *Brut.* 280-282; *Fam.* 2.1-6, 5.8.4, 13.16.21.
③ *Fam.* 13.10.2f. 一般论述也请见 Q. 西塞罗的评论，见原书第 54 页及以下。
④ *Phil.* 5.6.
⑤ 参见原书第 25 页。
⑥ *Staatsr.* I, 532.
⑦ Liv. *per.* 16, Val. Max. 2.4.7；参见 Münzer, *RE* 7.239。

特。^①这种做法的目的在恺撒的经历中表现得最为清楚，他利用自己女儿刚刚去世的机会向人民承诺举行一场史无前例的角斗表演和宴会。^②

西塞罗认为，"光辉的市政官任期"是必需，但那应当与自己的财政资源相配。^③后任公元前 77 年执政官的 M. 埃米利乌斯·莱皮杜斯第一次竞选之所以失败，是因为他从未担任过市政官。苏拉之所以需要两度竞选副执政官，是因为人民期待这位波库斯（Bocchus）的好朋友会来一场炫目的斗兽表演，但他却完全错过了市政官职务。第二次竞选时，他为自己买到了必需的选票。^④关于向人民分发食用油的记录，首次出现于老阿非利加努斯公元前 213 年的执政官任上。^⑤公元前 190 年，曾任执政官的新人阿奇利乌斯·格拉布里奥很有希望当选监察官，因为通过分发免费粮食，他已经使大量选民欠了他人情。他竞选中的对手，包括某些显贵和加图，设计了一场指控他滥分战利品的司法控告。加图曾作为军团长官参与那次战役，他作证说，从被攻占的国王营地中获得的金银并未在凯旋式上展示。阿奇利乌斯宣称，那是"可耻的伪证"，但还是放弃了竞选。所以，虽然人民并未对他定罪，但对手达到了他们的目的。^⑥公元前 174 年，T. 弗拉米尼努斯为纪念自己故去的父亲，连续四天举行赛会，三天中共有 74 名角斗士出场。除这些竞赛外，还有分发肉食、公共宴会和戏剧表演。^⑦后一时期有关贿选的无数审判，证明依靠这类方法赢得选民支持属于司空见惯。前文讨论的西塞罗的两篇演说（《为穆莱纳辩护》和《为普兰奇乌斯辩护》），提供了有关这个方面当时状况的生动图景。^⑧

112

---

① Pol. 31.28.6.
② Suet. *Iul.* 262.
③ *Off.* 2.57f.
④ Plut. *Sull.* 5.1–4; Mommsen, *Staatsr.* I, 541 n. 2.
⑤ Liv. 25.2.8. Pol. 10.5.6 因此称呼他为"送礼大方的"（μεγαλόδωρος）。参见 Rostovtzeff, *RE* 4.875ff., s. v. 'congiarium'。
⑥ Liv. 37.57.10ff.
⑦ Liv. 41.28.11.
⑧ 参见原书第 57 页及以下。

　　这种状况的经济后果已在前文进行过讨论。① 由于元老的资本主要沉积在土地上了，对许多人而言，债务的增长成为必然。公元前 53 年执政官选举前，利率从 4% 上升到了 8%。②

　　在这样的土壤上，维莱斯这样的人如鱼得水。他父亲是个元老，得外号暴发户。③ 这位儿子公元前 84 年做了执政官卡尔波的财务官，其间又投靠了苏拉，而且据称在此过程中捞到 60 万塞斯退斯。④ 苏拉把他派到贝内文托（Beneventum），后来把该地区因公敌宣告没收的几块地产送给了他。公元前 80—前 79 年，他在奇利奇亚担任多拉贝拉的副将和续任财务官。多拉贝拉因非法勒索钱财罪受审时，他作为控方证人出庭，得以逃过他在那里所犯多项罪行的惩罚。⑤ 西塞罗根本没有提到维莱斯担任保民官或市政官的事情，后者从奇利奇亚返回时捞回了足够的金钱，为自己买得公元前 74 年城市副执政官职位，并且以付给每位原告 30 万塞斯退斯的办法，让他们闭上了嘴。⑥ 在维莱斯生涯的这个阶段，他已经勒索到一笔财产，只是随着他西西里三年总督的任期，他才变得臭名昭著。人们经常听他谈论的，是第一年的好处归他本人，第二年的归保护人，第三年的归陪审团。⑦ 西塞罗控告说，他的勒索金额达到了 4 000 万塞斯退斯。⑧

113　　维莱斯得到了他的显赫关系的庇护。大人物们"用他的银子装饰自己的名位"，为此他们需要那些陷入危险中的人——他们只有靠着强有力的保护才能生存。⑨ 我们拥有比较准确资料的，只是关

---

① 参见原书第 23 页以下。
② Cic. *QF* 2.14.4, *Att.* 4.15.7.
③ Cic. 2 *Verr*. 2.14.4; 1 *Verr*. 23, 25.
④ 2 *Verr*. 1.34ff.
⑤ Münzer, *RE* 4.1298.
⑥ Cic. 2 *Verr*. 1.101, 4.45. 毋庸置疑，西塞罗的这些说法并无任何价值，但它们表明了当时可能达到的程度。
⑦ 1 *Verr*. 40.
⑧ 1 *Verr*. 56.
⑨ 2 *Verr*. 3.8. 他呈送给霍尔腾西乌斯一座象牙斯芬克斯像（Plut. *Cic*. 7.8）。

于他与麦泰鲁斯家族三位成员的关系，此前他甚至已成功地与他们攀上了亲属关系，^① 还自吹曾帮助 Q. 麦泰鲁斯获得了公元前 69 年的执政官职位，^② 那是因为他擅长贿赂，成为公民大会的主宰。^③ 在选举中，他提供支持的主要价值在于：他自掏腰包进行贿赂。他曾出资 50 万塞斯退斯以阻扰西塞罗当选公元前 69 年市政官。^④ 值得注意的是，根据罗马人的标准，麦泰鲁斯家族的这些人可是彻头彻尾的廉洁官员，^⑤ 年龄相当的三兄弟因未能积攒必需的竞选资金落入窘境，迫使他们转向维莱斯。

为竞选花钱可以追溯到我们拥有的史料的开端。在公元前 164 年的一篇演说中，加图自豪地宣称，他在竞选中从不曾分发他自己或盟友的钱财。^⑥ 库诺塞法莱战役后的公元前 197 年，T. 弗拉米尼努斯赐予国王腓力停战协定——埃托利亚同盟将协定归于马其顿的贿赂。^⑦ 波利比乌斯就此对统治者圈子的腐败做出了评论：那时希腊人普遍接受的习惯，是如果没钱，任何人都绝不办事。他说，在这个问题上，埃托利亚人不了解罗马人的习惯。在进行海外战争之前，只要罗马仍保持它自己的习惯，则人们相信任何罗马人都不会做这类事。在波利比乌斯自己的时代，他已经不能这样笼而统之地说了，但在这个问题上，他仍坚信多数罗马人是可靠的。可是他赞扬了一道以死刑制裁贿选的法律。^⑧ "主要是出自需要"，对元老的大规模贿赂首次是由提马库斯（Timarchus）——服务于安条克四世（Antiochus IV）的外交官——施

114

---

① 2 *Verr.* 2.64, 138. 未提供细节。
② 1 *Verr.* 29.
③ 1 *Verr.* 25.
④ 1 *Verr.* 23.
⑤ 西塞罗特别赞颂了维莱斯在西西里的继任者，当然未提及后者因照顾维莱斯而对西塞罗进行的阻扰（2 *Verr.* 2.63, 140, 3.43–46 等；参见 Münzer, *RE* 3.1205）。
⑥ *ORF*³ fr.173.
⑦ 18.34ff. 也请见 6.56.13ff.。
⑧ 6.56.4. 显然在他处并无记录。参见 Lange, I, 717.

行的。^① 后来，是这位提马库斯而非德麦特里乌斯一世被元老院承认为巴比伦国王，裁决一如后来的朱古达案。^②

可以集中到个人手里的财富越多，对政治权力的争夺就会越来越多地成为经济上的较量。共和国最后数十年的独特之处，就是政治中出现了这种动力。在萨鲁斯特笔下，C. 科塔——公元前 75 年执政官——宣称，他的演说能力、建议和钱包对所有人都是开放的。^③ M. 克拉苏——"最富有和最强大的显贵"^④——与常胜将军庞培的做法相反，他通过在法庭中为人辩护赢得了自己的地位，在选举时给他们贷款并支持他们。^⑤ 他向朋友们放贷时不取利息，但在回收本金时严格执行。^⑥ 他为恺撒出面的事情众所周知。公元前 61 年，恺撒副执政官任期届满，希望作为续任执政官前往远西班牙任总督，但被债主拦住了，他们要求取得恺撒总督任内得到的所有收入。克拉苏以 830 塔兰特为恺撒担保。^⑦ 多数元老因此欠了他的债，这也是为什么愤怒的元老院会宣布，克拉苏卷入喀提林阴谋的报道属于诽谤。于是，最富有的人成了最强大的人，因为通过放贷，他让大多数政客欠了他人情。据称克拉苏的原则是："国中第一人，必须是那个可以用自己的收入维持一支军队的人。"^⑧

可是，这方面的大师最终并非克拉苏，而是恺撒。在使用他人钱财为自己服务方面，他的领悟力犹如他长于利用他们为自己工作一样高妙。

在任财务官之前，恺撒是否已如普鲁塔克所说欠债 1300 塔兰特，^⑨

---

① Diod. 31.27a 引波利比乌斯。

② Willrich, *RE* 4.2796; Niese, III, 247.

③ *Hist.* 2.47.4M.

④ Sall. *Cat.* 48.5.

⑤ Plut. *Crass.* 7.4.

⑥ Plut. *Crass.* 3.1.

⑦ Plut. *Crass.* 7.6, *Caes.* 11.1f.; Suet. *Iul.* 18.1（未提克拉苏的名字）。据 App. *BC* 2.8.26，"据称他自己说过"（φασὶν αὐτὸν εἰπεῖν）：他的债务超出其财产 2 500 万塞斯退斯。关于恺撒与克拉苏的关系，参见 Ferrero, II, 547 {= I, 334f.}。

⑧ Cic. *Off.* 1.25, *Parad.* 45; Plut. *Crass.* 2.9.

⑨ *Caes.* 5.8.

无须在此讨论。作为阿皮亚大道的养路官，他自掏腰包支付了很大一笔费用。市政官任上，他奢华地装饰公共建筑，举办的赛会与斗兽表演如此炫目，以至于人们完全忘记了他的同僚比布鲁斯。恺撒还利用市政官任期为纪念其父亲举行了角斗表演，而他父亲二十年前已经故去。为此进行的准备规模如此之大，以至于元老院就"角斗士的数量"发布了一道特别命令。最终，他提供了 320 对角斗士的表演。①

公元前 63 年，恺撒击败塞尔维利乌斯·伊扫里库斯和卡图鲁斯当选大祭司长（*Pontifex maximus*）。他大把花钱进行贿赂。卡图鲁斯希望借恺撒的债务牟利，主动提出：如果恺撒退出，他可以给恺撒一大笔钱。但恺撒获得了新的贷款，因而予以拒绝。现在他显然必须胜选，否则他的信用就完了。投票那天他对母亲说："今天你儿子要么是大祭司长，要么就是个逃犯。"②同年他当选为公元前 62 年的副执政官。公元前 61 年，在克拉苏将他从债主手中解救出来后，他前往西班牙（上任）。在那里，他向卢西塔尼亚人（the Lusitani）挑衅，以便通过战斗赢得军事上的荣誉，从而有助于他竞选执政官。他的士兵欢呼他为统帅（*imperator*），他本人则富有起来，并且给了他们一笔捐助。③

公元前 61 年 12 月 5 日，西塞罗已经知道恺撒希望在竞选公元前 59 年执政官时与 L. 鲁凯伊乌斯结盟，后者也是一位候选人。第三位候选人比布鲁斯也有此意。④当公元前 60 年恺撒返回罗马时，他与鲁凯伊乌斯达成协议。由于后者非常富有，但远不如恺撒受选民欢迎，因此他应当承诺给那些投他们两人票的选民发钱。贵族们听闻此事后，联合起来为比布鲁斯募集了大笔金钱。甚至加图也坚持认为，这样做是为了

116

---

① Plut. *Caes.* 5.9, Suet. *Iul.* 10.2, Dio 37.8.2.
② Plut. *Caes.* 7.1–4, Suet. *Iul.* 13, Sall. *Cat.* 49.3.
③ Dio. 37.52.1ff., Plut. *Caes.* 12, App. *BC* 2.8.27. 苏埃托尼乌斯（54.1）从当时的小册子中曾读到：他从臣民那里"请求"金钱以满足债主，并且没有任何理由地劫掠了某些卢西塔尼亚人城镇。参见 Ferrero, I, 428 {= I, 277f.}。
④ Cic. *Att.* 1.17.11.

国家利益。结果是比布鲁斯和恺撒当选。[1]

我们无须相信反对派宣传或编造出来的关于恺撒竞选执政官的所有故事，比如说他从卡皮托尔神庙偷盗了 3 000 磅黄金，以镀金铜块代之。但无可置疑的是，在与番邦国王谈判条约时，他肆无忌惮地受贿。据称在承认托勒密十二世问题上，他与庞培共同收受了 6 000 塔兰特。[2]无论如何，国王为此事所借贷的那笔钱中，大部分来自罗马钱商 C. 拉比里乌斯 · 波斯图穆斯（C. Rabirius Postumus）。[3]为收回欠款，拉比里乌斯随后成为埃及财政大臣。[4]据西塞罗记载，他并未达成自己的目标，与加比尼乌斯的 10 000 塔兰特（2.4 亿塞斯退斯，即 6 000 万第纳里）无关。在拉比里乌斯的众多债主中，接过了那笔欠款的是恺撒，因此纯粹是因为恺撒，拉比里乌斯才得救了。[5]当恺撒公元前 48 年追击庞培来到亚历山大里亚时，他向奥莱泰斯（Auletes）的继承人索要 1 750 万第纳里。收取那笔钱是他留在亚历山大里亚的主要目的。[6]公元前 59 年，保民官瓦提尼乌斯为恺撒与众多城市和国王签订了同盟条约。[7]可是众所周知，瓦提尼乌斯因他所做的一切获得了恺撒的酬劳。[8]由此我们可以知道，为什么恺撒需要那么多的金钱。

117　　公元前 58 年，恺撒动身前往行省。自那时起，高卢的黄金为他赢得了朋友。只有马提乌斯（Matius）敢于宣称，他不曾因为"金钱的甜蜜"而抓捕俘虏。[9]大多数情况下，财富都放在恺撒在高卢的追随者拉比努斯（Labienus）、马穆拉（Mamurra）和巴尔布斯（Balbus）手

① Suet. *Iul.* 19.
② Suet. *Iul.* 54.3.
③ Cic. *Rab. Post.* 4ff.
④ Ibid. 22. 也见 *QF* 2.2.3; Ferrero, II, 115 {= II, 81}。
⑤ Cic. *Rab. Post.* 21, 30ff., 41.
⑥ Plut. *Caes.* 48.8; Dio 42.9.1, 42.34.1. Ferrero, II, 429 {= II, 255} 认为，从已被榨干的民族那里进行的新勒索激起了那场伟大的起义。他无疑是正确的。
⑦ Cic. *Vat.* 29, *Fam.* 1.9.7, *Att.* 2.9.1.
⑧ Cic. *Vat.* 29, 38.
⑨ Cic. *Fam.* 11.28.2.

中。① 他向所有随员和大部分元老，还有他们的妻子放贷，有些完全无息，有些是低息贷款。② 这些元老中包括西塞罗，恺撒借给他 80 万塞斯退斯。③ 公元前 50 年，当西塞罗必须在恺撒和庞培之间做出选择时，这笔债务给他的体面感造成巨大压力。如果他在元老院中为自己的国家提出最好建议的话，则他预料，巴尔布斯会在门口堵住他，喊着"还我钱来！"④

但恺撒对其他阶层的人一样大方。他们或受邀而来，或主动求助于他。他甚至对解放自由人和奴隶都很大方，如果他们的主人同意或者在事情发生过程中被争取过来。他是所有挥霍无度者的庇护人。⑤ 西塞罗把他年轻的朋友特莱巴提乌斯送往高卢，"以便让恺撒给他镀金"。⑥ 巴尔布斯向西塞罗保证，特莱巴提乌斯会腰缠万贯归来。西塞罗希望，他应当像一个罗马人而不是斯多葛派那样说话，对后者来说，所有人因享受着天地赐予而富有。⑦ 当不列颠既无黄金也无白银、只有奴隶的消息传到罗马时，大家都感到失望。⑧

恺撒将士兵的薪水提高一倍。他自掏腰包组建新的军团，因而接近实现了克拉苏所说的条件。⑨ 他在意大利拍卖从高卢神庙抢来的黄金，

118

---

① Cic. *Att.* 7.7.6; *Catull.* 29, 57.
② Plut. *Pomp.* 51.3, Suet. *Iul.* 27.1, Cic. *Phil.* 2.78.
③ Cic. *Att.* 5.4.3. 早在公元前 54 年，他已经谈到恺撒对他和他兄弟的慷慨（*Fam.* 1.9.18）。
④ *Att.* 7.3.11, 7.8.5. "因为欠一个政治对手的债是不体面的。"（*est enim ἄμορφον ἀντιπολιτευομένου χρεωφειλέτην esse*）。
⑤ Suet. *Iul.* 27.2, Dio 40.60.4, Cic. *Att.* 7.3.5.
⑥ *Fam.* 7.13.1："在我心里，你就是一个自大狂，我相信，你宁愿恺撒来咨询你，而不是他给你镀金。"（*moriar ni, quae tua gloria est, puto, te malle a Caesare consuli quam inaurari*.）
⑦ *Fam.* 7.16.3, 7.17.1. 恺撒就西塞罗派给他这位法学家送去了一封诙谐的感谢信，写道："在他众多的随员中，没有任何一个人能够像他那样起草保释文书。"（*negat enim in tanta multitudine eorum qui essent quemquam fuisse qui uadimonium concipere posset.*）这段话暗示他不但没有法律技能，而且缺少经济资源（*QF* 2.15a.3。）
⑧ Cic. *Att.* 4.17.6, *Fam.* 7.7.1；参见 Catull. 29.4.
⑨ Suet. *Iul.* 24.2. 公元前 56 年，元老院决定也为这支私家军团提供薪水（Cic. *Fam.* 1.7.10）。但恺撒一直在组建更多新的军团。参见 Drumann, *Gesch. Roms.*2 III, 213, 247, 以及格罗伊贝的著作第 702 页的军团列表。

要价每磅 3 000 塞斯退斯。① 他慷慨地给王子、行省和城市送钱，以便扩大自己的门客队伍。②

恺撒按照这种方式为自己积累的权力在公元前 56 年春得到了最鲜明的展示。在他巡视伊吕利库姆（Illyricum）后，③ 来自罗马的朋友们在远至北方的阿奎雷亚城（Aquileia）见到了他，以就某些私事确认他的看法。④ 在拉文纳（Ravenna），他与克拉苏举行了会谈；⑤ 之后他在卢卡（Luca）会见了庞培，后者正作为粮食督办（curator annonae）前往撒丁尼亚途经此处。⑥ 所有对恺撒负有义务或希望他们的计划获得支持的罗马政治家都在这里拜访了他。人们见到了大约 120 名带束棒标志的随从，以及超过 200 名的元老。⑦ 会面的主要目的，是阻止恺撒的对手 L. 多米提乌斯·埃诺巴尔布斯当选下一年度的执政官。⑧ 根据协议，首先庞培和克拉苏他们自己要当选，然后在他们的执政官任期内，安排把恺撒的指挥权延长五年。⑨ 此时恺撒的政治目标，是确保在他缺席罗马期间，那里的官员们会为了他的利益进行操纵。有些人需要以誓言和书面承诺以保证他们的忠诚。⑩ 公元前 54 年的选举丑闻，使我们可以一窥这些阴谋的细节。

119   C. 麦米乌斯（卡图鲁斯和鲁克莱提乌斯的恩主）、Cn. 多米提乌斯·卡尔维努斯、M. 瓦莱里乌斯·麦萨拉和 M. 埃米利乌斯·斯考鲁斯竞选公元前 53 年执政官。⑪ 作为公元前 58 年的副执政官，麦米乌斯及同僚 L. 多米提乌斯·埃诺巴尔布斯在元老院中就恺撒执政官

---

① Suet. *Iul.* 54.2.
② Suet. *Iul.* 28.1.
③ *BG* 3.7.1.
④ Cic. *Vat.* 38.
⑤ Cic. *Fam.* 1.9.9.
⑥ Mommsen, *Staatsr.* II, 672.
⑦ App. *BC* 2.1762, Plut. *Caes.* 21.3f., *Pomp.* 51.4f., Cic. *QF* 2.4.6, 2.13.3.
⑧ Cic. *Att.* 4.8a.2.
⑨ Suet. *Iul.* 24.1.
⑩ Suet. *Iul.* 23.2.
⑪ Cic. *QF* 2.14.4.

任期内的非法行动发表了评论。当时恺撒以同样尖锐的语气发表了他对麦米乌斯的回应，①但现在他全力支持麦米乌斯的竞选。②正是在此时，借贷的利率从 4% 上升到了 8%。西塞罗写道："金钱正在抹平候选人的优点。"7 月，西塞罗已经知悉麦米乌斯与多米提乌斯·卡尔维努斯以及两位当年的执政官——Ap. 克劳狄乌斯·普尔凯尔和 L. 多米提乌斯·埃诺巴尔布斯——组建了竞选联盟。可是，交易流产，麦米乌斯再无机会。③因此，根据庞培的建议，麦米乌斯在 9 月逐字公开了他与卡尔维努斯和执政官们缔结的协议。根据协议，两位候选人保证，一旦当选，如果他们不能使现任执政官们获得预定的库里亚授权法，以及预定的元老院分配给执政官的行省，则他们将支付给每位执政官 400 万塞斯退斯。④他们还进一步向第一个投票的百人队承诺了 1 000 塞斯退斯。⑤恺撒对泄露出来的消息极其不快，撤回了他对麦米乌斯的支持。⑥

120　　直到公元前 53 年 7 月，卡尔维努斯和麦萨拉才最终当选。⑦然而，公元前 52 年，麦米乌斯因他的竞选活动被定罪，⑧退出罗马去了雅典。⑨朗（Lang）相当正确地推测，在恺撒危险的对手 L. 多米提乌斯·埃诺巴尔布斯问题上，麦米乌斯必须向恺撒做出保证，通过这种妥协性的协议来制约多米提乌斯。⑩这就使我们可以理解，为什么在整个事情曝光后，

---

① Suet. *Iul.* 23.1, 49.2, 73; Schol. Bob. 130, 146St.

② Cic. *Att.* 4.15.7, 4.16.6. 返乡休假的恺撒士兵会为麦米乌斯投票，庞培在高卢的门客也会。关于士兵为选举目的组成的团体，见 Dio 39.31.2, Plut. *Pomp.* 58.1。

③ Cic. *Att.* 4.17.3.

④ 由此可见，他们希望获得的行省需要从另一个人手里夺取，参见下个注释。

⑤ Cic. *Att.* 4.17.2, *QF* 2.14.4, 3.1.16; App. *BC* 2.19, 69. 阿庇安称涉及资产为 800 塔兰特，即 480 万第纳里，根据通行的计算方法，是 1 920 万塞斯退斯。西塞罗的话是 *uti ambo HS quadragena consulibus darent*，这句话可能的解释，是每人各 40 乘以 100 000 塞斯退斯（400 万）。阿庇安显然是把西塞罗的两个数字加到了一块儿。他还说，执政官们被强人阻止，未能获得行省，因此希望从他们继任者的选举中捞点油水。关于阿皮乌斯的计划，参见 Cic. *Att.* 4.18.4, *Fam.* 1.9.25, *QF* 3.2.3。

⑥ Cic. *Att.* 4.17.3, *QF* 3.8.3. 西塞罗在其中提到，他愿意为麦萨拉向恺撒做出保证（公元前 54 年 11 月）。

⑦ Dio 40.17.1; Münzer, *RE* 5.1420.

⑧ App. *BC* 2.24.93.

⑨ Cic. *Att* 5.11.6, *Fam.* 13.1-3.

⑩ III, 345.

恺撒就不再对麦米乌斯感兴趣了。①

　　对公元前 51 年恺撒成功把库里奥争取到他的一边，我们知道更多的细节。如麦米乌斯一样，库里奥在公元前 59 年是恺撒狂热的反对者，是西塞罗的快乐和安慰。②公元前 51 年，他当选为保民官。8 月 1 日，凯利乌斯希望他会忠诚于"那些观点健康的人"。因为一向甚至愿意为最下层的朋友两肋插刀的恺撒居然完全忽略了库里奥，让后者非常生气。③所以恺撒需要更深地搜索他的钱袋，以便得到这位有价值的能人。一位作家说库里奥的债务是 100 万塞斯退斯，④其他人说恺撒承接了库里奥的债务，据其中一份记载，⑤总额达 6 000 万塞斯退斯。⑥我倾向于相信西塞罗，他称库里奥一旦觉得对自己有利，立刻会无所顾忌地抛弃恺撒。⑦

　　此外，公元前 50 年的一位执政官 L. 埃米利乌斯・保鲁斯⑧因 1 500 塔兰特（等于 3 600 万塞斯退斯）而说服自己抱持友好的中立态度。他显然因为自己的市政官任期——期间他奢华地重建了埃米利亚会堂——而在财政上陷入了窘境。⑨

121　　公元前 49 年恺撒发动对西班牙远征之前，他从自己的军团长官和百人队队长们那里借了大笔金钱，并立刻分发给了军队。他自己评论道："这样做让他一举两得：通过借贷，他把百人队队长们与他绑在了一起；通过花钱，他买到了士兵们的善意。"⑩公元前 47 年他自亚历山大里亚返回（罗马）后，把同样的方法运用到整个意大利。他不仅许可

---

①　多米提乌斯公元前 54 年 6 月的演说非常符合这种假设（*QF* 2.13.3）。

②　*Att.* 2.7.3, 2.8.1, 2.12.2, 2.18.1, 2.24.2; *Fam.* 2.1.2; Suet. *Iul.* 50.1.

③　Cic. *Fam.* 8.4.2.

④　Vell. 2.48.4.

⑤　Val. Max. 9.1.6.

⑥　Dio 40.60.3; Plut. *Caes.* 29.3, *Pomp.* 58.2; Suet. *Iul.* 29.1; App. *BC* 2.26.101.

⑦　*Att.* 10.7.3; *Fam.* 2.13.3.

⑧　Klebs, *RE* 1.564f., no. 81.

⑨　Cic. *Att.* 4.17.7（公元前 54 年），Plin. *NH* 36.102, App. *BC* 2.26.101, Plut. *Caes.* 29.3. 参见 Hülsen, *RE* 1.540f., s.v. 'Aemilia basilica'。

⑩　*BC* 1.39.3f.

自己获得雕像和冠冕等礼物，而且为公共目的——那是他的说法——接受个人和共同体提供的贷款。这样他可以抗拒豁免债务的要求，并为他的统治赢得大批支持者。① 他的竞选格言是：两件事——士兵和金钱——会确立、维持和加强一个人的统治，两者相互促进。②

他正是据此原则行动的。为应对坎帕尼亚军队的大叛乱，他立刻把公共的以及自己的土地都分给士兵。③ 在内战初期，他曾向每个人承诺发放 2 000 塞斯退斯，每次胜利后，他都积累起大笔金钱，因此在公元前 46 年的凯旋式上，他给每人分发了 24 000 塞斯退斯。④ 阿非利加战役期间，他向敌人的士兵承诺：他会赦免他们，如果他们为他服役，则他会给予如同自己的士兵一样的奖赏，从而引得对方大量军队投诚。

斯奇皮奥立刻如法炮制，在恺撒的军营里散发传单，但并未成功，如狄奥（Dio）恶意评论的那样，原因不是恺撒的人不愿变节，而是斯奇皮奥没有承诺任何奖赏，只是简单地要求他们解放元老院和人民。⑤ 庞培的人对这些事情一般来说表现得更能理解，至少 L. 多米提乌斯 · 埃诺巴尔布斯——他在科菲尼乌姆有 30 个支队——曾向每位士兵承诺，从他自己的财产中分给每位士兵 4 尤格土地，百人队队长和老兵们的比例相应增加。⑥ 庞培本人利用这个方法，为自己的门徒 L. 阿弗拉尼乌斯获得了公元前 60 年的执政官职位。事实上，据称分发金钱的人曾住在执政官 M. 普皮乌斯 · 皮索的家里。⑦

西塞罗泛泛地谈到，在恺撒执政官任内，三头似乎不希望给任何人在将来表现"慷慨"的机会。⑧ 公元前 56 年，克拉苏和庞培为瓦提尼

122

① Dio 42.50.2ff.
② Dio 42.49.4.
③ Dio 42.54.1.
④ Suet. *Iul.* 38.1, Dio 43.21.3, 他说只有 5 000 德拉克马，即 20 000 塞斯退斯，参见 App. *BC* 2.92.387。
⑤ Dio 43.5.3.
⑥ Caes. *BC* 1.17.4, Dio 41.11.1.
⑦ Cic. *Att.* 1.16.12, Plut. *Pomp.* 44.4.
⑧ *Att.* 2.18.1.

乌斯买到了副执政官的位置。① 庞培犹如恺撒一样，亟须内战来填补自己的钱箱。这并不仅是西塞罗的看法，② 也是 Ser. 苏尔皮奇乌斯·鲁弗斯的观点，③ 而恺撒特别将这种灾难性的债务归罪于伦图鲁斯·克鲁斯（Luntulus Crus）。④ 但结果证明了费列罗（Ferrero）观点的合理性：他认为恺撒首先是一个行贿者（*gran corrutore*）。⑤ 萨鲁斯特的话也正是此意。在长期的间歇之后，他在罗马又碰到了两位美德杰出但生活方式不同的人：M. 加图和 C. 恺撒。"恺撒之所以被认为伟大，是因为他的施恩和慷慨，加图之所以伟大，是因为行为纯粹。恺撒以给予、帮助、饶恕赢得光荣，而加图因一毛不拔获得光荣。"⑥

可是，虽然恺撒慷慨，但他以及其他罗马人都知道他之前给予的好处与帮忙的恰当场合。⑦ 在叙述科菲尼乌姆的投降时，他借 P. 伦图鲁斯·斯品泰尔谈到了他之前与恺撒的友谊，恺撒对他的帮助，让读者以为斯品泰尔本人从未为恺撒做过任何事情。恺撒补充说："这些帮助好处极大，由于恺撒帮忙，斯品泰尔成为大祭司；由于恺撒，他在副执政官任期后得到了西班牙，并且在作为执政官候选人时，他也得到了帮助。"当俘虏们随后被带到恺撒面前时，他用几句话就表明，他们中的部分人是如何对他的巨大恩惠以怨报德的。⑧ 公元前 47 年，他对戴奥塔鲁斯（Deiotarus）说过类似的话。⑨ 蒙达（Munda）战役之后，他在希斯帕利斯就西班牙人的忘恩负义发表了演讲，历数他自担任财务官以来作为官员和恩主为他们所做的一切。⑩

---

① Plut. *Pomp*. 52.3.
② *Att*. 9.10.6, 9.7.3 and 5; *Fam*. 7.3.2, 6.6.6.
③ *Att*. 10.14.1.
④ *BC* 1.4.2.
⑤ II, 67 {= II, 52}.
⑥ *Cat*. 53.6ff.
⑦ Cic. *Att*. 1.17.5; *Fam*. 5.7.2, 5.8, 5.5.2; *tog. cand. ap*. Ascon. 85; *Fam*. 5.2.3.
⑧ Caes. *BC* 1.22, 23.
⑨ *BAlex*. 68.1.
⑩ *BHisp*. 42.1–3. 关于他对加的斯的恩惠，见 Cic. *Balb*. 43。

7. 朋党

到目前为止，我们一直在讨论的主要是权力地位不同的人之间的关系。可是，地位相当的人之间的合作，在法庭中、选举中和其他政治活动中需要支持时，也常常被视为当然。作为结语，我希望讨论一下政治和社会生活的这一方面。

为确保当选，候选人常常被迫与他人结盟。为相互支持以对抗第三方候选人达成的协议被称为 coitio（协作）。[①] 西塞罗谈到这个问题的方式表明，这是常见现象。公元前 64 年，喀提林和 C. 安托尼乌斯联合了起来；[②] 公元前 60 年，恺撒和鲁塞伊乌斯以及公元前 54 年，麦米乌斯和卡尔维努斯也这样做了。[③] 相关方贡献他们的朋党能够贡献的一切。因此，有一个谣言说西塞罗参与了公元前 54 年的协作。他理所当然地否认了，并且极其坚决。他说，这类安排绝不是一个体面的人可以参与的。此外，他与所有候选人处在对等地位，所以他不可能插手以排除其中一位。[④] 如果金钱在此过程中发挥作用，那会被认为不道德。[⑤] 这类临时同盟会在两个其他情况下根本不会相关的候选人之间缔结。公元前 61 年之前，无论是恺撒还是比布鲁斯，都不曾与鲁塞伊乌斯有任何联系。[⑥]

罗马人称为朋党即团伙的持久联合要重要得多。在政治意义上，朋党一直是个贬义词。[⑦] 萨鲁斯特借一个保民官之口说："同样的欲望，

124

---

① Liv. 39.41.1 用 coire 称呼加图在监察官竞选中的八个竞争者。
② Ascon. 83.
③ Liv. 7.32.12, 9.26.9 所记录的编年史的观察无疑起源于同一时期。
④ QF 3.1.16.
⑤ Cic. Parad. 46.
⑥ Cic. Att. 1.17.11.
⑦ 普劳图斯（Plautus）把该词理解为"亲属关系的纽带"：Trin. 452："我们和你们门不当户不对，请你们另觅相当的亲戚"（cum uostra nostra non est aequa factio. adfinitatem uobis aliam quaerite.），466："你刚才是说，无论是社会地位，还是家庭的资源，你和我们都不一样"（non esse aequiperabiles uostras cum nostris factiones atque opes，也见 Trim，497），490："神明们应当拥有财富和朋党"（deos decent opulentiae et factiones）；Cic. Fam. 5.8.5 希望他与克拉苏的关系被视为盟友关系。

同样的仇恨，同样的恐惧让他们都走到一起。在善人中，这叫友谊，在坏蛋中，这叫朋党。"①喀提林阴谋的同党就组成了朋党。②西塞罗解释说："当某些人凭借他们的财富、地位，或任何其他形式的权力控制了国家时，这就是朋党了，但他们自称贵族（善人）。"③最著名的例证是恺撒、庞培和克拉苏三"巨头"的联盟。公元前 60 年 12 月，他们凑到了一起。恺撒先是与庞培、之后与克拉苏达成了谅解。西塞罗也受到了邀请，但他拒绝了，为此他付出了相当高昂的代价。④由于该同盟的强大，数年中三人能够压服所有其他政治力量，直到克拉苏死后使新的安排成为必须。这种情况之所以可能，是因为他们控制了最大数量的门客和朋友圈。⑤

在其所有作品中，萨鲁斯特一直强调的看法，是朋党政治首次出现于迦太基被毁灭之后。⑥历史事实并非如此。⑦一旦可靠的传统使我们能一窥过去的细节，我们就遇到了作为政治力量的朋党。

T. 昆克提乌斯·弗拉米尼努斯 30 岁时出任公元前 198 年执政官，并获得马其顿战争的指挥权，他的执行权（*imperium*）被连续延长到公元前 194 年。⑧波利比乌斯不止一次地强调，他的地位得益于他在罗马的朋友。⑨我们发现，公元前 193 年，他成为罗马他自己那个朋党的头目，借此他成功对抗了斯奇皮奥的朋友，为他兄弟卢奇乌斯获得了执政官职位。⑩他当选为监察官标志着他对斯奇皮奥家族进一步的胜利，同

125

① *BJ* 31.14. 同样，萨鲁斯特借喀提林之口称："真正构成友谊的，是同类或不同类之间的协议。"（*nam idem uelle atque idem nolle ea demum firma amicitia est*）（*Cat.* 20.4）
② Sall. *Cat.* 32.2.
③ *Rep.* 3.23. 因此 Auct. Her. 就使用了 *factiosus*（2.40）和 *factio*（1.8）两个词。
④ Cic. *Att.* 2.3.3, 2.18.3, 2.19.5.
⑤ Dio 37.54.3, 37.57.2; Plut. *Crass.* 14.2. 他们的追随者被称为"兄弟"（ἑταιρεῖαι）或"伙伴"（ἑταιρικά）。它们有望被纳入朋友和门客该是多么重要的例证。参见 Cic. *QF* 1.2.16, *Fam.* 5.8.5, *Att.* 1.20.7.
⑥ *Cat.* 10.5, *BJ* 41.1, *Hist.* 1.12M.
⑦ Liv. 7.32.12 显然只能作为共和国后期的证据。
⑧ Liv. 34.52.2.
⑨ Liv. 32.32.7；Pol. 18.10.7, 18.11.2.
⑩ Liv. 35.10.8.

时也赢得了对加图派的胜利。① 作为报复，公元前 184 年加图任监察官时将 L. 昆克提乌斯逐出了元老院。② 对于这种耻辱，提图斯要求加图在人民之前做出解释，后者就此发表了他论证自己行动的伟大演说。聊以自慰的是，提图斯使加图作为监察官经由元老院发包的合同被宣布无效。当卢奇乌斯出现于剧场时，人民要求他与执政官级别的人坐在一起。③ 同年，当德麦特里乌斯——马其顿国王之子——作为使节来到罗马时，提图斯私下就王位继承问题向这位年轻人做出了承诺，由此造成了这位王子的死亡。④

凭借贵族 L. 瓦莱里乌斯·弗拉库斯的帮助，老加图坐上了军团长官的位置，两家地产相邻。通过出庭辩护，他使许多人因为他自己欠了他人情。政治上，他追随 Q. 法比乌斯·马克西穆斯，并且在与斯奇皮奥"摩登路线"（modern Line）的斗争中，给他提供了强力支持。作为这个强大圈子的成员，尽管他是新人，他还是获得了最高职务。⑤ 重要的是，他朋友瓦莱里乌斯每次竞选——公元前 195 年竞选执政官和公元前 184 年竞选监察官——都获得了成功。⑥

浏览一下这数十年的历史，我们总是会遇到朋党之争。如兰格强调的，新人 M. 阿奇利乌斯·格拉布里奥似乎属于斯奇皮奥集团。⑦ 作为公元前 201 年保民官，他设法使斯奇皮奥结束了在非洲——他在那里赢得了决定性胜利——的战争。⑧ 公元前 197 年，他与莱利乌斯共任市政官；⑨ 公元前 196 年，与莱利乌斯同任副执政官。⑩ 公元前 192 年，他与

126

---

① Liv. 37.58.2.
② Liv. 39.42.5.
③ Plut. *Flam.* 19.
④ Pol. 23.3.8, Liv. 40.20.3.
⑤ Plut. *Cato mai.* 3.1-4，Cic. *Cato mai.* 10.
⑥ Liv. 33.47.7, 39.41.4; Plut. *Cato mai.* 10.1, 16.8.
⑦ II, 233.
⑧ Liv. 30.40.9, 30.43.2.
⑨ Liv. 33.25.2.
⑩ Liv. 33.24.2.

莱利乌斯共同竞选执政官。[①]后者是斯奇皮奥的门徒，[②]但并不比斯奇皮奥的堂弟纳西卡更成功。可是，公元前 191 年，阿奇利乌斯和纳西卡还是当选了。[③]公元前 189 年，阿奇利乌斯被迫放弃监察官候选人资格，同时纳西卡也未成功，而 T. 弗拉米尼乌斯和 M. 马尔凯鲁斯当选。[④]也就是说，如同公元前 193 年 L. 弗拉米努斯和 Cn. 埃诺巴尔布斯当选执政官那样，斯奇皮奥集团再度遭遇了失败，因为阿奇利乌斯忠诚于朋党，他一贯的特点是敌视加图。[⑤]公元前 190 年，C. 莱利乌斯和 L. 斯奇皮奥成为执政官，两人一个是 P. 阿非利加努斯的密友，另一个则是后者众所周知的无能兄弟。[⑥]

　　M. 弗尔维乌斯·诺比利奥曾两次将自己的对手 M. 埃米利乌斯·莱皮杜斯排除在执政官职位之外。[⑦]当埃米利乌斯公元前 187 年终于当选时，他设法让安布拉奇亚人使者在元老院控告弗尔维乌斯，并且设法使元老院通过了下述命令：应当完全恢复安布拉奇亚人（原有的状态）。[⑧]他的同僚 C. 弗拉米尼乌斯为弗尔维乌斯出头对抗，保民官 Ti. 格拉古也如法炮制。[⑨]两个对头一起当选为公元前 179 年的监察官，元老们的代表力促两人和解。在公民大会上，两人这样做了，而且随后在元老院受到称赞。[⑩]就这届监察官问题，值得注意的还有：埃米利乌斯在塔拉奇纳（Tarracina）河上修建了一道水坝。这个工程遭到恶评，因为监察官的地产就在该地区，因此他等于拿国家的钱给自己捞好处。

127

---

① Liv. 35.10.3.
② Liv. 35.10.10.
③ Liv. 35.24.5.
④ Liv. 37.57.10ff.
⑤ Liv. 37.57.13；参见 Lange, II, 224，也见原书第 111 页。
⑥ Pol. 10.3.2, 10.9.1；Liv. 30.32.2；Mommsen, *RG* I, 792{= III, 15}；Münzer, *RE* 4.1472. 真相保存在 App. *Syr.* 21. 据记载，元老院抗议他任命自己的兄弟为反对安条克大王战争的顾问。
⑦ Liv. 37.47.6, 38.35.1.
⑧ Liv. 38.43.1, 38.44.3f., 39.4.8.
⑨ Liv. 38.43.8, 39.5.1 [系瓦莱里乌斯·安提亚斯的伪造（*RE* 22.123）]。
⑩ Liv. 40.45.6–46, Gell. 12.8.5.

公元前 189 年，Cn. 曼利乌斯·弗尔索与诺比利奥一起当选，所以公元前 187 年，他也遭到莱皮杜斯的攻击。[①] 十人委员会就弗尔索在小亚细亚的战争行动提出的抗议，可能与此有关。[②] 在亲戚和朋友的帮助下，曼利乌斯得以逃过攻击。[③] 凯旋式后，朋友们通过一道元老院命令为他获得了人民的偏爱：为进行那场战争国家强制借贷的未偿付部分，将用凯旋式上的战利品清偿。[④]

对斯奇皮奥家族的著名审判透露了朋党之间争斗的情况。P. 阿非利加努斯能够两次平息控告，[⑤] 但对他兄弟的第三次控告最终使斯奇皮奥家族的地位彻底瓦解，以至于公元前 184 年加图可以剥夺卢奇乌斯保有国有马匹的资格。[⑥] 既然他并未把后者从元老院中驱逐，那纯粹就是一场公开的恶意挑衅，[⑦] 而且在我看来非常可信的，是针对斯奇皮奥家族全部的愤怒，犹如对弗拉米尼努斯家族的羞辱一样，全是加图派的杰作。这个谣传在古代已为人所知，并由科尔奈利乌斯·奈波斯记录下来。[⑧]

公元前 185 年，执政官森普罗尼乌斯本来通过抽签负责主持执政官选举。可是，他的同僚 Ap. 克劳狄乌斯抢在前面赶回罗马，并在竞选中支持自己的兄弟普布利乌斯。保民官们各自加入一边，最终是普布利乌斯胜选。[⑨]

公元前 182 年，执政官 L. 埃米利乌斯·保鲁斯和 Cn. 巴比乌   128

---

① Liv. 38.42.10.

② Liv. 37.55.7, 38.44.11, 38.50.3 把这一行动描绘成"恶意的"（*malignitas*）。

③ Liv. 38.50.2.

④ Liv. 39.7.5; Mommsen, *Staatsr.* III, 228 n. 4.

⑤ Pol. 23.14, Gell.4.18.

⑥ Gell. 6.19, Liv. 39.44.1, *Vir. Ill.* 53.2. 关于这场审判，见 Münzer, *RE* 4.1474ff. [参见 *RE* 22.123, 127].

⑦ Plut. *Cato mai.* 18.1 就是这样叙述的。另见 *Vir. Ill.* 53.2。

⑧ Gell. 4.18.7："他们说，在加图——斯奇皮奥的私敌——的影响下，出身佩提利乌斯家族的保民官强烈要求……"（*Petillii quidam tribuni plebis a M. ut aiunt Catone, inimico Scipionis, comparati...*）参见 Münzer, *RE* 4.1479。

⑨ Liv. 39.32.13.

斯·坦菲鲁斯同意由巴比鲁斯主持选举，因为他兄弟马尔库斯也是执政官候选人，而他也正式当选了。①保鲁斯和坦菲鲁斯此前都在公元前185年遭遇过失败，对保鲁斯来说，那是他第二次竞选失利。由于此前三次均遭败绩，所以他必须在公元前183年再度竞选。②在我看来，他对巴比乌斯家族的态度似乎表明，他属于同一派别。

公元前184年，两位副执政官C.卡尔普尔尼乌斯·皮索③和L.昆克提乌斯——两人公元前185年曾在塔古斯战役中赢得大胜④——要求领兵回国。于是在元老院中新当选的副执政官和两位不在场的副执政官的朋友之间，立刻爆发了一场争吵。执政官和保民官意见不一，但最终缺席者赢得了胜利。⑤

公元前173年执政官M.波皮利乌斯·莱那斯本应接受元老院命令解放曾被他卖为奴隶的利古利亚人，并且要按价补偿买主。但他在狂怒中来到罗马，威胁了提出有关他战争行动动议的副执政官，并且要求元老院承认他作为避难者（supplicatio）的权利。他一事无成地返回了自己的行省。⑥他的同僚波斯图米乌斯·阿尔比努斯（Postumius Albinus）主持了选举，并且宣布波皮利乌斯的兄弟盖乌斯和P.埃利乌斯·利古斯（P. Aelius Ligus）当选执政官。埃利乌斯提出了利古利亚问题，但C.波皮利乌斯宣布，他会否决这个问题上的所有命令，并且把同僚争取到自己的一边。元老院把利古利亚分配给两位（现任）执政官。⑦同时，M.波皮利乌斯的一封书信到达罗马，送来他又屠杀了6 000名利古利亚人的消息。保民官们立刻通过一道平民会议决议，威

---

① Liv. 40.17,18.
② Vir. Ill. 56.1.
③ RE 3.1376.
④ Liv. 39.30−31.
⑤ Liv. 39.38.10.
⑥ Liv. 42.8, 9.
⑦ Liv. 42.10.11.

胁两位执政官必须前往行省,并且针对 M. 波皮利乌斯展开调查。① 马
尔库斯将军队交给了他的继任者,但因为他受到元老院和人民的憎恨,
他犹豫是否应当现身罗马。最终一个新的平民会议决议威胁要做出缺席
判决。他连续两次在副执政官 C. 利奇尼乌斯(C. Licinius)的法庭前为
自己辩护。在缺席的执政官盖乌斯的游说以及波皮利乌斯家族的请求之
下,副执政官确定 3 月 15 日为最后一次听证日期,调查因此彻底终止。②
至于利古利亚人奴隶,如同他兄弟的指令一样,C. 波皮利乌斯基本视而
不见了。③ 于是,一个家族成功把元老院命令和人民都踩在了脚下。

当 C. 莱利乌斯竞选公元前 141 年执政官时,斯奇皮奥 · 埃米利亚
努斯曾询问 Q. 庞培他是否也考虑参加竞选。庞培答称,他会在选战中
举荐莱利乌斯。可是,他事实上举荐的是自己并且当选,而莱利乌斯失
败了。对斯奇皮奥来说,这让他有足够理由与庞培永久断交。④ 他帮助
P. 鲁皮利乌斯(P. Rupilius)当选公元前 132 年执政官,且有意同样帮
助鲁皮利乌斯的兄弟卢奇乌斯,但未能成功,⑤ 因为除与庞培割袍断义
外,他与 Q. 凯奇利乌斯 · 麦泰鲁斯 · 马其顿尼库斯也闹翻了,而后者
于公元前 132 年与 P. 穆奇乌斯 · 斯凯沃拉结成了同盟,⑥ 且斯凯沃拉
的兄弟 P. 利奇尼乌斯 · 克拉苏 · 穆奇亚努斯当选为公元前 131 年执
政官。当然,最后这位是 C. 格拉古的岳父。⑦ 当时根据提比略土地法的
规定,与 Ap. 克劳狄乌斯——Ti. 格拉古的岳父——以及 C. 格拉古本人
一道,是分配公有地的三人委员会的成员。⑧ 斯凯沃拉兄弟和克拉苏最

129

---

① Liv. 42.21.4-8.
② Liv. 42.22.8.
③ Liv. 42.28.3.
④ Plut. *Mor.* 200C, Cic. *Lael.* 77.
⑤ Cic. *Lael.* 73, *Tusc.* 4.40; Plin. *NH* 7.122. 也请见 C. Fannius fr. 6P。
⑥ Cic. *Rep.* 1.31.
⑦ Plut. *Ti. Grac.* 21.1, *C. Grac.* 15.2.
⑧ *ILS* 24, 26.

初都与 Ti. 格拉古关系密切，^①也不曾听说他们后来敌对过。虽然麦泰鲁

130　斯是 Ti. 格拉古强有力的对手，^②但我认为，他与穆奇乌斯一道在竞选中支持克拉苏和对抗斯奇皮奥，并不是不可能的。我们知道，克拉苏的思想绝不只关注土地问题。在他执政官任内，发生了对阿里斯托尼库斯的战争。作为大祭司长，他禁止自己的同僚 L. 瓦莱里乌斯·弗拉库斯——弗拉门战争祭司——在履行自己的宗教责任时缺席。虽然他本人有同样的情况，但他通过一次人民投票成功得到了指挥权，而只有两个特里布斯投了斯奇皮奥的票。^③麦泰鲁斯和庞培也互为对手，^④但如同公元前 133 年他们曾联合攻击 Ti. 格拉古一样，此前的公元前 136 年，他们坚持认为执政官 L. 弗里乌斯·菲鲁斯（L. Furius Philus）^⑤——斯奇皮奥集团的成员——在西班牙行省的目标是使自己发财，所以他强迫他们作为副将在那里陪同他。^⑥

　　格拉古兄弟的颠覆活动虽然不能将源头归于纯粹的个人动机，^⑦但也包含足够多的朋党因素。前文已提及格拉古的岳父在其中的贡献。公元前 132 年，Ti. 格拉古希望使自己再度当选保民官，他的兄弟当选保民官，岳父阿皮乌斯当选执政官。^⑧在岳父去世后，M. 弗尔维乌斯·弗拉库斯和 C. 帕皮利乌斯·卡尔波当选为土地委员会成员。^⑨M. 弗尔维乌斯可能是被迫加入格拉古阵营的，因为公元前 174 年的监察官把

---

① Cic. *Acad. Prior.* 2.13："Ti. 格拉古土地法的支持者。"（*aiunt Ti. Graccho auctores legume fuisse*）。

② Cic. *Brut.* 81, Plut. *Ti. Grac.* 14.2.

③ Cic. *Phil.* 11.18; Liv. *Per.* 59："执政官利西尼乌斯·克拉苏也是大祭司长——这种形势过去从未出现过，他离开意大利去对抗阿里斯托尼库斯，他在战斗中被击败，并且阵亡了。"（*Licinius Crassus cos., cum idem pontifex max. esset, quod numquam antea factum erat, extra Italiam profectus proelio uictus et occisus est.*）朗（III, 19）推测 L. 鲁皮利乌斯曾在竞选中对抗克拉苏，但未能成功。

④ Cic. *Font.* 33.

⑤ Münzer, *RE* 7.360, no. 78.

⑥ Dio fr. 82, Val. Max. 3.7.5.

⑦ 他的对手就是这么说的（Cic. *Har. Resp.* 43, *Brut.* 103; Vell. 2.2.1; Dio fr. 83.2）。

⑧ Dio fr. 83.8. 最初的土地委员会由这三人组成（App. *BC* 1.13.55）。

⑨ *ILS* 25.

弗尔维乌斯的父亲从元老名单中剔除了。[①] C. 帕皮利乌斯 · 卡尔波作为公元前 131 年的保民官表现活跃，精神上追随格拉古的改革计划。但公元前 120 年他担任执政官时，却为 L. 奥皮米乌斯辩护，后者是公元前 121 年执政官，本应对 C. 格拉古以及他大批追随者的死亡负责，他事实上提出了这样的看法：这样做是正当的，有利于国家。[②] 虽然如此，次年他因受到年轻的 L. 克拉苏控告，被作为一个格拉古派成员定罪。[③] C. 格拉古以两道法令开始其保民官任期，意在为哥哥向两个特殊人物复仇。在母亲的请求下，他放弃了针对 M. 屋大维的议案，[④] 但 P. 波皮利乌斯 · 莱纳斯——公元前 132 年执政官——被迫流亡。[⑤]

131

马略崛起过程中的唯一特殊之处，是尽管显贵阶层企图把骑士出身的人排除在最高官职之外，他仍然当上了执政官。其他方面他的仕途循规蹈矩。他来自阿尔皮努姆的一个地主家庭，在乡村长大，不曾受过希腊式教育。[⑥] 在努曼提亚，他作为骑士服务于斯奇皮奥麾下，[⑦] 因勇敢受到这位将军的注意，[⑧] 赢得了非常大的名气，以至于他竞选军团长官时，所有特里布斯都投了他的票。像骑士一样，他对国家合同有兴趣。[⑨] 在达到规定的年龄时，他转向了政治。对他担任财务官的情况，我们一无所知。[⑩] 可是，一个叫凯奇利乌斯 · 麦泰鲁斯[⑪]（Caecilius Metellus）——马略父亲此前就处在他的庇护之下——的人的支持使他

---

① Münzer, *RE* 7.241 提出了这个猜想。
② Cic. *De or.* 2.106.
③ Cic. *De or.* 2.170, *Fam.* 9.21.3; Val. Max. 3.7.6.
④ Plut. *C. Grac.* 4.2, Diod. 34/5.25.2.
⑤ Plut. *C. Grac.* 4.2; Diod. 34/5.26; Cic. *Dom.* 82, *Leg.* 3.26.
⑥ Sall. *BJ* 63.3.
⑦ Val. Max. 8.15.7. 由于他和斯奇皮奥同桌用餐，身份或许是友人（*contubernalis*），见 Plut. *Mar.* 3.4.
⑧ Plut. *Mar.* 3.13, Val. Max. 8.15.7.
⑨ Diod. 34/5.38.
⑩ Val. Max. 6.9.14："对阿尔皮努姆的荣誉而言，他过于寒微，所以冒险到罗马竞选财务官。"（*Arpinatibus honoribus iudicatus inferior quaesturam Romae petere ausus.*）这句话是修辞学练习。
⑪ 据闵采尔的看法（*RE* 3.1207f., no. 82），此人是公元前 123 年执政官、公元前 120 年监察官 Q. 巴利亚里库斯（Q. Baliaricus）。

132　在公元前 119 年当选为保民官，但在投票程序法问题上，他与自己的恩主闹翻了。[①] 或许因为这个原因，他的仕途从此变得不那么顺畅。他在同一天中两次输掉了市政官选举。[②] 在副执政官选举中，他也仅赶上了末班车，而且面临贿赂指控，在审判中，也仅获得半数票被开释。由于判决是由他自己等级的成员而非元老做出，这毋宁表示他有罪。在下一次的公民登记中，他的朋友卡西乌斯·萨巴科（Cassius Sabaco）被开除出元老院，因为在选举中，他的奴隶现身于围栏之内的选民中。他与 M. 埃米利乌斯·斯考鲁斯的选举协议可能属于这个时期。[③] 副执政官任满后，他得到远西班牙行省。虽然他并不富有，但在任期归来后，其地位足以使他可与尤利娅（Julia）结婚，后者出身于一个极其古老的显贵家族。[④] 公元前 109 年，朋友 Q. 麦泰卢斯带着他，[⑤] 以副将身份参与朱古达战争，无论何时需要独立完成任务，麦泰卢斯总是委托给马略。然后是公元前 108 年，一位预言家鼓励他考虑竞选执政官。[⑥] 他向麦泰卢斯告假，以便他可以正常参与竞选。麦泰卢斯友好地劝阻他不要做如此丢人的事情。但当马略喋喋不休地请求时，据称麦泰卢斯告诫他不要过于匆忙：他与麦泰卢斯的儿子——那时他大约 20 岁——一道竞选执政官才是最合适的时机。[⑦] 马略因此愤怒无比，决心不惜一切代价实现自己的目标。他放松士兵的纪律，并且向乌提卡的诸多罗马商人许下美好诺言：靠着一半的军队，他就可以使朱古达数日内镣铐加身，而麦泰卢斯是在有意延长他的统帅任期。他向愚蠢的、遭麦泰卢斯无视的王

---

① Cic. *Leg.* 3.38, Plut. *Mar.* 4.4（以及闵采尔的推测）。
② Plut. *Mar.* 5.3, Cic. *Planc.* 51.
③ Plin. *NH* 36.116："一个马尔库斯·斯考鲁斯那样的父亲，他长期是政府的领袖，并且为马略及其密友充当他们从行省掠夺来的财富的接收人。"（*M. Scaurus pater totiens princeps ciuitatis et Mariani sodalicii rapinarum prouincialium sinus.*）对他父亲性格的描绘，意在说明儿子奢侈得特别过分。
④ Plut. *Mar.* 6.4.
⑤ Sall. *BJ* 58.5.
⑥ Sall. *BJ* 63.
⑦ Sall. *BJ* 64.

位图谋者高达（Gauda）承诺了努米底亚的王位。通过演说，马略使得
罗马的骑士和商人都写信给自己在罗马的熟人，要求让他担任统帅。由
此在罗马形成了一个为马略造势的庞大和有影响的圈子。同时，公元前
109年《马米利亚法》的精神仍在沸点：① 根据该法，数名杰出人士被发
现接受了朱古达的贿赂并被定罪。由于马略不再尽职，麦泰鲁斯最终准
假，让马略去罗马。② 他到达罗马时，已然万事俱备。如同他们此前赞
扬麦泰鲁斯的显赫身份一样，人们如今高扬马略卑微的出身，革命派的
官员们要求把麦泰鲁斯交付审判；所有手艺人和承包商都放弃了自己
的工作，自愿充当马略竞选时的扈从。于是马略获得了执政官职位，通
过一道特殊的人民法令，也获得了朱古达战争的指挥权。他的成功使他
成为六任执政官的人民英雄。可是，公元前100年，当他需要作为一个
朋党首脑表现出政治手腕时，他失手了，归入平庸。

在所有政治斗争中朋党发挥的主要作用，还可以通过更多具体例
证说明。这里我要做的，不过是提及后来一个典型的朋党首脑 P. 科尔
奈利乌斯·凯泰古斯（P. Cornelius Cethegus）。③ 公元前88年，他与苏
尔皮奇乌斯·鲁弗斯和马略一道被苏拉剥夺了法律保护，④ 但他逃跑
了。⑤ 公元前83年苏拉归来时，他主动为苏拉尽效犬马之劳。⑥ 尽管他
从不曾担任执政官，⑦ 但在苏拉死后的统治者小集团中，他占据突出地
位。虽然声名不佳，但最杰出的那些人士仍要讨好他，给他送礼。⑧ 鲁
库鲁斯所以在获得对米特拉达梯战争的指挥权时如此艰难，是因为他
得罪了凯泰古斯。摆在鲁库鲁斯面前的，除讨好凯泰古斯的情妇普莱奇

---

① Sall. *BJ* 65.
② Sall. *BJ* 73.2.
③ Münzer, *RE* 4.1281.
④ App. *BC* 1.60.271.
⑤ App. *BC* 1.62.280, Plut. *Mar.* 40.4.
⑥ App. *BC* 1.80.369.
⑦ Cic. *Brut.* 178.
⑧ Cic. *Parad.* 40.

娅（Praecia），没有任何其他方式可以重新获得青睐。[1]

对朋党集团活动的生动描绘部分幸存至今。法萨鲁斯战役前夜，庞培派中没有任何人思考过结局。所有人的眼光都盯在利用被视为理所当然的胜利果实上。他们就奖品和祭司职位争吵，以及拟定未来执政官的名单。鲁奇利乌斯·希尔鲁斯（Lucilius Hirrus）在下次竞选中是否可以缺席当选副执政官的问题，尤其引发了巨大争议，[2]因为他受庞培之命出使帕提亚了。他的朋友要求庞培应当信守希尔鲁斯离开时对他做出的承诺，这样他表面上不至于受到庞培承诺的欺骗。可是，其他人宣称，这种个人恩惠不应出现在平等任职的场合。L.多米提乌斯·埃诺巴尔布斯、P.科尔奈利乌斯·伦图鲁斯·斯品泰尔和 Q.凯奇利乌斯·麦泰鲁斯·皮乌斯·斯奇皮奥整日都在为谁应当继承恺撒大祭司长的地位而争吵，在此过程中他们公开地相互辱骂。伦图鲁斯强调年龄优先；多米提乌斯强调在城邦中受欢迎的程度和地位；斯奇皮奥强调他是庞培的岳父。[3]

恺撒把那些如此行事的人称为"少数人的小集团"。[4]在他自己的阵营中，情况可能也没多大差别。公元前 56 年秋，卢卡会议之后，西塞罗写道：就他所知，已经达成协议拟定的未来执政官的名单，可能如同到他那时的《执政官年表》一样长。[5]

公元前 50 年的备忘录勾勒出如下画面："庞培已经把有关收入、支出和法庭的最高权力授予几位元老。罗马平民从前本拥有最大权力，已经因为根本不公正的法律被打压成了奴隶。虽然法庭如过去一样留在三个等级手里，但朋党已经牢牢掌控了它，以至于它随心所欲地接案和

---

① Plut. *Lucull*. 5,6.
② 公元前 51 年市政官选举中，他面对凯利乌斯遭遇失败（Cael. ap. Cic. *Fam*. 8.2.2, 8.9.1）。他代表的是显贵或善人。
③ Caes. *BC* 3.82, 83.
④ *BC* 1.22.5.
⑤ *Att*. 4.8a.2.

判决，使无辜者蒙难，让他们自己的人当官。罪恶感、羞耻感和下作感完全无法阻止他们获得官职。"① "如今，显贵们完全不知如何对抗敌人，因战争与媾和的需要，② 他们组成了朋党，傲慢地统治着人民，因此，元老们的智慧原本用来维护摇摇欲坠的国家的稳定，如今已经成为他人的奴隶，随波逐流。今天他们决定这样做，但下次可以做出相反的决定。他们妒忌公共利益，唯大人物马首是瞻。因此，如果全体人民的自由是平等或更秘密的投票，则共和国可能会变得有力，而显贵将失去力量。但因为所有元老的影响难以平等：毕竟显贵们祖宗的光荣、尊严和门客让他们占据优势，且多数人被视为元老院的闯入者"，所以恺撒应当引入书面投票和扩大元老院。③ "到目前为止，有些人忙于刑事审判，其他人忙于自己或朋友的私人事务，所以他们无法出席元老院的会议。可是，对他们时间上的这种要求所造成的障碍，一点都不比显贵们的高压手段更严重。显贵们，连同少数作为他们集团附庸的元老，随心所欲地处理着所有需要批准、检查和命令的事情。"④ 值得注意的是，西塞罗对公元前 58 年的平民派执政官和恺撒的岳父皮索提出了类似的指控，后来还控告安托尼乌斯消灭了言论自由。⑤

那些被排除在外的人总是把居于统治地位的集团称为"少数人"，在从希腊人那里接受过来的政制理论中，寡头制含有令人不快的贬义。在西塞罗 ⑥ 的政制循环论中，朋党是与波利比乌斯的寡头制 ⑦ 对应的。西塞罗——一个雄心勃勃但仅出身骑士的人——在反维莱斯演说中试

135

---

① Sall. *Ep.* 2.3.1ff.
② *militiae domi factione instructi.*
③ Sall. *Ep.* 2.10.9–11.5.
④ Ibid. 2.11.6.
⑤ *Pis.* 57："没有一张自由人的选票"（*nullo ferente suffragium libero*）。*Fam.* 1.8.3 如此概括公元前 55 年的形势："元老院中那高高在上的发言，公共事务中的自由，都结束了。"（*dignitas, in sententiis dicendis, libertas in re publica capessenda, ea sublata totast.*）*Phil.* 1.14, 20 称，安托尼乌斯正从那些审判员中组成第三个法庭，"他们不敢独立做出判决"（*qui libere iudicare non audeant*）。
⑥ *Rep.* 1.68.
⑦ 6.8.5.

136 图破坏他的显赫对手即那些试图保护被告的人的名声，称他们为"少数人"。^①公元前 66 年，在为克鲁恩提乌斯辩护的演说中，他再次试图用这个口号争取骑士等级陪审员的支持。^②之后，当他本人成为统治者中的一员时，他再度与"少数人"斗争，但这次他指向的是那个希望确保通过鲁卢斯土地法案的帮派。^③流放归来后，他把这个外号送给了克罗狄乌斯、加比尼乌斯以及他其余的敌人。公元前 55 年的一封书信中，他把这个名头明确加在了三巨头身上。^④不过，在《内战记》中，恺撒把自己的对手描绘成寡头分子，就此而言，他获得了希尔提乌斯的背书。^⑤这个口头禅自然也出现在了萨鲁斯特^⑥的作品中——致恺撒的两份备忘录——和李维的作品中。^⑦

有趣的是，在描述凯泰古斯及其他朋党领袖与其他元老的关系时，萨鲁斯特称前者为 *patrocinium*。^⑧在罗马，政治权力的基础正是依附者个人的义务关系。我们对其政治活动略有了解的第一个政治家 Ap. 克劳狄乌斯·凯库斯——公元前 312 年监察官——就"试图通过门客制度控制意大利"。^⑨

8. 希腊化世界对政治的影响

以上就是历史时期的罗马政府。汉尼拔战争后，政治生活展现出
137 无可否认的强烈的个人特征。罗马的官员们认为，他们自己是某种意

---

① *Div. Caec.* 70; 1 *Verr.* 36; 2 *Verr.* 1.155, 3.145, 5.126, 127.
② *Cluent.* 152.
③ *Leg. agr.* 2.25, 82（ss.63 类似, 70：提到了 *certi homines* [少数人]）；3.13. 参见 *Rep.* 3.23. *Fam.* 1.9.10 谈及三巨头的对手们。
④ *Sest.* 67, *Har. resp.* 60, *Fam.* 1.8.3.
⑤ *BG* 8.50.2, 52.3; *BC* 1.22.5, 85.9.
⑥ *BJ* 27.2, 31.2, 9, 20, 41.7, 42.1, 80.5; *Cat.* 20.7, 30.4, 39.1, 58.11; *Hist.* 3.48.6M.
⑦ *Sall. Ep.* 1.2.2; 2.3.2.
⑧ *Hist.* 1.77.6, 20M.
⑨ *Suet. Tib.* 2. 2，我们应根据希斯菲尔德的意见，把德鲁苏斯读为克拉苏。参见 Münzer, *RE* 3. 2681. Cic. *Cato mai.* 37 称："阿皮乌斯虽然既盲且老，但管理着大群的门客。"（*tantas clientelas Appius regebat et caecus et senex.*）

义上的霸权管理者而非所有者，[①] 因而无所顾忌地、自私地利用这种霸权以强化他们个人的权威。如人们经常评论的那样，对于之前那个时代的社会状况，我们实质上一无所知。虽然如此，我还是愿意大胆猜测，在政治上个人主义不断成长的过程中，希腊化世界的影响发挥了一定作用。当有人问及老阿非利加努斯哪些人是过去最好的政治家时，他提到了西西里的僭主阿加托克莱斯（Agathocles）和狄奥尼修斯（Dionysius）。[②]

诸如 T. 昆克提乌斯·弗拉米努斯那样的人，可能不会满足于一个普通罗马元老的身份。公元前 196 年的地峡赛会上，他曾被感恩戴德的希腊人欢呼为"救主"，获得了花环和头带，[③] 而且卡尔奇斯人在公元前 191 年设置了崇拜他的节日，有专职祭司和颂歌。[④] 公元前 201 年，M. 埃米利乌斯·莱皮杜斯——诺比利奥的对手——是出使东方使团中的年轻人。[⑤] 他受命从罗德斯到腓力那里，后者当时正围困阿比杜斯。他以元老院的名义下令腓力停止所有针对希腊人和埃及的敌对行动。

---

① 因此，苏拉对革命的扑灭，被视为显贵重新夺取国家的行动。Cic. *Rosc. Am.* 141 就是这么看的："那么，显贵们最终站起来了，依靠武力重夺政府，仅仅是为了让显贵们的那些解放奴隶和不值一提的奴隶们可以攻击我们的产业和财富吗？"（*idcircone exspectata nobilitas armis atque ferro rem publicam reciperauit ut ad libidinem suam liberti seruolique nobelium bona fortunas arasque nostras uexare possent?*）Sall. *Cat.* 11.4："卢奇乌斯·苏拉以暴力控制了国家。"（*postquam L. Sulla armis recepta re publica*）；等等。朋党的控制被呈现为所有权，见 Sall. *Cat.* 20.7; *BJ* 31.20, 41.7; *Hist.* 1.51："这件事表明，重夺共和国是为了劫掠而非自由。"（*quo patefactum est rem publicam praedae non libertati repetitiam*），3.48.6M。

② Pol. 15.35.6："集勇气与智慧于一身的最伟大的政治家。"（*τίνας ὑπολαμβάνει πραγματικωτάτους ἄνδρας γεγονέναι καὶ σὺν νῷ τολμηροτάτους*）。

③ Pol. 18.46.12. 铭文中以救主身份出现的情况，见 *SIG³* 592. 救主意味着神一般的荣誉，见 Plut. *Demetr.* 10.4, Diod. 20.46.2, Paus. 1.8.6; *SIG³* 390.27. 关于授予亚历山大及其继业者的神圣荣誉，见 W. Otto, *Priester und Tempel im hellenistischen Aegypten* I, 142, II, 272; Wendland, *Hellenistisch-römische Kultur*, 75; Kaerst, *Gesch. des hellenistischen Zeitalters* I, 389ff. 这个概念日益贬值。公元前 167 年，当普鲁西亚斯二世祝贺罗马人时，他用下面的话致敬元老院："致敬，你们这些救主大神。"（*χαίρετε θεοὶ σωτῆρες*, Pol. 30.18.5）。参见原书第 86 页及以下。{关于弗拉米努斯的荣誉，参见 Reynolds, *JRS* 56, 1996, 117.}。

④ Plut. *Flam.* 16.3ff. 在颂歌中，他被称为"救主提图斯"（*ὦ Τίτε σῶτερ*）。

⑤ Liv. 35.10.11 说，他直到公元前 193 年才当上市政官。

138　腓力试图证明自己的正当，但莱皮杜斯突然打断了他的话。腓力非常吃惊，就此评论说，他之所以愿意原谅埃米利乌斯，只是因为后者太年轻，太缺乏经验，而且他如此帅气，又是一个罗马人。[①]

公元前 168 年与佩尔修斯战争期间，元老院听闻安条克四世（埃皮法奈斯）击败埃及，即将夺取亚历山大里亚。叙利亚王国势力的扩张看起来是危险的，C. 波皮利乌斯 · 莱纳斯——公元前 172 年执政官——受命前往结束战争，并调查局势的总体状况。[②] 当波皮利乌斯在距亚历山大里亚四英里的埃琉西斯（Eleusis）与这位国王碰面时，[③] 皮德纳战役已经结束。当波皮利乌斯尚在远处时，国王已经迎上前来，欲与前者握手。可是，波皮利乌斯取出了内装元老院命令的信件，告诉他先阅读信件。看过信件后，安条克宣称，他必须与自己的朋友们商量。波皮利乌斯立刻用自己的葡萄藤杖绕着国王画一圆圈，命令他就在圈中做出决定。国王虽然对这种傲慢行为大为吃惊，在短暂且难堪的停顿后，还是承诺接受罗马的所有要求。然后罗马人与国王友好地握手，而国王被迫立刻自埃及撤出。波皮利乌斯改组了埃及政府，随后去了塞浦路斯——那里的埃及军队刚被叙利亚人击败。他留在那里，直到最后一名叙利亚士兵离开那座岛屿。由于罗马人（的干预），埃及王国复原，好像没有任何事情发生。[④]

伟大的国王们必须忍受这样的态度。由此我们可以推知罗马元老们在国外的地位。在那里，他们如同最伟大的君王一样受到敬重，不可避免的是，他们在国内的行为也日益带有国王的特点。在这方面，他们如饥似渴地向被征服者即希腊化世界的国王们学习。

---

① Pol. 16.34.1–7.
② Pol. 29.2.
③ Liv. 45.12.3.
④ Pol. 29.27, Wilcken, *RE* 1.2474.

结语

全体罗马人民，包括统治集团和他们统治的普通选民，作为一个社会，沉浸于以忠诚和个人关系为基础的多重关系之中，关系的主要形式，是法庭中的恩庇和对共同体的恩庇，以及政治友谊和经济义务。这些关系决定了政治权力的分配。要维护自己的权利，公民和臣民都必须寻求强权人物的保护，政治上的入门者需要一个强有力的保护者以获得升迁。政治权力以元老院成员资格为基础，元老院由人民选举的官员组成，因此最强大的人，是能够通过门客和朋友动员最大数量选民的人。政治权力在贵族家族中世袭的性质，源自显贵（最成功的政治家的后代）的特征。政治生活的动力集中在他们手里，政治斗争是显贵率领他们的依附者进行的争斗。不管这些依附者是如何获得的，也不管斗争在哪个领域以何种方式进行，都毫无区别。在此过程中，如果偶有新人走上前台，总体图景并无变化。老旧的罗马道德的约束，轻松地被时髦的希腊化的观念超越。对个人权力无限制的追求不断给政治领袖们创造着日益增大的目标。那场巨大冲突的结局，是反对者或者被消灭，或者完全筋疲力尽，拜倒在唯一胜利者的脚下，于是显贵的统治让位给了绝对君主制。

元首制时代的显贵 ①

一

在致图拉真的《颂词》(69.4ff.)中，普林尼写道："除了对元老院的尊重，难道还有其他吗？元老院使您能够给那些出生高贵的年轻人以他们祖传的地位，但略早于应当的年龄。因此，在经历了如此悠久的年代后，显贵的光辉并未因皇帝而黯淡，反而更加光彩夺目。伟人们的子孙、自由的苗裔，在皇帝的面前终于不用再恐惧地颤抖。相反，他通过早日让他们显赫，抬举他们，向他们致敬，恢复他们先祖曾有的光荣。古老家族的任何遗珠，他都复兴他们曾经闪耀的余晖，珍视他们，助推他们为国效劳。人们仍敬重那些伟大的名字，他们曾是人们街谈巷议的名流，由于皇帝的好心，又被从遗忘的暗影中召回。皇帝的目标，不仅要保存，而且要创造我们高贵的家族。"(*an aliud a te quam senatus reuerentia obtinuit ut iuuenibus clarissimae gentis debitum generi honorem, sed antequam deberetur. offerres? tandem ergo nobilitas hon obscuratur. sed inlustratura principe, tandem illos ingentium uirorum nepotes, illos posteros libertatis nec terret Caesar nec pauet; quin immo festinatis honoribus amplificat atque auget et maioribus suis reddit. si*

---

① 对本文所讨论问题的回顾见 R. Syme, *Tacitus* (1958), 654 nn. 2–4。

quid usquam stirpis antiquae, si quid residuae claritatis, hoc amplexatur ac refouet et in usum rei publicae promit. sunt in honore hominum et in ore famae magna nomina<excitata> ex tenebris obliuionis indulgentia Caesaris, cuivs haec intentio est, ut nobiles et conseruet et efficiat（［*MSS afficiat*］）.

这里的显贵概念指向一个特殊阶层的人士：伟人的子孙，自由的苗裔（*illos ingentium uirorum nepotes, illi posteri libertatis*），即那些发端和地位一直回溯到共和国时代的贵族。图拉真本人也是杰出的苗裔：父亲出身高贵，位及执政官，并且赢得过凯旋式（*patricio et consular et triumphali patre genitus. 9.2*）。但他并非显贵，在《颂词》70.2第70章第2节，他与那些显贵形成了对照（70.2）："既然您是元首，您的美德，早已远远超出您祖先的光辉。有什么理由让那些使子孙跻身于显贵之列的人的地位，低于那些因祖上地位而显赫的人呢？"（*cur enim te principe, qui generis tui claritatem uirtute superasti, deterior esset condicio eorum, qui posteros habere nobiles mererentur, quam eorum, qui parentes habuissent?*）普林尼的意思并不是说图拉真时代创造了新的显贵，他只是说，在他自己的时代，有些人有资格使他们的后代被称为显贵。威尔海姆·贝伦斯（Wilhelm Baehrens）——《颂词》拉丁文本的校勘者——误解了这一点：在文本中，他把《颂词》69.6校勘成"*haec intentio est, ut nobiles et conseruet et faciat*"，如他所说，成了"原因从句"（*clausulae causa*）。基于史实的原因，这个校改无法接受。皇帝并未创造新的显贵，相反，他要确保他们的延续，保证他们得到承认。手稿中的*afficiat*因此应当如流行至今的做法，被订正为*et efficiat*。[①] 贝伦斯的校勘似乎鲜得支持的另一原因，是在整个段落中，都使用的是

142

---

① ｛作者现在或许会同意，斯坦因假设在*afficiat*前面有一空格（*Hermes* 52, 1917, 566 n. 1）是最可能的解决方案。参见这篇演说中众多其他空格，包括同一部分中所有校勘者都注意到的那个。显然，有关帝国时代显贵一词用法的论证并未因此受到任何影响。｝

"和"，它连接的不是两个对举的概念，而是反复表达同一个意思："早日让他们显赫，抬举他们，向他们致敬，恢复他们先祖曾有的光荣。"（amplificat atque auget, amplexatur ac refouet, in honore hominum et in ore famae）

如果我的理解是正确的，则对普林尼来说，显贵只能指共和国时代的贵族，那就意味着元首制时代，显贵的概念受到了限定。在自由共和国时代，任何祖先曾任执政官的人都被视为显贵的一员，证明这个看法的论证，至今未遇任何反驳。[1] C. 巴特（C. Bardt）宣称，他偏向追随"肖像面具规则"（ius imaginum）。[2] 我应当不客气地在拙作第 26 页（前文第 33 页）再征引一次，并且再度探讨，在西塞罗为丰泰伊乌斯和穆莱纳辩护的演说中，他为什么不把他的客户称为"显贵"。

上引普林尼的观点是否具有普遍性，只要考察其他文献证据就清楚了。

小普林尼曾做过另一个必须在此加以考虑的评论。我们在他的书信中遇到过许多人物，值得注意的是，他只把显贵的称号赋予一人：卡尔普尔尼乌斯·皮索（RE no.59）。他写信给朋友说（5.17.1）："任何好人家的孩子如果做了任何配得上祖先的事情……我总是急忙告诉你。"（scio...quantum gaudii capias, si nobiles iuuenes dignum aliquid maioribus suis faciant）第 4 节称："虽然我希望多说几句，因为在当今的年轻人和显贵阶级中，这些素质变得如此稀有了。"（4: libet plura, quo sunt pulchriora de iuuene, rariora de nobili）第 6 节称："更不用说，我绝不希望显贵的家庭中除了他们祖先的肖像面具外，没有任何其他杰出人士。"（6: mire cupio, ne nobiles nostril nihil in domibus suis pulchrum nisi imagines habeant）这些都是众所周知的老生常谈，玉外

---

[1] *Die Nobilität der römischen Republik*, 22ff. {=supra p. 28ff.}.
[2] *BPhW* 1913, 18.

纳（Juvenal）用了整整一首讽刺诗来嘲笑这些不断重弹的老调。我们不清楚这位皮索与卡尔普尔尼乌斯氏族其他支派的关系，但可以肯定，元首制时代，显贵称号属于共和国时代的贵族家庭。

史料最丰富的地方，是普林尼的朋友塔西佗的《历史》和《编年史》。

《历史》1.14.2 说，L. 卡尔普尔尼乌斯·皮索·弗鲁吉·利奇尼亚努斯（L. Calpurnius Piso Frugi Licinianus，*ILS* 240 记录的全名是这样；[①]

另见 *RE* no. 100）是"M. 克拉苏和斯克利波尼娅之子，所以父母双方都是显贵"（*M. Crasso et Scribonia genitus*，*nobilis utrimaque*）。"双方都是显贵"表明的事实是：在元首制下，谱系中的母亲一方也被考虑在内，这个牢固确立的原则，却是共和国时代不知道的。这种形式有助于解释我们在这个例证中遇到的姓名的发展。在《保利古典古代科学百科全书》第 3 卷第 1375 页，格罗亚（Groag）提供了皮索家的谱系。皮索的父亲是 M. 利奇尼乌斯·克拉苏·弗鲁吉（M. Licinius Crassus Frugi，*PIR* II，276；[②] 全名见 *ILS* 954），显然只是因为被某个利奇尼乌斯过继，这个原本卡尔普尔尼乌斯家的人才得到了利奇尼乌斯之名，并与一个叫斯克利波尼娅的结了婚。|但请见 Syme，*JRS* 50，1960，13ff. | 他四个儿子的名字分别是（1）Cn. 庞培·马格努斯（*ILS* 955），因为他母亲斯克利波尼娅（*PIR* L 185）是大庞培的曾孙女；（2）M. 利奇尼乌斯·克拉苏·弗鲁吉；（3）利奇尼乌斯·克拉苏·斯克利波尼亚努斯（Licinius Crassus Scribonianus）；（4）L. 卡尔普尔尼乌斯·皮索·弗鲁吉·利奇尼亚努斯。他女儿名叫利奇尼娅·马格纳（Licinia Magna，*PIR* L 185）。因此，我们现在讨论的皮索是显贵，因为其父亲是卡尔普尔尼乌斯家族和利奇尼乌斯家族的成员，母系则凭借庞培和斯克利波尼亚家族成为显贵。他兄弟和姐姐的名字非常清晰地显示，所有这些因

143

---

① H. Dessau, *Inscriptiones Latinae Selectae*.

② *Prosopographia Imperii Romani saec. I, II, III*, by Klebs, Dessau, v. Rohden {2(in progress) ed. Groag, Stein, Petersen}.

素是如何各尽所能的。同样，在《历史》1.15.1，塔西佗借过继了皮索的加尔巴（Galba）之口称："把盖奈乌斯·庞培和马尔库斯·克拉苏的后代带到我家来，既对我是荣耀，对你而言，也是在你自己高贵的出身上，添上苏尔皮奇乌斯和鲁塔提乌斯家族的荣誉。"（*mihi egregium erat Gnaei Pompei et M. Crassi subolem in penates meos adsciscere et tibi insigne Sulpiciae ac Lutatiae decora nobilitati tuae adiecisse.*）当加尔巴被归入"古老的显贵"（*uetus nobilitas*）之列时（Tac. *Hist.* 1.49.2），我们不仅要想到苏尔皮奇乌斯家族，还有下述事实：Q. 鲁塔提乌斯·卡图鲁斯——那个与西塞罗同时代的名人——是他的曾祖父（Suet. *Galba* 2.3；谱系见 Lehmann，*Claudius und Nero und ihre Zeit* I，App. 6）。

在《历史》1.30.1，皮索这样提及奥托："我不想标榜我本人的高贵出身和品格。在与奥托这样的人比较时，我也无须列举我德行方面的优点。"（*nihil adrogabo mihi nobilitatis aut modestiae; neque enim relatu uirtutum in comparatione Othonis opus est.*）第二句话的论据表明，虽然奥托有"执政官父亲和副执政官祖父"（Tac. *Hist.* 2.50.1），皇帝克劳狄把他的父亲提升为贵族（*PIR* III，167f.），但他缺乏高贵出身和品格两项。这与塔西佗在《历史》1.78.2 对他的评论吻合："为争取好感，他还提出了纪念尼禄的问题，实际上有些人确实已经把尼禄的像立起来了；此外，有几天，民众和士兵仿佛为了抬升奥托的高贵身份和荣誉似的，竟然欢呼他为尼禄·奥托。"（*creditus est etiam de celebranda Neronis memoria agitauisse spe uulgum adliciendi, et fuere, qui imagines Neronis proponerent; atque etiam Othoni quibusdam diebus populus et miles, tamquam nobilitatem ac decus adstruerent, Neroni Othoni adclamauit.*）只是在把尼禄的名字加到他自己的名字上后，他才在显贵中站稳脚跟。在《历史》2.48.2，他对自己的侄子说道："我为我自己赢得了足够的声誉，为我的后人赢得显贵的身份。"（*satis sibi nominis, satis posteris suis nobilitatis quaesitum.*）这里再次清楚地证明，他本人并非显贵。根据他

144

的看法，他作为元首将为自己的家庭赢得显贵身份，所以他接着说："在尤利乌斯家族、克劳狄乌斯家族和塞尔维利乌斯家族之后，我是第一位为一个新家族赢得元首地位的人。"（*post Iulios Claudios Seruios se primum in familiam nouam imperium intulisse.*）他之所以是新人，是因为他并不出身于共和国时代的贵族家庭。

《历史》2.76.3 的 *Nero nobilitated natalium Vitelium anteibat* 应当译成"由于他高贵的出身，尼禄高于维泰利乌斯"。维泰利乌斯之父曾任监察官，三任执政官（Tac. *Hist.* 3.66.4）。可是，他祖父是来自鲁凯里亚的普通罗马骑士（Suet. *Vit.* 2.2; Tac. Hist. 3.86）。直到他儿子担任财务官时，还有一个学者积极设法证实该家族的显贵身份。他证明，该家族是国王弗乌努斯（Faunus）与女神维泰利娅（Vitellia）的后代（Suet. *Vit.* 1.2）。在给他拟定的悼词中，塔西佗（*Hist.* 3.86.1）这样定义这位皇帝：靠着杰出的父亲的余荫，而回避使用显贵一词。

《编年史》1.29.1 用"拙于言辞，但天生高贵"（*rudis dicendi nobilitate ingenita*）形容皇帝提比略的儿子德鲁苏斯（Drusus）。

《编年史》1.53.3 说森普罗尼乌斯·格拉古"出身显贵"（*familia nobili*）。

《编年史》2.13.1 称日耳曼尼库斯为"显贵"（*nobilitas*）。

《编年史》2.37.1 说 M. 霍尔腾西乌斯·霍尔塔鲁斯（M. Hortensius Hortalus）是"年轻的贵族，那位演说家的孙子"（*nibilis iuuenis, nepos oratoris*）；2.38.5 说他是"时运不济的显贵"（*auitae nobilitas*）。

《编年史》2.43.3 称普兰奇娜（Plancina）是显贵，这个身份无疑可以追溯到她父亲或祖父 L. 穆纳提乌斯·普兰库斯（L. Munatius Plancus）那里，他是公元前 42 年执政官，当然是公元前 44 年恺撒已经预先指定的（Nic. Dam. *Vit. Caes.* 22；全名见 *ILS* 886）。对她显贵身份的强调尤其引人注目，因为塔西佗紧随其后就说，普兰奇纳的丈夫 Cn. 卡尔普尔尼乌斯·皮索（*RE* no. 70）认为提比略的儿子们身份比他低，这主要可能指德鲁苏斯，因为从同一章中我们得知："因为叔父的歧视，日耳曼尼库斯反而享有很高的人望。此外，他的母亲一家的显赫地位对他也很有利。从母系来说，马尔库斯·安托尼乌斯是他的外祖父，而奥古斯都是他的外舅祖父。另一方面，德鲁苏斯的曾祖父辈的庞波尼乌斯·阿提库斯只是个普通骑士，这个人看来是不可能给克劳狄乌斯家族的谱系增添什么光彩的。"（*Germanico alienatio patrui amorem apud ceteros auxerat, et quia claritudine materni generis anteibat, auum M. Antonium, auunculum Augustum ferens. Contra Druso proauus eques Romanus Pomponius Atticus dedecere Claudiorum imagines uidebatur.*）这里根本没有提到德鲁苏斯的母亲维普萨尼娅·阿格里皮娜（Vipsania Agrippina, *ILS* 165）是大阿格里皮娜的女儿。众所周知，卡利古拉（Caligula）也不愿被人提及他是阿格里皮娜的孙子（Suet. *Cal.* 23.1）。三任执政官以及保民官权都无法弥补他不够高贵的出身（*ignobilitas*）。普兰库斯和阿格里帕所享尊严的差别，只能基于下述假设来解释：作为同时代的人，普兰库斯的执政官职位仍属共和时期，而阿格里帕的职位是皇帝的宠信创造的。此外，我们绝不应忘记这样的可能性：普兰奇娜的显贵身份源自她母亲一方。

《编年史》2.48.1 称 M. 埃米利乌斯·莱皮杜斯（M. Aemilius Lepidus, *RE* no. 75）和 M. 塞尔维利乌斯（M. Servilius, *PIR* S 419）⎰参见 Syme, *Hermes* 92, 1964, 411f.⎱为显贵。

《编年史》2.75.1 谈到日耳曼尼库斯的妻子阿格里皮娜是奥古斯都的外孙女，是"出身帝王家族的高贵妇女"。

《编年史》3.5.1 把日耳曼尼库斯描述为显贵，在 3.8.1 对 M. 卡尔普尔尼乌斯·皮索（*RE* no. 85）做了同样的描述。

《编年史》3.17.1 说到"显贵的皮索家族"（*nobilitas domus Pisonum*）。

《编年史》3.24.3 称西拉努斯⎰Silanus, *PIR*² I 832⎱"因高贵出身和雄辩的口才而取得重要地位"（*qui per insignem nobilitatem et* *eloquentiam praecellebat*)。

《编年史》3.29.4 说："但他们的好心情因为另一件事情被抵消了，那就是塞亚努斯（Sejanus）被选定为克劳狄的儿子未来的岳父（未来的皇帝），[①] 因而玷污了克劳狄乌斯家族（即提比略）的声誉。"（*aduersis animis acceptum, quod filio Claudii*（the future emoeror）*socer Seianus destinaretur. polluisse nobilitatem familiae uidebatur*（*sc. Tiberius*）.）

《编年史》3.31.3 称 L. 科尔奈利乌斯·苏拉（L. Cornelius Sulla, *RE* no. 393）为"年轻的显贵"（*nobilis iuuenis*）。

《编年史》3.32.2 说 ⸤M'·⸥埃米利乌斯是"显贵"。[②]

《编年史》3.76 谈到尤尼娅（Junia）之死时说她是"加图的外甥女，盖乌斯·卡西乌斯的妻子，马尔库斯·布鲁图斯的妹妹"（*Catone auunculo genita, C. Cassi uxor, M. Bruti soror*）。在她的葬礼上，"20 个显要家族的肖像引导着她的送葬行列，其中有曼利乌斯家族、昆克提乌斯家族以及同样显贵的许多罗马家族成员的肖像"（*uiginti clarissimarum familiarum imagines antelatae sunt, Manlii, quinctii aliaque eiusdem nobilitatis nomina*）。

《编年史》4.21.1 称 L. 卡尔普尔尼乌斯（*RE* no. 74）为"高贵而且勇敢的"。

《编年史》4.44.1 称 Cn. 科尔奈利乌斯·伦图鲁斯（Cn. Cornelius Luntulus, *RE* no. 180）和 L. 多米提乌斯·埃诺巴尔布斯（L. Domitius

146

---

① 基于出自沃尔西尼的铭文 {*ILS* 8996}，奇科里乌斯（*Hermes* 39, 1904, 461ff.）将铭文与 Vell. 2.127.3 结合了起来，证明塞亚努斯的母亲是科斯考尼亚·加利塔，为 Cn. 伦图鲁斯·马鲁吉嫩西斯的侄女（*RE* no. 181）。{将 *ILS* 8996 归于塞伊乌斯·斯特拉波的观点已遭到质疑，有 Sumner (*Phoenix* 19, 1965, 134ff.) 的强力论证}。他正确地认为（p.471），把塞亚努斯描绘为新贵的流行看法完全缺乏合适的理由。可是，我们不应假设前引塔西佗那段是在根本不了解这个显赫亲戚的情况下书写的，它毋宁是证实了这样的印象：普通骑士出身的人与显贵之间的鸿沟，较之显贵与一个元老儿子之间的鸿沟要宽得多。

② {参见 Syme, *JRS* 45, 1955, 22ff., 征得作者同意，这里完全遵从他的结论}。

Ahenobarbus）为"伟大的显贵"（*uiri nobiles*）。

《编年史》4.66 称 P. 科尔奈利乌斯 · 多拉贝拉（P. Cornelius Dolabella，*RE* no. 143）为"显贵"。

《编年史》5.1.1 称："尤利娅 · 奥古斯塔（Julia Augusta）出身于显贵的克劳狄乌斯家族，又被过继到最高贵的李维乌斯和朱利亚家族中"（*Iulia Augusta nobilitatis per Claudiam familiam et adloptione Liuiorum Iuliorumque calrissimae*）。

《编年史》6.7.1 称 M. 奥莱利乌斯 · 科塔 · 马克西穆斯 · 麦萨利努斯（M. Aurelius Cotta Maximus Messalinus，*RE* no. 111）"出身显贵，但因挥霍而沦为赤贫"（*nobilis quidem sed egens ob luxum*）。

《编年史》6.27.4 称 [M.] 埃米利乌斯 · 莱皮杜斯（*M. Aemilius Lepidus*，*RE* no. {75}[①]）除高尚的道德外，"这里对他的显贵出身无须再做过多说明：埃米利乌斯家族出了许多光辉的人物，甚至该家族中品行不端者都对家族的功勋有所增益"（*neque nobilitas diutius demostranda est，quippe Aemilium genus fecundum bonorum ciuium et qui eadem familia corruptis moribus inlustri tamen fortuna egere*）。

《编年史》6.29.3 称 Mam. 埃米利乌斯 · 斯考鲁斯（Mam. Aemilius Scarus，*RE* no. 139）"出身显贵，私生活放荡"（*insignis nobilitate et orandis causis*）。

《编年史》11.11.2 称布里坦尼库斯（Britannicus）和 L. 多米提乌斯（L. Domitius）——未来的皇帝尼禄——是"显贵家的孩子"（*pueri nobiles*）。

《编年史》12.1 在谈到麦萨利娜死后希望与皇帝克劳狄结婚的三位女性：罗利娅 · 宝林娜（Lollia Paulina）、尤利娅 · 阿格里皮娜和埃利娅 · 佩提娜（Aelia Paetina）时，说她们"竞相炫耀自己的显贵出身，

[①] ｛关于这位莱皮杜斯的身份，参见 Syme，*JRS* 45，1955，22ff.（见本书第 167 页注②）｝。

自己的美丽，自己的财富，都声称自己配得上这一高贵的联姻"（*suam quaeque nobilitatem formam opes contendere ac digna tanto matrimonio ostentare*）。下一节表明这里提到的显贵尤其指阿里利皮娜，其子尼禄被称为"显贵的后裔"（*stirps nobilis*）。显贵也可以用到埃利娅·佩提娜身上，但没有用到罗利娅身上，她的家谱（PIR III，487）中并无共和国时期的执政官，因此在 12.22.2，塔西佗只谈到了"她的高贵身世。她的母亲是 L. 沃鲁西乌斯的妹妹，叔祖是科塔·麦萨利努斯，她本人先前嫁过麦米乌斯·莱古鲁斯"（*claritudo: sorore L.Volusii genitam, maiorem ei patruum Cottam Messalinum esse, Memmio quondam Regulo nuptam*）。

《编年史》13.1.1 提到，在阿格里皮娜挑唆下被杀的 M. 尤尼乌斯·西拉努斯 {*PIR*² I833} 是"正值黄金年华、品行方正、出身显贵，还是皇帝的后裔。要知道，西拉努斯和尼禄一样，也是奥古斯都的曾孙一辈的儿子"（*uirum aetate composita, insontem, nobilem et quod tunc spectaretur e Caesarum posteris, quippe et Silanus diui Augusti abnepos erat*）。

《编年史》13.12.2 称克劳狄斯的女儿屋大维娅为"显贵"。

《编年史》13.19.2 称塞克斯提乌斯·阿非利加努斯（*PIR* S 464）为"年轻的显贵"（*nobilis iuuenis*）。他带有阿非利加努斯的姓氏，那是为纪念他那在约公元前44—前40年管理新阿非利加行省的祖先的（Dio 48.23；App. *BC* 5.12）。这些塞克斯提乌斯·阿非利加努斯家族的成员与该氏族的其他成员有关，他们的名字是塞克斯提乌斯·拉泰拉努斯（*PIR* S 463，464，471，472）。在《卡皮托林执政官表》中，公元前 366 年第一个平民执政官的名字中就有拉泰拉努斯的绰号。

《编年史》13.34.1 称瓦莱里乌斯·麦萨拉（*PIR* V 91）出身于"显贵家庭"（*nobilis familia*）。

147

《编年史》13.46.1 说，据称奥托曾这样谈及他妻子波佩娅·萨宾娜："一个美貌而且高贵的女人，人人都期望得到，但只有幸运儿才能享有。"（*sibi concessam nobilitatem, pulchritudinem, uota omnium et gaudia felicium.*）她是从母亲的祖父 Q. 波佩伊乌斯·萨比努斯（*PIR* P 627）——曾任执政官且举行过凯旋式（Tac. *Ann.* 13.45.1）——那里得到这个名字的。根据我的看法，这类祖先并不能创造真正的显贵。可是，在衡量社会地位时，不宜把一个情人的话过于当真。

《编年史》14.22.1 说鲁贝利乌斯·普劳图斯（Lubellius Plautus）"因母亲出自尤利亚家族而获得显贵身份"（*cui nobilitas per matrem ex Iulia familia*）（谱系见 *PIR* III，136）。其母尤利娅系德鲁苏斯之女、提比略之孙女。塔西佗《编年史》6.27.1 这样形容她："她嫁到了鲁贝利乌斯·布兰杜斯家族，许多人还记得此人的祖父是提布尔城的一名罗马骑士。"（*denupsit in domum Rubellii Blandi, cuius auum Tiburtem equitem Romanum plerique meminerant.*）那时鲁贝利乌斯·布兰杜斯已经是执政官级别（Tac. *Ann.* 3.51.1）。但只是因为母亲的关系，儿子才有了显贵身份。

《编年史》14.46.2 说 Q. 沃鲁西乌斯·萨图尼努斯（Q. Volusius Saturninus，*PIR* V 644）和塞克斯提乌斯·阿非利加努斯（Sextius Africanus，即 13.19.2 提及的那位）"都是显贵家族出身"（*aemuli inter se per nobilitatem*）。沃鲁西乌斯是前文讨论的罗利娅·宝林娜的侄子。普林尼《自然史》7.62 说他母亲科尔奈利娅属斯奇皮奥家族。

《编年史》14.57.1 称前文提到的鲁贝利乌斯·普劳图斯以及弗斯图斯·科尔奈利乌斯·苏拉·菲利克斯（Faustus Cornelius Sulla Felix，*RE* no. 391）为显贵。

《编年史》15.48.2 称 C. 卡尔普尔尼乌斯·皮索（*RE* no. 65）"出身卡尔普尔尼乌斯家族，父系血统高贵，身上集中了好多显贵家族的血统"（*Calpurnio genere ortus ac multas insignesque familias paterna nobilitate complexus*)。

《编年史》15.52.2 称 L. 尤尼乌斯·西拉努斯 {*PIR*² I 838} "出身显贵"(*eximia nobilitate*),16.7.2 称他为 "显贵家族的年轻人"(*iuuenis genere nobilis*)。

除塔西佗外,史学家维雷乌斯·帕泰库鲁斯和苏维托尼乌斯也提供了相关资料。

维雷乌斯《罗马史》2.75.3 说利维娅是 "勇敢而高贵的德鲁苏斯·克劳狄亚努斯之女"(*nobilissimi et fortissimo uiri Drusi Claudiani filia*)。

苏维托尼乌斯《提比略传》25.1 称 L. 斯克里波尼乌斯·利波(指 *PIR* S 214 的 M. 斯克里波尼乌斯·利波·德鲁苏斯)"出身显贵"(*uir nobilis*)。斯克里波尼乌斯·利波家族不同于斯克里波尼乌斯·库里奥家族,共和国时代不曾有人担任执政官之职。在《编年史》2.27.2,塔西佗借他朋友之口用下面的话描述他:"庞培是他的祖父,斯克里波尼娅是他的伯祖母,后者一度是奥古斯都·恺撒的妻子,皇帝们都是他的堂兄弟,家里有许多祖先的肖像。"(*dum proauum Pompeium, amitam Scriboniam, quae quondam Augusti coniunx fuerat, consobrinos Caesares, plenam imaginibus domum ostentat.*)该家族的谱系见 *PIR* III, 185。

《卡利古拉传》12.1 称 M. 尤尼乌斯·西拉努斯 {*PIR*² I 832} 为 "出身非常高贵的"(*nobilissimus uir*)。

《卡利古拉传》35.1 说:"他剥夺罗马所有最高贵家族的古老的显贵标志:托夸图斯家族的项圈,辛辛纳图斯家族的一卷头发,格奈乌斯·庞培家族古来就有的'马格努斯'的称号。"(*uetera familiarum insignia nobilissimo cuique ademit; Torquato torquem, Cincinnato crinem, Cn. Pompeio stirpis antiquae Magni cognomen.*)名字中带 "辛辛纳图斯"绰号的应当是某个昆克提乌斯家族的人(*PIR* III, 121 no. 36)。但这个时期不曾听闻。

148

《克劳狄传》27.2 提到 Cn. 庞佩伊乌斯 · 马格努斯（*PIR* P 477，参见前文第 143 页有关塔西佗《历史》1.14.2 的讨论）和弗斯图斯 · 苏拉（参见前文有关塔西佗《编年史》14.57.1 的讨论）。盖乌斯禁止前者使用绰号"马格努斯"（Sen. *apocol.* 11.2：*Gaius Crassi filium uetuit Magnum uocari*）。后者被称为"最高贵的年轻人"（*nobilissimi iuuenes*）。

《加尔巴传》2 提到皇帝加尔巴（=Tac. *Hist.* 1.15）"出身于古老的名门望族。在塑像题词中，他经常把自己写成昆克提乌斯 · 卡图鲁斯 · 卡皮托林努斯的曾孙"（*haud dubie nobilissimus magnaque et uetere prosapia, ut qui statuarum titulis pronepotem se Quinti Catuli Capitolini semper ascripserit*）。

《加尔巴传》3.4 说，加尔巴的父亲因"地位显赫被"第二个妻子"追求"（*nobilitatis causa appetitus*）。他第一个妻子即皇帝的母亲是穆米娅 · 阿凯伊卡（Mummia Achaica），乃卡图鲁斯的祖母和 L. 穆米乌斯——科林斯的摧毁者——的曾祖母。

《加尔巴传》17：加尔巴过继的儿子皮索（参加前文有关塔西佗《历史》1.14 的讨论）是个"出身显贵、有名望的年轻人"（*nobilis egregiusque iuuenis*）。

老塞涅卡引用了波尔奇乌斯·拉特罗（Porcius Latro）的话（contr. 2.1.17）："法布里奇乌斯家族的肖像在麦泰鲁斯家族觅得了栖身之所。过继把埃米利乌斯家族和斯奇皮奥奥家族融合在了一起；甚至那个时代已经被抹掉的名字因新继承人而得以闪耀。这就是贵族中的显贵们从建城以来一直能够延续到今天的秘诀。"（*Fabriciorum imagines Metellis patuerunt; Aemiliorum <et> Scipionum familias adoption miscuit; etiam abolita saeculis nomina per successors nouos fulgent. sic illa patriciorum nobilitas fundamentis urbis habet usque in haec tempora constitit.*）

2.4.11 称法比乌斯 · 马克西穆斯（*RE* no. 102）"出身非常高贵"

（ *nobilssimus uir fuit* ）。

2.4.13 中，拉特罗在一段对话中提到了在场的阿格里帕："因过继被从卒伍中提拔上来，嫁接成显贵之家"（ *iam iste ex imo per adoptionem nobilitati inseritur* ）。这里的过继指奥古斯都对阿格里帕的儿子盖乌斯和卢奇乌斯的行为。塞涅卡评论说（ s.12 ）："阿格里帕是被创造的显贵，不是因出身而显贵"（ *erat M. Agrippa inter eos，qui non nati sunt nobiles，sed facti* ），接着（ s.13 ）："在神佑的奥古斯都统治下，言论如此自由，以至于当时虽然阿格里帕非常杰出，但他低微的出身仍遭到某些批评"（ *tanta sub diuo Augusto libertas fuit, ut praepotenti tum M. Agrippae non defuerint qui ignobilitatem exprobrarent* （ 参见原书第 144 页有关塔西佗《编年史》2.43.3 的讨论 ）。

9.4.18 称多米提乌斯（ 推测指 *RE* no. 28 那位 ）"出身显贵"　149（ *nobilissimus uir* ）。

小塞涅卡（ ben. 2.27.2 ）称 Cn. 科尔奈利乌斯·伦图鲁斯（ *RE* no. 181 ）为"显贵"。

在《论恩惠》4.30.1，小塞涅卡评论说，显贵有时在竞选官职时公正地获得了优待："如果不是因为父亲，西塞罗的儿子又因谁而得到执政官职位？ 最近，什么原因让秦纳（ 见 *RE* Cornelius，no. 108 ）脱离敌营，并把他提升到执政官之位？ 如果不是因为那个人伟大，一度达到了非常高的地位，甚至他的垮台都足以提升他后代的地位，否则塞克斯图斯·庞培以及庞培家族的其他成员算什么？ 最近使得法比乌斯·佩西库斯（ Fabius Persicus，[*RE* no. 120] ）在不止一个祭司团任职的那个家伙的吻，即使最无耻的人都觉得是侮辱。 还不是因为某个维鲁科苏斯（ Verrucosus ）和某个阿罗布罗吉库斯（ Allobrogicus ）。"（ *Ciceronem filium quae res consulem fecit nisi pater? Cinnam [RE 'Cornelius' no. 108] nuper quae res ad consulatum receipt ex hostium castris, quae Sex. Pompeium aliosque Pompeios, nisi unius uiri magnitude...quid nuper*

Fabium Persicum [RE no. 120]... sacerdotem non in uno collegio fecit nisi Verrucosi et Allobrogici et illi trecenti.），等等。

在《论仁慈》1.9.2，他称刚刚提到的 L. 科尔奈利乌斯·秦纳——庞培的孙子——为"出身显贵的年轻人"（*adulescens nobilis*）。他曾计划刺杀奥古斯都，但皇帝陷入矛盾之中，他瞪着眼睛，在那里自言自语，时间长达两小时。此间，塞涅卡使奥古斯都发表了如下评论（q.10）："请告诉我，如果仅仅是我扼杀了你的希望，保鲁斯和法比乌斯·马克西穆斯以及科西乌斯家族与塞尔维利乌斯家族，还有显贵们伟大的后代——他们可不只是空洞名字的代表，而是给自己的门楣增添过荣誉的，这些人能够接受你吗？"（*cedo, si spes tuas solus impedio, Paulusne te et Fabius Maximus et Cossi* ①*et Seruilii ferent tantumque agmen nobelium non inania nomina praeferentium sed eorum, qui imaginibus suis decori sint?*）

《书信》70.10 提到："斯克里波尼娅是德鲁苏斯·利波（Drusus Libo）的姑母。这个年轻人的愚蠢程度堪比其家世的高贵。"（*Scribonia... amita Drusi Libonis adulescentis tam stolidi quam nobilis.*）（参见前文第 147 页及以下有关苏伊托尼乌斯《提比略传》2.5.1 的讨论）。

《变瓜记》11.2 说："在一个家庭中，他（即克劳狄）摧毁了克拉苏、马格努斯、斯克里波尼亚，［特里斯提奥尼亚斯家族、奥萨里奥家族］，尽管他们都是显贵。"（*occidit* ［*Claudius*］*in una domo Crassum, Magnum, Scriboniam, [Tristionias, Assarionem* ②], *nobilis tamen, Crassum uero tam fatuum, ut etiam regnare posset.*）这里提及上文讨论的家族（第 143 页有关塔西佗《历史》1.14.2 的讨论）：父克拉苏、子马格努斯及其妻子斯克里波尼娅。

---

① 元首制时代，这是科尔奈利乌斯·伦图鲁斯家族的名（Groag, *RE* 4.1365）。
② 方括号中的单词文本损坏，比西勒建议复原为 *tris hominess assarios*。

最后，对我们的问题来说，玉外纳讽刺诗的第八首是一份重要史料。

他提到盖图利库斯（Gaetulicus）和西拉努斯（Silanus，第 26 行）是他那个时代的显贵。盖图鲁斯家族是科尔奈利乌斯·伦图鲁斯家族的支系（Stein, *RE* 4.1384）。

第 38 行提到"克莱提库斯还是卡麦里努斯"（*Creticus aut Camerinus*），克莱提库斯的外号属于凯奇利乌斯·麦泰鲁斯家族（Groag, *RE* 3.1212）；卡麦里努斯是苏尔皮奇乌斯家族的外号（*PIR* III, 282）。

第 39 行面向鲁贝利乌斯·布兰杜斯（Rubellius Blandus）发言："由于德鲁苏斯家族高贵的门庭，你膨胀了，好像你自己做过什么使你高贵的事情似的，好像你母亲辉煌的尤利亚家族的血脉传到你的身上一般。"（*tumes alto Drusorum stemmate, tamquam feceris ipse aliquid, propter quod nobilis esses, ut te conciperet quae sanguine fulget Iuli.*）有关本片段所有需要讨论的问题，参见前文第 147 页有关塔西佗《编年史》14.22.1 的论述。

第 71 行有趣："据传说，这年轻人傲慢而张扬，沉迷于他与尼禄的亲密关系。"（*haec satis ad iuuenem, quem nobis fama superbum tradit et inflatum plenumque Nerone propinquo.*）这两行诗表明，玉外纳也是从文献而非现实中得到这些例证的。

第 73 行说："但我不希望你，彭提库斯（Ponticus），因为你的家族受到的赞扬而受到重视，自己却游手好闲，不去争取未来的赞美。"（*sed te censeri laude tuorum, Pontice, nolueris sic ut nihil ipse futurae laudis agas.*）整首讽刺诗的谈话对象是彭提库斯（第 1、179 行）。如已经征引的诗行所表明的，玉外纳表面上是在与显贵中的一员说话。如果这个名字不是一个虚构的绰号——我相信它可能是个绰号，那么我们或许会想到塔西佗《编年史》14.41 提到过的瓦莱里乌斯·彭提库斯，也会想到被马提亚尔（9.19）称为伟人的那位彭提库斯。

150

第 147 行及以下：拉太拉努斯（Lateranus，可能是 *PIR* S 472 所指的那位）。关于这个家族，参见前文第 147 页及以下有关塔西佗《编年史》13.19.2 的论述。

第 187 行的伦图鲁斯；第 191 行的法比乌斯家族；第 192 行的马麦奇乌斯家族（系埃米利乌斯家族的名和绰号，见 Klebs，*RE* 1.568）；第 201 行及以下的格拉古。

基于已讨论过的段落的证据，元首制时代被认可为显贵人士的名单如下：

埃利乌斯·佩图斯	尤利乌斯·恺撒
埃米利乌斯·莱皮杜斯	尤尼乌斯·布鲁图斯
埃米利乌斯·保鲁斯	尤尼乌斯·西拉努斯
埃米利乌斯·斯考鲁斯	利奇尼乌斯·克拉苏
奥莱利乌斯·科塔	﹛利维乌斯·德鲁苏斯﹜
凯奇利乌斯·麦泰鲁斯·克莱提库斯	鲁塔提乌斯·卡图鲁斯
卡尔普尔尼乌斯·皮索	曼利乌斯·托夸图斯
克劳狄乌斯·尼禄	大庞培
科尔奈利乌斯·秦纳	斯克里波尼乌斯·利波
科尔奈利乌斯·多拉贝拉	森普罗尼乌斯·格拉古
科尔奈利乌斯·伦图鲁斯	﹛塞尔维利乌斯﹜
科尔奈利乌斯·伦图鲁斯·盖图利库斯	塞克斯提乌斯·阿非利加努斯
科尔奈利乌斯·斯奇皮奥	塞克斯提乌斯·拉泰拉努斯
科尔奈利乌斯·苏拉	苏尔皮奇乌斯·卡麦里努斯
多米提乌斯·埃诺巴尔布斯	苏尔皮奇乌斯·加尔巴
法比乌斯·马克西穆斯	图利乌斯·西塞罗
法比乌斯·佩西库斯	瓦莱里乌斯·麦萨拉
霍尔腾西乌斯·霍尔塔鲁斯	

151　　　就这份名单论，显贵属于共和国时代。下面的名单也得到了可靠的

证实：

穆纳提乌斯 · 普兰库斯　　　　　　　　　鲁贝利乌斯 · 普劳图斯

沃鲁西乌斯 · 萨图尼努斯

关于鲁贝利乌斯和沃鲁西乌斯，当问题涉及母系一方的显贵身份时，[1] 他们明确被视为显贵，而穆纳提乌斯 · 普兰库斯，即普兰奇纳的先祖，可以被算作共和国时期的。此外，也不能排除这样的可能性：这里涉及的是他母亲一方。

基于此，我们可以有把握地做出结论。上面引用的段落表明：小普林尼把显贵与"出身高贵的家族和自由的苗裔"（*ingentium uirorum nepotes, posteri libertatis*）等同起来的话是正确的。

一

我希望马上清除巴特等人所有（*BPhW* 1913，18）的错误印象。他说我希望"从话语的转换中挤出丰富的宪政后果来"。无论是在共和国时代，还是在元首制时代，显贵的观念都与任何宪政法律无关，它并不传达任何类型的法定特权，它只是元老阶层内部一种定性的区分，[2] 一种共和国时代执政官的后代人宣称拥有的荣誉，由于他们的社会影响，这种说法变成了共同的习惯。

元首制时代这个观念的发展，使得其纯粹的社会功能变得非常清楚。一方面，人们认为共和国时代显贵的圈子此时已经封闭了；另一方

---

[1]　[Cic. *Phil.* 3.15 对安托尼乌斯的判断："他极其粗鲁地攻击盖乌斯 · 恺撒的出身。"（*ignobilitatem oblicit C. Caesaris filio*），17："对你来说，一个出身于尤利亚家族的人似乎卑贱，而你却得意于自己的母系一方出自同样的家族，这又是怎么回事呢？"（*qui autem euenit, ut tibi Iulia natus ignobilis uideatur, cum tu eodem materno genere soleas gloriari?*）尤利娅是屋大维的祖母。也请见 Liv. 1.34.6]。

[2]　参见 Tac. *Agr.* 4.1："阿古利可拉……的祖父和外祖父都曾任'皇帝的代理'之职，凡居这种官职的，都是骑士中最显赫的。"（*Agricola...utrumque auum procuratorem Caesarum habuit, quae equestris nobilitas est.*）通过与元老中的显贵类比，塔西佗发明了这个词。

面，显赫元老家族基于母系祖先的缘故获得显贵身份的要求得到了承
152 认。前引帝国时代的作家们本身并不属于显贵的圈子，但他们赞同显贵
们珍视的分类法。在他们的作品中，显贵表示的不是一般的区分，而是
一种特殊的区分。为支持这个看法，我们或许需要再次引证塔西佗的话。

《阿古利可拉传》6.1 说多米提娅·戴奇狄亚娜（Domitia Decidiana，
阿古利可拉的妻子）是"名门之后"（*splendidis natalibus orta*）。

《历史》1.49.3 说皇帝加尔巴是"名门之后"（*claritas natalium*）；
1.85.1 说："军队带着怀疑的情绪监视着那些或因出身显贵，或因财
富，或因杰出而成为人们谈论对象的那些人。"（*militibus maligna
cura in omnes, quos nobilitas aut opes aut aliqua insignis claritudo
rumoribus obiecerat*）；2.59.2 说尤尼乌斯·布莱苏斯"出身显赫"
（*genere illustri*）；参见 3.39.3 有关他是"极其显赫的家族的苗裔"
（*super claritatem natalium*）的说法；2.76.3 说科尔布罗"出身高贵"
（*splendidior origine*）；2.86.3 说科尔奈利乌斯·弗斯库斯（Cornelius
Fuscus）是"名门之后。年轻时他对宁静生活的向往，使他放弃了元
老之位"（*claris natalibus. prima iuuenta quaestus cupidine senatorium
ordinem exuerat*）。3.9 说维普斯塔努斯·麦萨拉"出身显赫"（*claris
maioribus*）；3.66.4 说维泰利乌斯必须无愧于"担任过监察官的父亲；
无愧于三任执政官和属于你的名门的全部荣誉"（*ut censuram patris, ut
tres consulatus, ut tot egregiae domus honores deceret*）。3.86.1 说他的显
赫源自"杰出父亲的余荫"（*cuncta patris claritudine adeptus*）。

《编年史》1.41.1 提到"显赫人士的女眷"（*feminae inlustres*）；
2.43.5 说日耳曼尼库斯"母系高贵"（*claritudo materni generis*）；3.24.1
谈到皮索和雷比达（Lepida）"家族显赫"（*inlustres domus*）；3.30.1 谈
到 L. 沃鲁西乌斯"出身古老的家族，然而他家中的人过去的最高官阶
只到副执政官。他本人的官阶一直到了执政官，这样便提高了他家族
的声望。而且，除在监察官任上选择骑士阶级任法官之外……"（*uetus*

familia neque tamen praetura egressa, ipse consulatum intulit, censoria etiam potestate legendis equitum decuriis functus）；3.48.1 说苏尔皮奇乌斯·奎里尼乌斯（Sulpicius Quirinius）"出身于拉努维翁自治市，与贵族苏尔皮奇乌斯家族没有任何关系"（*nihil ad ueterem et patriciam Sulpiciorum familiam pertinuit. ortus apud municipium Lanuuium*）；3.55.2 说："富有而显赫的显贵之家往往由于讲究排场而倾家荡产"（*dites olim familiae nobelium aut claritudine insignes*）；3.65.2 说："那些声名显赫的首要人物，就是所有那些曾担任过执政官和大部分担任过副执政官的元老，以及许多普通元老"（*non modo primores ciuitatis, quibus claritudo sua obsequiis protegenda erat, sed omnes consulares, magna pars eorum, qui praetura functi multique etiam pedarii senatores*）；3.75.1 说："两位著名人物去世，一位是阿西尼乌斯·萨罗尼努斯（Asinius Saloninus）。他之所以有名，是因为他是 M. 阿格里帕和波利奥·阿西尼乌斯的孙子，德鲁苏斯的兄弟，又和提比略的一个侄女订了婚。另一个是我前面已经提到过的那个阿泰伊乌斯·卡皮托。由于他在法学方面的杰出成就，他在元老院中获得了首要的地位。但是他的祖父只是苏拉手下的一名百人队队长，他父亲最高只做到副执政官"（*uiri inlustres Asinius Saloninus M. Agrippa et Pollione Asinio auis fratre Druso insignis Caesarique progener destinatus et Capito Ateius principem in ciuitate locum studiis ciuilibus adsecutus sed auo centurione Sullano, patre praetorio*）。

在现存《编年史》的篇章中，我还找到了另外 27 个类似的例证，它们都表明，塔西佗用 *splendidus, egregious, uetus, clarus, illustris* 表达"显赫的、古已有之的和著名的"一类普遍性概念。这些人包括显贵家族的成员，也包括有知名祖先的元老等级的其他成员，以及因为他们自己的努力而升上高位的人。他还更加精确、具体地区分了显赫的不同程度，方法是列出各自的祖先在元老院中的地位，如"执政官家族"或

"副执政官家族"等。

在其他同时代作家中，有类似的表述，如普林尼《颂词》70.2 说图拉真的"美德让原本显赫的门楣大大增光"（*qui generis tui claritatem uirtute superasti*）；《书信》4.15.10 说到"一位父亲为副执政官、亲属为执政官的财务官"（quaestor *patre praetorio propinquis consularibus*）。苏维托尼乌斯《神圣的奥古斯都传》62.2 称"有良好地位和品性的维尼奇乌斯"（*Vinicio claro decoroque iuueni*）。《卡利古拉传》36.1 说"瓦莱里乌斯·卡图鲁斯是出身执政官家庭的年轻人"（*Valerius Catullus consulari familia iuuenis*）。《尼禄传》35.1 记载，尼禄"先娶了波佩娅·萨宾娜，离任财务官之女，曾与一罗马骑士婚配，后娶斯塔提利娅·麦萨利娜，是曾两任执政官、举行过一次凯旋式的陶鲁斯的曾孙女"（*Poppaeam Sabinam quaestorio patre natam et equiti Romano antea nuptam, deinde Statiliam Messalinam Tauri bis consulis ac triumphalis abneptem*）。

无论如何，元首制时代，祖上担任过牙座官职的家族无疑获得了摆放肖像的权利（Mommsen, *Staatsr.* I, 442）。在谈到埃普里乌斯·马尔凯鲁斯（Eprius Marcellus）和维比乌斯·克里西普斯（Vibius Crispus, *Dial.* 8.3f.）时，塔西佗说："虽然他们既无出身、也无财富的加持……可是多年来就是公民中最有势力的人，而且只要他们有意取得成功，还是法庭中的领袖，在皇帝的朋友圈子中，他们现在居于领袖地位……维斯帕奇亚努斯……很清楚地意识到……马尔凯鲁斯和克里斯普斯给友谊——那种友谊把他们与皇帝联合起来——带来了一种他们不曾从皇帝那里得到而且绝对难以言传的因素。在这些伟大成就之外，雕刻、铭文和雕像都不值一提。然而，甚至是这些也不可轻视，更不用说财富了……我们发现，在那些自青年时代起就专注于法律实践和演说职业的人们家中，塞满了荣誉、名声和财富。"（*sine commendatione natalium, sine substantia facultatum...per multos iam annos potentissimi sunt ciuitatis ac, donec libuit, principes fori, nunc principes in Caesaris amicitia agunt...Vespasianus...bene intellegit...Marcellum et Crispum attulisse ad amicitiam suam quod non a principe acceperint nec accipi possit. minimum inter tot ac tanta locum obtinent imagines ac tituli et statuae, quae neque ipsa tamen negleguntur, tam hercule quam diuitiae et opes... his igitur et honoribus et ornamentis et facultatibus refectas domos eorum uidemus, qui se ab ineunte adulescentia causis forensibus et oratorio studio dederunt.*）苏维托尼乌斯《神圣的奥古斯都传》4.1 谈到奥古斯都的祖父阿提乌斯·巴尔布斯"从父系一方论，是出自阿利奇亚、家中有大量元老肖像的家庭"（*paterna stirpe Aricinus multis in familia senatoriis imaginibus*）。《维斯帕奇亚努斯传》1.7 称"弗拉维乌斯家族既不知名，也无祖先肖像"（*gens Flauia obscura ac sine ullis maiorum imaginibus*）。但弗里德兰德的判断：[1] 在前厅中展示前辈面具乃显贵恰当的标准，在元首制时代的合理性，较之共和时代更低。显贵的前厅无疑大多塞满了祖先的面具肖像（Sen. *Ben.* 3.28.2；*ep.* 44.5；Plin. *ep.* 5.17.6）。虽然如此，适用面具法的圈子，较之显贵圈子要大得多。

显贵必然还要通过皇帝指定进入旧贵族行列，从而与一般贵族群体进一步区分开来。在元首制下，部分贵族的地位远高于一般贵族，两者的比例出现过彻底的翻转。共和国末期，元老院中旧贵族的代表仅剩下 15 家，有些最重要的显贵家族事实上并非旧贵族，旧贵族中的显贵如今成为一个数量微小且人数稳定下降的少数派。[2] 普林尼（*pan.* 9.2）称图拉真为"出身于旧贵族和执政官且举行过凯旋式的家庭"（*patricio et consulari et triumphali patre genitum*），此乃皇帝的恩赐可以

154

---

[1] *Darstellungen aus der Sittengeschichte Roms*[8] I, 243 [[9]117].

[2] Mommsen, *R. Forsch.* I, 112; Heiter, *De patriciis gentibus quae imperii Romani saeculis I, II, III fuerint*, Diss. Berlin 1909; Stech, *Senatores Romani qui fuerint inde a Vespasiano usque ad Traiani exitum*（*Klio*, Beiheft 10, 1912）. 参见 Heiter（p. 40ff.）一书中帝国时代旧贵族的名单以及 Stech（p. 131ff.）。

授予的最高品级，但皇帝无法赋予他显贵的称号。皇帝奥托是个旧贵族（Suet. *Otho* 1.3），但并非显贵（Tac. *Hist.* 2.48.2）。元首制初期，很可能并非所有贵族家庭（当时仍然数量相当众多）如利奇尼乌斯·克拉苏家族（*PIR* II, 275）和庞培家族（*PIR* III, 64）等，并不都是旧贵族。无论如何，海特（Heiter, 9.46ff.）的推测——旧贵族理所当然地出自显贵圈子——是错误的。

<h1 style="text-align:center">二</h1>

　　无论在哪种史料中，我们总是得到这样的看法：元首制时代显贵的基础是自由共和国时代的执政官家族的后代。一个坐上元首位置的新人在此过程中使他的后代成了显贵（Otho in Tac. *Hist.* 2.48.2）的看法，我们仅遇到过一次。但所有的情况都表明，这应当被视为普遍规则中的例外。就组成这个等级的原则来说，它代表了这样一种倾向：反对君主对罗马国家进行改造。表面上看，显贵们与元首制讲和了，但他们维持着贵族地位严格的独占性，以使其免受君主或宫廷的影响。像过去一样，显贵们组成了社会的上层；元首可能属于这个阶层，但他并不能凌驾于显贵之上。这种观点仍然流行的事实，是那些坚持这一看法的人们的社会和政治重要性最强有力的证据。

　　弗里德兰德（I, 243 [9 117ff.]）已经注意到古老的显贵在元首制时代仍然受到普遍尊敬的证据。塞涅卡经常会谈到这一点（*dial.* 4.21.7, 5.10.4, 6.10.1, 9.10.3, 10.4.6；ben. 3.28.1ff., 4.30.1；*clem.* 1.9.10；*ep.* 44.5, 47.17, 120.3）。在这个问题上，皇帝的意见与舆论并不对立。高级的荣誉职位，甚至国家中的最高职位，被慷慨地授予显贵。最初的两位元首对显贵格外友好。奥古斯都是出于政治上的精明，[1] 提比略则因

---

① Tac. *Ann.* 1.2, Sen. *Clem.* 1.9.

为他觉得自己就是那个等级的成员。① 在他们的前两位继承者中，这种关系并没有本质的变化。卡利古拉时代曾通过一道元老院命令，规定每年为礼敬皇帝，在游行中应当由祭司团引导，在显贵家族的童男童女组成的赞歌队陪伴下，将一面金盾送往卡皮托林（Suet. *Cal.* 16.4）。他统治的终结，对显贵来说并不比其他阶级更糟。克劳狄因为自己博古的兴趣，对显贵阶级偏向仁慈。在现存对元老院的演说（*ILS* 212 II 24）中，他提到自己"德行极其高贵"（*nobilissimum uirum*）的朋友保鲁斯·法比乌斯·佩西库斯（Paullus Fabius Persicus），对于"在他众多先人的面具中看到阿罗布罗吉库斯的名字"（*inter imagines maiorum suorum Allobrogici nomen legere*），他一点都不后悔。公元 47 年的赛会上，他观看了显贵青年表演的《特罗伊战争》（*lusus Troiae*），他们中就有王子布里塔尼库斯和多米提乌斯，后者是未来的尼禄（Tac. *Ann.* 11.11）。布里塔尼库斯被毒死的场合，可能就是在这些显贵阶层的年轻人参与的宴会上（塔西佗《编年史》13.16.1 说："按照风俗，皇帝的孩子要在他们亲属的注视下用餐。他们和跟他们同龄的其他贵族子弟在给他们特设的比较简朴的一桌就食。"（*mos habebatur principum liberos cum ceteris idem aetatis nobilibus sedentes uesci in aspectu propinquorum propria et parciore mensa.*）

尼禄是第一位据称"决心处死所有最高贵者"（*nobilissimo cuique exitium destinauit*）的人（Suet. *Nero* 36.1）。但甚至在他身上我们事实上也无法认为他进行了系统的迫害。在塔西佗（*Ann.* 14.53）借塞涅卡之口发表的演说中，后者特意说明了当时特殊的环境：那完全是因为皇帝不太合适的恩宠："我这不见经传的名字竟出现在那些出身于长久的有光荣历史的门第的显贵人物当中。"（*inter nobiles et longa decora praeferentes nouitas mea enituit.*）使显贵置身险境的，是一种广泛流行

---

① Tac. *Ann.* 2.48, 3.8, 4. 6; *RE* 10.520.

的意见：只有这个阶层有权提供元首。奥托的宣言和弗拉维王朝终结了这种偏见，但正是出于这种信仰，阿格里皮娜首先把 M. 尤尼乌斯·西拉努斯作为尼禄的对手加以剪除（Tac. *Ann.* 13.1.11），之后在与儿子失和时，又将希望寄托在那些"当时仍幸存的"年轻显贵身上（Tac. *Ann.* 13.18.2）。弗斯图斯·科尔奈利乌斯·苏拉（Tac. *Ann.* 13.23，47；14.57, 59）和鲁贝利乌斯·普劳图斯（Tac. *Ann.* 13.19；14.22, 57–59）之丧命，也拜这类阴谋所赐。皮索本人是卷入所谓皮索阴谋的唯一显贵，即使他不做任何事情，他显赫的名声也会使他在篡位者中占据头把交椅（Tac. *Ann.* 15.48f.）。重要的是，那时他担心的主要是 L. 西拉努斯的竞争，但后者对此事一无所知（Tac. *Ann.* 15.52）。无怪乎西拉努斯和皮索遭遇共同的命运（Tac. *Ann.* 16.9）。如果我们把这个事件与许多其他相关事件——由于缺乏史料我们并不清楚——结合起来，则我们确实可以得出结论说：那时显贵因为被强迫自杀、处死和流放，队伍严重地减员了。

不过，加尔巴和奥托一样都致力于补偿幸存者，恢复他们的荣耀地位（Suet. *Galba* 10.1；Tac. *Hist.* 1.77, 2.99）。挑起维泰利乌斯进一步敌对行动的，无疑正是这个做法（Suet. *Vit.* 14.1）。后来在多米提安统治下，显贵们经历了一个艰苦的时代（Tac. *Agr.*45）。塔西佗简洁地写道（*Hist.* 1.2.3）："显贵身份、财富、拒绝或接受官职，都会成为被控诉的理由；德行则会引起真正的毁灭。"（ *nobilitas opes omissi gestique honores pro crimine et ob uirtutes certissimum exitium.*） 在致图拉真的《颂词》中，普林尼惊呼（50.3）："因此，与旧主人地位平等的新主人占据了显贵的位置和房屋；占据者不会让这些大人物的房屋在奴隶手里破败成墟。"（ *ergo in uestigial sedesque nobelium immigrant pares domini nec iam clarissimorum uirorum receptacula habitatore seruo teruntur aut foeda uastitate procumbunt.*）值得注意的是，在这个片段中，普林尼并未宣称，回归他们从前宫殿的是显贵，而仅仅是那些"地位平等的人"——显赫的和知名的人士。普林尼随后的评论表明，图拉真拍卖和出售了大片皇家不动产，因为多米提安的没收行动，不动产的比例令人恐怖地增长了。可是到那时，显贵们的人数非常少，因此他们基本没有能力获得足够重要的份额。图拉真尽可能地尊重当时仅有的少量显赫的共和国时代显贵的后代，他也因此获得了普林尼的赞美（*pan.* 69.5）。但显贵已经不再受召扮演任何角色。约 2 世纪中期，阿普雷乌斯宣称（*Flor.* 8.1）："在无数的人中，只有很少的元老；所有的元老中，很少人出身于显贵家庭；显贵家庭中，很少是执政官级别；所有执政官级别的家庭中，很少有好人，"（*ex innumeris hominibus pauci senatores, ex senatoribus pauci nobiles genere et ex iis <pauci consulares, ex> consularibus pauci boni et adhuc ex bonis pauci eruditi.*）在这个段落中，我怀疑他所指真的是旧显贵的代表。康茂德（Commodus）是第一个自称"最高贵的全权元首"（*nobilissimus omnium principum*，ILS 397）的人。从塞普提米乌斯·塞维鲁（Septimius Severus）时代起，"最高贵的皇帝"（*nobilissimus Caesar*）就成了为共治者的正式头衔（Mommsen, *Staatsr.* II, 1141 n. 1；ILS 457）。此外，在这一时期，权力巨大的弗尔维乌斯·普劳提亚努斯（Fulvius Plautianus）——卡拉卡拉（Caracalla）的岳父——被称为"最高贵的禁卫军长官、皇帝之友"（*nobilissimus praefectus praetorio necessarius Augustorum*，ILS 456；参见 Stein, *RE* 7.273）。这个头衔相当特殊。"最高贵的"明显暗示他与皇室的关系，这也是皇帝头衔的力量所在。康茂德同样采用了这样的称号，因为他本是皇帝的儿子（Herod. 5.1.6）。奥托的观念：一个元首的父亲会使儿子成为显贵，在 2 世纪末因此被复活了。无论如何，正式采用"最高贵的"修饰语证明，到此时已无任何其他显贵存在了。

随着 2 世纪的推进，显贵渐渐地、悄悄地从历史上消失了，共和国时代的贵族中，没有几家是皇帝喜欢的。可是，如我已经指出的，这并非有意的根除，而且我们也不要把显贵与斯多葛派中的共和派反对者

185

混淆，后者在我们的史料中似乎还有点重要性，而且为对抗这个派别，皇帝常常必须采取强力措施。他们的英雄和烈士——特拉塞亚·佩图斯（Thrasea Paetus）、巴莱亚·索拉努斯（Barea Soranus）和赫尔维狄乌斯·普里斯库斯（Helvidius Priscus）——都没有什么名气。我们知道，他们中的最后一位是一个"第一百人队队长"（primus pilus）的儿子（参见 Gaheis, *RE* 8.217），塔西佗（*Hist.* 4.5.2）把他的主张准确地表述为"他们把权力、高贵的出身和所有其他非意志所能控制的事物都认为既非善又非恶的"（*potentiam nobilitatem ceteraque extra animum neque bonis neque malis adnumerare*）。他们中自然也有那些服膺这些观点的显贵。法学家 C. 卡西乌斯·隆吉努斯（C. Cassius Longinus）和他的学生 L. 尤尼乌斯·西拉努斯·托夸图斯（L. Iunius Silanus Torquatus）值得在这里提及（Tac. *Ann.* 15. 52, 16.7, 9；Plin. *ep.* 1.17）。但作为那个等级的代表，他们并不比共和国末期加图和布鲁图斯那样的教条主义者更有代表性。群起加入庞培对抗恺撒的显贵并不是为了那么几条哲学原理，而是为该等级社会和政治地位的基础、为掌控罗马帝国去战斗的。奥古斯都最终继承了恺撒的地位，这一定程度上对他们有利：如我们已经指出的，这保存了他们显赫的社会地位。但随后的日子证明，这种显赫在不享有政治权力的情况下，从长远来看是无法保持的。某种意义上说，元首制时代的显贵类似于德意志帝国时代那些附属国的君主，但有一个重要的区别：显贵没有因为丧失政治权力（当然那仅仅是事实上如此）而获得经济上的补偿。可是，这一点正是关键。一旦通过军事行动或便利的剥削行省来恢复其空空如也钱袋的机会被取消，则显贵在社会上的地位迟早会自动终结。

到这时，罗马世界的舆论已经完全堕入食利者的理想之中。波尔奇乌斯·拉特罗（Porcius Latro）——奥古斯都时代的修辞学家——惊呼："将人们推上元老等级的是收入，是收入把罗马骑士与平民区别开来，是收入赢得军营中的晋升，是收入从广场挑选法官。"（*census senatorium gradum ascendit, census equitem Romanum a plebe discernit, census in castris ordinem promouet, census iudices in foro legit*, Sen. *contr.* 2.1.17）与这种财阀科层化原则并存的，是下述根深蒂固的看法：最高等级的成员即元老，必须能够靠自己不劳而获的收入过活，也就是说，主要靠自己地产的收入过活（Friedländer，I，246–267 [⁹121ff.]）。但一个人不可能当元老来致富，除非环境特殊，例如塞涅卡因与尼禄的关系，帮助他获得了王侯般的收入（Tac. *Ann.* 13.18，42；14.52）。希望发财的元老的儿子必须从事塔西佗所报道的科尔奈利乌斯·弗斯库斯那样的工作（*Hist.* 2.86）："年轻时代对宁静生活的渴望使他放弃了元老地位"（*prima iuuenta quaestus cupidine senatorium ordinem exuerat*）。①这种生活观带来的，犹如钱币的另外一面，就是无子，把家中的孩子限制到两个和猎取遗产。在元首制时代道德家和讽刺作家的作品中，有大量篇幅描述这些现象。

对元老等级整体有效的标准，在显贵身上体现得甚至更加强烈。对贵族来说，奢华的生活方式已经成为必要条件。共和国时期，堕入贫困的显贵可以在行省重新谋取自己的财产。元首制时代，这一点变得更加困难，不仅因为更高明的管理控制，更多地则因为众多其他元素加入了对国家官职的争夺。面对变化了的环境，部分显贵的无能为力，在公元16 年元老院讨论的一个案例中表现了出来。159

M. 霍尔腾西乌斯·霍尔塔鲁斯是同名演说家的孙子，他把四个儿子带到元老院门口，请求元首资助。他证明自己的请求是正当的：他养育四个儿子并非自愿，而是因为奥古斯都的要求。那时奥古斯都赐予他100 万塞斯退斯——元老等级最低的标准，使他可能结婚。提比略回应说，这样的事情不要在元老院的会议上讨论，某个特殊场合的赐予，并不能成为要求持续支持的理由，这种坐等外来帮助的做法，会消磨掉个

---

① 也请见 Tac. *Ann.* 16.17.3 关于塞涅卡的兄弟麦拉的记载。

人自身的勤奋。元老院同意后，他终于还是赐予霍尔腾西乌斯的男性后嗣每人 20 万塞斯退斯。比这个决定更重要的是塔西佗的论断：霍尔腾西乌斯根本不理解元首这些话的用心，认为这笔赐予（骑士财产资格的一半）是一种侮辱（*superbius accipere*）。① 如果一个人达不到其财产资格，则他根本没有机会从事与他那个等级相当的职业。以某种诚实工作的方式赚钱的观念，从不曾进入这些绅士的头脑中。公元 58 年，尼禄赐予贵族瓦莱里乌斯·麦萨拉一笔 50 万的年金，"以免他遭遇不当的贫穷"（Tac. *Ann.* 13.34.1）。从这笔钱的数目中，我们可以推测那些大家族的经济负担状况（参见 Friedländer, I, 251 [⁹123]），以及奥古斯都时代以降支付给那些在罗马之外受雇的所有官员的薪水（Mommsen, *Staatsr.* I, 302），犹如滴到一块炙热石头上的一个水滴一般，会瞬间蒸发。

显贵只靠祖传家产生活，几乎没有积累一丁点新的财富。可是，他们的生活方式，如果可能的话，又要高于过去的水平，因为这是社会地位得以表达的唯一方式。塔西佗强调，共和国时代，基于个人关系的联系和忠诚是显贵权力的基础——包括对平民、臣民和次要的东方君主的庇护——都以老旧的面貌保持着："财产越多，住宅越好，家业越大，他的名声也就越高，他的门客也就越多"（*ut quisque opibus domo paratu speciosus, per nomen et clientelas inlustrior habebatur*, Ann. 3.55.2）。在城里，门客的日常成为当时诗人创作中经久不衰的主题（Friedländer, I, 384 [⁹223]）。但我们应该明确认识到，元首制时代，这些门客纯属奢侈品：一个家族显赫的证据，但没有政治意义。② 后者在帝国晚期又复活了（Fustel, 244）。换句话说，他们仅仅是恩主们的负担，只有在特殊

160

---

① Tac. *Ann.* 2.37, 38.
② 他们的残余见 Tac. *Ann.* 2.55.5, 80.1; 3.57,58。

情况下才有用，例如内战中把恩主藏在他们家里。①

　　对这些事实的考察使我们看到，显贵的崩溃乃环境必然的结果。从奥古斯都到维斯帕奇亚努斯的一百年，是这个命运实现的过程。塔西佗（*Ann.* 3.55.1f.）有关餐桌上的奢侈的评论具有普遍的适用性："在从亚克提翁战役到塞尔维乌斯 · 加尔巴坐上宝座的整整一个世纪的动乱时期中，人们在吃喝方面所花的钱确乎到了无以复加的挥霍程度。"（*luxus mensae a fine Actiaci belli ad ea arma, quis Seruius Galba rerum adeptus est, per annos centum profusis sumptibus exerciti paulatim exoleuere.*）在诸多原因中，他本人提及："在先前，富有或显赫的显贵之家往往由于讲究排场而倾家荡产。"（*dites olim familiae nobelium aut claritudine insignes studio magnificentiae prolabebantur.*）。②

　　满足于纯经济的解释会显得肤浅。正是在罗马显贵领导下，罗马创建了帝国，而他们的衰落，首要的是一个经济问题，这个事实包含着悲剧因素。可是，这里只能对此略说几句，还与塔西佗的一句话有关。他形容四皇帝之年的显贵中，即使那些没有"病态且为贫穷所困的"（*flebilis et egens turba*），也是"毫无生气，已经忘记了作战的本领"（*segnis et oblita bellorum*，*Hist* 1.88.2）。在具有象征意义的霍尔腾西乌斯案例中，提比略谴责的，正是这种懒洋洋的状态。如果我们基于一般的印象对整个等级用几句话下个判断，则我倾向于宣布，早在共和国末期，道德堕落的大口已经全部张开，但强力行动的能力一息尚存，追求伟大的激情尚有些许。可是，除程度不等的原始的堕落外，一种微弱的放任渐渐出现了。我们容易将放任归罪于元首制，但更深刻的洞察让人们不能不看到，那些屈从的人如今正在收获的，不过是他们播下的种

161

---

①　Tac. *Hist.* 3.73.3, 74.1, 86.3. 在 2.72.1，关于斯克里波尼亚努斯 · 卡麦利努斯（*PIR* III, 183 no. 205）的谣言说：尼禄时期他躲到了希斯特里亚，"因为古老的克拉苏家族在那里仍拥有门客、土地和人望"（*quod illic clientelae et agri ueterum Crassorum ac nominis fauor manebat*）。

②　更多例证见 Tac. *Ann.* 6.7.1, 13.34.1, 14.14。

子。早年的缺乏道德制约，造成了应对新挑战时道德和精神的无能。

如果我们追溯显贵衰败的起点，则我们可以说，在面对奥古斯都时，显贵不明白如何为了未来的利益强化他们已经赢得的地位。但最终我们必须说一句：显贵具体表现的理念，并未随着显贵作为一个等级的灭绝而消失。奥古斯都维持了社会的贵族与财阀特征，因此作为帝国结构的基石，显贵在整个元首制时代得以延续。

164

图书在版编目（CIP）数据

　　罗马的显贵 /（德）马蒂亚斯·格尔策著；晏绍祥译.
—北京：商务印书馆，2023
　　（古典文明译丛）
　　ISBN 978-7-100-22488-8

　　Ⅰ.①罗…　Ⅱ.①马…②晏…　Ⅲ.①罗马共和国—
历史　Ⅳ.① K126

　　中国国家版本馆 CIP 数据核字（2023）第 089016 号

古典文明译丛
罗马的显贵
〔德〕马蒂亚斯·格尔策　著

晏绍祥　译

商 务 印 书 馆 出 版
（北京王府井大街36号　邮政编码100710）
商 务 印 书 馆 发 行
北京市白帆印务有限公司印刷
ISBN 978-7-100-22488-8

2023 年 7 月第 1 版　　　开本 710×1000　1/16
2023 年 7 月北京第 1 次印刷　印张 12½
定价：58.00 元